Barbara Harnisch

DER SCHATZ DER KÖNIGIN

Historischer Roman über Radegunde

Barbara Harnisch

Der Schatz der Königin

Historischer Roman

benno

Abbildungen:
Seite 5: © mashakotkur/Shutterstock
Seite 6: Statue an der Fassade der Kirche Sainte-Radegonde in Poitiers,
Foto: © Matthias Harnisch
Seite 11, 43, 45, 103, 165, 205, 289: © AcantStudio/Shutterstock

Bibliografische Information der Deutschen Nationalbibliothek
Die Deutsche Nationalbibliothek verzeichnet diese
Publikation in der Deutschen Nationalbibliografie;
detaillierte bibliografische Daten sind im Internet unter:
http://dnb.d-nb.de abrufbar.

ISBN 978-3-7462-6171-3

Umschlaggestaltung: Rungwerth Design, Düsseldorf
Umschlagabbildung: © MarkOwen/Trevillion Images,
© SCOTTCHAN/shutterstock
Gesamtherstellung: Kontext, Lemsel (A)

INHALT

Sta Radegundis

Liebe Leserin, lieber Leser,

lassen Sie sich einladen zur Reise in eine Zeit, als in Thüringen die Hügelgräber großer Könige noch nach frischer Erde dufteten; als die Krieger im Frankenreich ihren Söhnen am Feuer erzählten, wie einst ihre Großväter Gallien von den Römern erkämpften.

Die hoch aufragenden gotischen Dome lassen wir zurück, ebenso die Burgen, die von den Thüringer Bergen grüßen. Wenn wir den Bau der Wartburg, Sängerkrieg und Minnesang erreicht haben, gilt es noch sechshundert weitere Jahre zurückzulegen. Im Jahr 520 wird Radegunde geboren.

Manchem ist sie bekannt als die bedauernswerte Thüringer Königstochter, die nach einer furchtbaren Schlacht von den siegreichen Franken verschleppt und später in die Ehe mit deren König gepresst wurde. In Frankreich verehrt man sie als die königliche Heilige, widmet ihr Kirchen, benennt Ortschaften nach ihr.

Die Namen der handelnden Personen klingen für unsere Ohren ungewöhnlich und ähneln einander häufig. Einen Überblick können Sie sich im Namensverzeichnis auf Seite 300 verschaffen.

IM KLOSTERGARTEN ZU POITIERS

„Wie erfreut doch ein milder Sommertag die Seele. Es ist die schönste Zeit dieses Gartens. Schau, wie der Rosenstock eine Wolke zarter Blüten trägt. Man kann meinen, sie duften um die Wette mit dem Lavendel dort drüben. Fühl doch, die Bank ist noch warm von der Sonne. Lass uns hier sitzen, Baudonivia, mein Kind." Die ältere der beiden Nonnen hat ihren Gang durch den Klostergarten der Abtei vom Heiligen Kreuz in Poitiers unterbrochen. Sie mag etwas über fünfzig Jahre alt sein, ihre Gestalt ist schmal und zierlich, ihre Haltung aufrecht. „Wird Euch die Sonne nicht blenden?", fragt die Jüngere zurück. „Nein, mein Kind, gleich wird der Schatten des Refektoriums in diesen Winkel fallen, ich bin gern an diesem Platz."
„Mutter Radegunde, Ihr hattet versprochen zu erzählen, wie Ihr weit aus dem Osten in dieses Kloster gekommen seid."
„Ja, solch ein Versprechen soll man halten." „Sitzt Ihr bequem, oder braucht Ihr ein Kissen?" „Danke, mein Kind, hast du vielleicht ein wenig Wasser?" Baudonivia gießt frisches, kühles Wassser aus einem Krug und reicht den gefüllten Becher hinüber. Aufmerksam betrachtet sie Radegundes Gesicht. Ein offenes, freundliches Lächeln mildert die Strenge, und ihre Augen verbergen nicht, dass sie viel Leid gesehen haben. Die Ältere macht eine einladende Handbewegung, und Baudonivia setzt sich zu ihr. Radegunde lehnt sich an die Mauer in ihrem Rücken. Ihre Augen schweifen zu einer Linde. Als dieser Klosterhof eingefriedet wurde, hat sie sie mit eigenen Händen gepflanzt. Nun hat der Baum schon eine hübsche Krone. Er steht in Blüte, Schwaden von süßem Duft wehen zu ihnen herüber, ein ganzes Bienenvolk scheint zwischen den herzförmigen Blättern zu summen.
„In wenigen Tagen feiern wir das Fest des heiligen Johannes, dann neigt sich das Jahr schon wieder dem Winter zu", sinnt Radegunde. Sie lächelt. „Das erste große Fest, an das ich mich erinnern kann, war die Taufe meines Bruders Bertarich."

KÖNIGSTOCHTER IN THÜRINGEN

Radegunde, die Tochter Bertachars, des Königs der Thüringer, ... wurde bei der Eroberung ihres Vaterlandes durch die Franken gefangen genommen und fiel als Beute an König Chlothar.

Baudonivia, *De vita sanctae Radegundis libri duo.*

TAUFE EINES THRONFOLGERS

In dem großen Königshof von Weimar hat sich eine glanzvolle Gesellschaft an festlicher Tafel versammelt. Oben sitzen König Bertachar und Eusvintha, seine Königin. Die Ehrenplätze zur Rechten des Königs gehören seinem Bruder Herminafrid und dessen Gattin Amalaberga. Alle wichtigen Großen und Edlen sind versammelt aus Thüringen, dessen drei Reichsteile von den königlichen Brüdern regiert werden. Man feiert die Taufe von Bertarich, dem neugeborenen Sohn Bertachars. Der Saal fasst kaum die Menge der hohen Gäste, nur neben der Königin sind noch Plätze frei. Bedienstete tragen Speisen auf Platten herein, auch gutes Bier und Wein gibt es reichlich. „Sehr zart, diese Lammkeule, mein Kompliment, lieber Bruder!", hört man Herminafrid. „Schon dafür hat es sich gelohnt zu kommen. Erzähl doch, was uns sonst noch erwartet, die Vorfreude auf gute Tage ist ja das Beste an solchen Feierlichkeiten." Bertachar schmunzelt: „Lass dich überraschen!" „Sei nicht so herzlos, du weißt doch, dass ich nichts Schöneres kenne als so ein ordentliches Gelage von drei, vier Gängen." Nun lacht der Bruder. „Also heute haben meine Leute stundenlang Ochsen, Schweine und Böckchen über dem Feuer gedreht. Den ganzen Tag lag der Duft über dem Hof und dem Ort. Alles andere musst du den Koch fragen." Der Küchenmeister wird herbeigewinkt. Die Frage des Gastes schmeichelt ihm, und so erklärt er bereitwillig: „Morgen soll es Wild geben: Hirsch, Reh, wildes Schwein, Hasen und Kaninchen. Dafür haben die Herren letzte Woche eine große Jagd unternommen. Und übermorgen haben wir zur Abwechslung etwas Leichteres: Gänse, Enten und Puten, dazu Fisch." „Wir werden dich schon satt bekommen", lacht Bertachar. „Da habe ich gar keinen Zweifel", antwortet lächelnd Herminafrid, indem er sich über den Schnauzbart streicht, „wo bleibt eigentlich Baderich? Hast du eine Nachricht von ihm?" Bertachar schüttelt den Kopf: „Er müsste längst hier sein. Wer weiß, welcher

Zwölfender ihm wieder einmal vor die Füße gelaufen ist." Die Gesellschaft an den Tischen tauscht Neuigkeiten aus. Man hört Geschichten von Familienschicksalen und Nachrichten über gute oder schlechte Ernten, über den goldenen Herbst, der die Trauben besonders süß werden ließ. Ein Barde trägt ein Lied vor, für das er dröhnendes Gelächter der Herren und nachsichtiges Lächeln der Damen erntet.
Da tönt ein Horn vor der Burg, Hunde bellen. Die Gespräche werden unterbrochen, Hälse werden gereckt. Iring, der Waffenmeister Herminafrids, lauscht. „Das sind gleich drei Signale: Vogel tot, Halt und Auf zum Essen. Sehr passend!" Mit seinem tiefen Bass und seinem Lachen füllt er den Raum. „Endlich Baderich!", stellt Bertachar fest. „Nicht zu verkennen!", pflichtet ihm Herminafrid bei. Da erscheint der jüngste der Königsbrüder schon mit seinem raschen Schritt in der Tür des Saales. Bertachar geht auf ihn zu, Baderich hebt die Arme. „Sind mir da nicht ein paar Wachteln direkt vor dem Pferd aufgeflogen! Die konnte ich nicht einfach dort im Feld lassen." „Auf zum Jagdschmaus!", begrüßt ihn der Bruder. Die Tischgesellschaft bricht in Gelächter aus. Baderich eilt zu seinem Platz. „Liebste Schwägerin, wie konnte ich deine Gegenwart versäumen wegen einiger dummer Wachteln!" „Sei gegrüßt, Baderich, endlich ein Hungriger an meinem Tisch!", erwidert die Königin fröhlich. Sie mag den jungen Herrscher der Reichsgebiete südlich des Mains. Mit einem Blick streift er ihr Gesicht. „Meine offiziellen Glückwünsche zur Geburt des Thronfolgers werde ich morgen nach der Taufe hersagen. Aber es freut mich zu sehen, dass du gesund, wohlauf und munter bist. Seit ich dich zuletzt sah, bist du noch schöner geworden." Lächelnd treffen sich ihre Augen. „Und", fragt sie, „wie steht es, hast du inzwischen eine Herrscherin deines Herzens und Reiches erwählt?" „Ich vermute, die Jagdgöttin lässt du nicht gelten?" Mit einem kleinen Lachen schüttelt die Königin den Kopf.
Am nächsten Tag setzt sich eine feierliche Prozession von der königlichen Halle zur Kapelle in Bewegung. Voran schreitet

der Hofgeistliche. Hinter ihm trägt Baderich als Taufpate den neuen Thronerben der Thüringer. Es folgt das königliche Elternpaar, und dahinter stapft, an der Hand ihrer Kinderfrau, Radegunde, die vierjährige Schwester des Taufkindes. Hinter ihr gehen, je nach Rang, die Gäste. Die Geduld der Kleinen ist heute schon einige Male auf die Probe gestellt worden. Zunächst wurde sie aufwendig frisiert und Irmtrud, die Kinderfrau, schlang ihr schöne Bänder in die Haare. Dann musste sie das vornehme Kleid anziehen, mit dem sie nicht herumtollen durfte, und dazu auch noch den Mantel mit den schweren Stickereien. „In der Kirche ist es kalt", hatte Irmtrud unnachgiebig erklärt. „Außerdem sollt Ihr während der Prozession nicht schwatzen, auch nicht mit Amalafrid und Amalabertha, die hinter Euch gehen. Dazu habt Ihr nach dem Gottesdienst Zeit." Nun versucht die Kleine, so feierlich und ernsthaft zu schauen und zu schreiten wie die Erwachsenen. Kaum haben sie die Kirche verlassen, fragt das Mädchen: „Darf ich mich jetzt wieder umziehen und Amalafrid und Amalabertha die Burg zeigen?" „Jawohl, Ihr dürft." Radegunde dreht sich zu den beiden um. Sie geht dem Cousin nur bis zum Kinn und Amalabertha bis zur Nasenwurzel. „Wir treffen uns am Burgtor", ruft sie mit blitzenden Augen. Die beiden nicken und verschwinden in ihre Gastzimmer. Während nun die Erwachsenen sich in die große Halle begeben und in langweilige Gespräche vertiefen, ersteigt die unternehmungslustige Kinderschar den Burgturm. „Schaut mal die Häuser an, da unten, das ist Weimar", zeigt Radegunde. Sie muss sich auf die Zehenspitzen stellen, um über die Brüstung zu schauen. Von der anderen Seite des Turmes können sie den Enten zuschauen, die auf dem Flüsschen entlangschwimmen. Da steht plötzlich einer der Wächter vor ihnen. „Kommt sofort runter. Hier ist es gefährlich." „Du hast mir nichts zu befehlen. Du bist nur ein Diener", will Amalafrid ihn wegschicken. „Wollt Ihr, dass Euer Vater Euch hier herunterholen muss?" Nein, das will der Junge nicht, und so trollen sie sich die steilen Stufen wieder hinab. Als sie unten sind, wird die Tür des Turmes verschlossen.

„Los, ich zeige euch noch die große Quelle, da müssen wir aber aus der Burg raus", feuert Radegunde die beiden Großen an. In einem unbeobachteten Augenblick huschen sie durchs Tor und über die hölzerne Brücke. Nach fünf Minuten stehen sie auf einer ebenen Wiese, daneben ragt ein steiler Hang auf. An dessen Fuß ergießt sich das Wasser in dickem Schwall. Ein breiter Bach murmelt von hier zum Fluss. Im Laub der hohen Bäume spielt die Sommersonne. Sie sammeln kleine Hölzer, die sie ins funkelnde Wasser werfen, dann laufen sie nebenher, um zu sehen, wie ihre Schiffe rasch weitertreiben und im Fluss verschwinden. Abends, beim Zubettgehen, ist Radegunde sehr zufrieden mit dem Tag.
Noch lange sitzen die Könige, ihre Heermeister und Vertrauten in der großen, mit Schnitzereien reich verzierten hölzernen Halle im Gespräch beieinander. Baderichs Waffenmeister, der ein Königsgut am Main verwaltet, ist besorgt wegen der fränkischen Eroberungspolitik. „Die Franken entwickeln sich zur Plage", so meint er. „Solange der alte Chlodwig noch römische Truppen bekriegt und den Westgoten Tolosa weggenommen hat, waren sie da im Westen Galliens beschäftigt. Aber seine Söhne haben nun ein großes Reich im Rücken und es scheint, als ob sie nach Osten expandieren wollen. Seit letztem Jahr verwüsten sie Burgund. Wenn das so weitergeht, stehen sie bald bei uns vor der Tür." „Wieso bekriegen sie überhaupt die Burgunden?", fragt Baderich. „Die Frau von König Theuderich ist doch Burgundin, sie haben also ein Bündnis!" Der Waffenmeister zuckt mit den Schultern: „Theuderich ist in den Krieg nicht mitgezogen. Er hat sich gegenüber seinen Verwandten zurückgehalten. Seine drei Brüder haben den Heerzug ohne ihn bestritten."
„Da könnt ihr mal sehen, wie gut es ist, wenn mehrere Brüder das Land gemeinsam regieren. Die Geschichte mit den Burgunden haben sie ja wunderbar eingefädelt." Bertachar versucht, die bedrückte Stimmung durch eine lustige Bemerkung aufzuhellen. „Weißt du, Herminafrid, wenn wir mal vorhaben, die Etsch runterzumarschieren und Verona anzu-

greifen, nehmen wir dich einfach nicht mit. Das machen Baderich und ich ganz allein." Er beobachtet, wie ein Schatten über Amalabergas Gesicht gleitet. Herminafrids Gattin ist die Nichte des Ostgotenkönigs Theoderich und hat ihre Kindheit in Ravenna verbracht. Sie ist alles andere als amüsiert: „Ihr kämet nicht mal bis zum Brenner. Die Bayern würden Euch schon an der Donau aufhalten, sie sind Theoderich treu." Bertachar erschrickt. Sie hat den Spaß unter Brüdern missverstanden. „Amalaberga, liebe Schwägerin", versucht er eine kleine Schmeichelei, „ich weiß, Ihr habt ein großes Herz, bitte verzeiht mir, dass ich ein völlig unpassendes Beispiel gewählt habe." Ernster fügt er hinzu: „In Theoderich haben wir den mächtigsten Verbündeten, den wir uns wünschen können. Der Heermeister hat recht. Ich denke, wir müssen uns auf Kämpfe mit den Franken rüsten." „Leider geht es Theoderich seit einiger Zeit nicht so gut", gibt Herminafrid zu bedenken, „er ist ja auch nicht mehr der Jüngste. Wir können nur hoffen, dass er uns noch ein paar Jahre erhalten bleibt." Da fällt Baderich ein: „Wie ich höre, soll einer der Frankenkönige, Chlodomer, im Burgundenkrieg gefallen sein." Bertachar versucht, doch noch eine positive Wendung zu finden: „Da müssen sie ja nun erst einmal die Erbfolge neu regeln. Vielleicht hält sie das für eine Weile von neuen Abenteuern ab." Doch die fröhliche Stimmung des Abends ist verflogen.

Königin Eusvintha hatte sich ins Kinderzimmer zur Hauptperson des Festes zurückgezogen und dann auch Radegunde beim Zubettgehen eine kleine Geschichte erzählt. Diese Nähe zu den Kindern sei ihr wichtig, auch wenn ein großes Fest im Gange sei, erklärt sie stets der Kinderfrau. So erfährt sie erst am Morgen von dem Missklang am Tag zuvor. Bei nächster Gelegenheit nimmt sie Amalaberga beiseite: „Bitte verzeih Bertachars Worte. Sie tun ihm leid. Er wollte scherzen und hat deshalb ein möglichst absurdes Beispiel gewählt." „Er will das Bündnis brechen. Er weiß nicht, was er sagt." Die Schwägerin zieht sich noch mehr zurück. „Amalaberga, meine Liebe, ich verstehe ja, wie es dir hier geht. Alles ist rau und ein bisschen

hinterwäldlerisch, und die Männer machen grobe Scherze, wenn sie ein paar Becher getrunken haben. Auch ich bin groß geworden in Städten mit steinernen Villen und gepflasterten Straßen. Im Juni war die Luft voll Lavendel und Rosmarin. In meinem ersten Thüringer Winter habe ich gedacht, die ganze Welt stirbt unter der dicken Decke aus Schnee." Doch Amalaberga bleibt einsilbig. „Diese Barbaren!", ist alles, was sie noch sagt, ehe sie sich wieder unter die Gesellschaft mischt.
Unumstritten ist Eusvintha der strahlende Mittelpunkt des Festes mit ihrem rotgoldenen Haar, ihrem warmen Lächeln und den aufmerksamen Fragen an jeden Gast. Radegunde scheint ein verkleinertes Abbild der Mutter zu sein. In Anwesenheit Erwachsener beträgt sie sich sittsam, wie es sich gehört. Sobald sie sich aber unbeobachtet glaubt, springt sie wie ein Kätzchen, klettert auf Zäune oder läuft in den Stall zu ihrem kleinen Pferd. Selbst vor Vaters Jagdhund Botho hat sie keine Angst, im Gegenteil, der Hund behandelt das Mädchen mit Respekt. Der Stallmeister betont, nie habe er ein Kind lockerer und sicherer auf einem Pferd sitzen sehen. Nein, das sei keine Schmeichelei. Er muss es wissen, er hat schon viele Kinder und vor allem viele Pferde gesehen.
Die Festwoche ist zu Ende, die Gäste sind auf dem Rückweg zu ihren Gütern. Nach all den Feierlichkeiten steht Bertachar allein vor dem Wall auf dem Burghügel und blickt über das fruchtbare Tal. Es ist Sommer, Getreidefelder schimmern schon grüngolden, bald wird die Ernte beginnen. Er denkt nach über die Gespräche der letzten Tage. Der Unmut Bruder Herminafrids darüber, dass Amalafrid und Bertarich das Reich auch in der nächsten Generation aufteilen werden, er ist mit Händen zu greifen. Auch Amalaberga kann nur schlecht ihren Ärger darüber verbergen, dass ihr Sohn nur einen Teil des Reiches erben wird. Wann wohl Baderich einmal heiraten wird? Schon mehrere Vorschläge haben die Brüder ihm gemacht, aus welchem der Nachbarreiche er sich eine Königin holen könnte. Doch Baderich will davon nichts hören. „Das Vorrecht des Jüngsten!", ärgert sich Bertachar. „Bei uns Älteren hat Va-

ter Bisin noch die Fäden in der Hand behalten und die Ehen vermittelt." Er wendet den Blick von der sonnigen Landschaft und geht zurück in die Burgeinfriedung. Er wird auf der Hut sein vor seiner Schwägerin, aber auch vor seinem älteren Bruder. Die engsten Vertrauten weiht er ein in seine Besorgnisse. Sie sollen besonders auf die Sicherheit der Königin und der Kinder achten.

Bertachar hat recht behalten. Tatsächlich brauchen die fränkischen Königsbrüder viel Zeit, das Erbe neu zu verteilen. Das hat den Thüringern drei weitere friedliche Jahre beschert. Da läuft eine schlimme Nachricht von der Grenze am Main, dem Herrschaftsbereich Baderichs, durchs Land. Es gibt einen großen Wald dort, wo Baderich dem Wild nachstellt. Schon oft wurde er gewarnt, die Gegend sei nicht sicher. Nun sei er dort von einem Bären angegriffen und tödlich verletzt worden, sagen die einen. Solche Wunden könne kein Bär geschlagen haben, sagen die anderen, das müsse ein Angriff aus dem Hinterhalt gewesen sein. Die Brüder eilen in Baderichs Königsgut. Sie sehen die Wunden des Toten, und sie können sich nicht einigen. „Das sieht man doch sofort", tönt Herminafrid, „das war eindeutig ein Bär." Bertachar ist sicher, diese Wunden hat ein Sax geschlagen, das schmale, kurze Schwert, das bei den Thüringern und ihren Nachbarn in gleicher Weise gebraucht wird. Er befragt Baderichs Leute. Sie haben den Vorfall nicht direkt beobachten können, Baderich war allein vorangeprescht. „Wer immer unseren Bruder ermordet hat, es muss ein übler Schurke gewesen sein. Sicher ist er längst über alle Berge und in Sicherheit. Zumindest werden wir die bestrafen, die ihm Unterschlupf gewährt haben", fordert er. „Was willst du machen gegen einen Bären? Willst du einen Jagdausflug veranstalten?", spöttelt Herminafrid. „Ein Bär, der so etwas anstellt, ist gefährlich." Irgendetwas Drohendes liegt als Unterton in Herminafrids Stimme. „Das ist der Groll auf den Bären oder den Mörder", denkt Bertachar. Nach einigem Hin und Her beschließen sie einen Rachefeldzug. Die aufmüp-

figen Nachbarn haben ohnehin einen Denkzettel verdient. So fallen sie in einige Dörfer jenseits der Grenze ein, brennen sie nieder, nehmen das Vieh weg und was sich sonst an Beute findet. Falls Baderich einem Attentat erlegen ist, weiß nun der Schuldige, dass er nicht ungeschoren davonkommt.
Baderich wird mit allen königlichen Ehren bestattet. Ein schönes Hügelgrab wird über seiner Grabkammer aufgewölbt. Alle Edlen des Reiches sind da, um dem König ein letztes Mal zu huldigen. Auch die Familien der Königsbrüder sind gekommen. Obwohl der Anlass erschreckend ist, freuen sich die Kinder über das Treffen, genießen die Abwechslung, erkunden den fremden Königshof.
Der Aufenthalt in Baderichs Landen zieht sich einige Tage hin. Nun haben die Thüringer Könige damit zu tun, die Aufteilung des Reiches neu zu ordnen. Herrschaftsgebiete müssen festgelegt, Rechtsbeziehungen neu geregelt werden. Die Kinder nehmen ihren normalen Tagesrhythmus wieder auf. Sie haben Unterricht. Abends vertreiben sie sich die Zeit mit Brettspielen. Nur um Amalaberga macht Radegunde lieber einen Bogen. Die Tante ist kühl und krittelt an ihr herum. Dass hier, in Thüringen, die Macht unter Brüdern aufgeteilt wird, ist und bleibt der Mutter Amalafrids ein Dorn im Auge. Eusvintha versucht, mit Freundlichkeit und Erfindungsreichtum ein Gespräch in Gang zu bringen, doch es bleibt mühsam. Es ist Herbst, es wird kalt und regnerisch. Als für ein paar Tage noch einmal die Sonne die Wälder in goldenen Glanz taucht, die Wege wieder trockener werden, brechen sie auf nach Hause.
Auf einem Hügel in einer Schleife der Gera gibt es einen Königshof mit großen, bequemen Häusern. Hier will Bertachars Familie die nächsten Wochen verbringen. Erst im Frühling wird der König die Inspektion seiner Güter und die Gerichtstage im Land wieder aufnehmen. Eine Zeit der Ruhe steht bevor. Aber die Königin ist schwach seit der Reise. Sie klagt über Kopfschmerzen und fängt an zu fiebern. Ihre Damen und Irmtrud, die Kinderfrau, versuchen zu helfen. Der König weiß: Irmtrud hat schon all seine eigenen Kinderkrankheiten be-

handelt, bei ihr ist Eusvintha in guten Händen. Aber je länger der Zustand der Königin sich hinzieht, desto ratloser werden die Damen, ein Arzt wird gerufen. Er versucht, mit Umschlägen aus nasskalten Tüchern die Hitze aus dem Körper zu bekommen. Die Patientin reagiert mit Schüttelfrost, wird zusehends schwächer. Irmtrud ruft den König. Es sieht nicht gut aus. Bertachar sitzt am Bett der Königin. Eusvintha nimmt ihn nicht wahr, träumt, fantasiert. Die Damen wollen noch einmal die Umschläge versuchen, schicken ihn hinaus. Wenig später kommt Irmtrud aus dem Zimmer. Sie weint. Irmtrud, die nie die Fassung verliert, die ihn schon getröstet hat, als er noch klein war. Schluchzend wirft sie sich vor dem König auf die Knie. „Mein Herr und König, vergebt mir, der Überbringerin schlechter Nachricht. Die Königin ist tot. Ihr Herz hat aufgehört zu schlagen." Bertachar geht hinter ihr her in den Raum, setzt sich ans Bett, hält lange Eusvinthas Hand, die noch warm ist. Streicht ihr eine der goldenen Haarsträhnen aus der Stirn. Schließt ihr die Augen. Küsst sie aufs linke Augenlid.
Nach einer Weile bringt Irmtrud Radegunde. Sie soll sich verabschieden. Das Mädchen tritt ans Bett. Still und blass liegt da die Mutter. Ganz fest nimmt Radegunde Mutters Hand in ihre beiden kleinen Kinderhände. Aber die Hand ist kalt und nicht warm zu bekommen. Das Kind fängt an zu schluchzen. Bertarich nimmt es in seine Arme und trägt es fort. Er streichelt ihm Kopf und Rücken. Aber auch in Vaters Augen sieht Radegunde Tränen – zum allerersten Mal.

KÖNIGIN AMALABERGA

Zwei Jahre sind ins Land gegangen. Radegunde und ihr kleiner Bruder Bertarich stehen im Vorraum eines Königsgutes von Herminafrid und Amalaberga bei Querfurt. „Die Königin gewährt eine Audienz", verkündet die Hofmeisterin. Das Mädchen schaut Irmtrud, ihre Hofdame, fragend an, sieht das ärgerliche Zucken ihrer Augenbraue. Dann breitet sich ein routiniertes Lächeln über das Gesicht der Frau: „Dann wollen wir sie nicht warten lassen." Irmtrud dirigiert die beiden Kinder durch Türen und Gänge. Dann stehen sie im Empfangszimmer der Königin. Radegunde erkennt ihre Tante Amalaberga, hinter ihr stehen zwei ihrer Damen. Nein, sie mag sie nicht, die Frau mit dem schweren braunen Haar, das kunstvoll mit Kämmen hochgesteckt ist. Sie hat die Tante schon ein paarmal getroffen, aber noch kaum mit ihr gesprochen. „Seid gegrüßt! Wie war Eure Reise?", fragt die Königin. Radegunde steht klein und gerade mitten im Raum. Sie ist aufgeregt und fühlt sich ein wenig verloren, aber sie sagt tapfer: „Seid gegrüßt, Herrin. Danke, unsere Reise war gut. Unser Vater ist tot, wir sollen jetzt hierbleiben." Sie ist todmüde und möchte auf der Stelle umfallen.
Die letzten Wochen waren voll schlimmer Nachrichten und voller Aufregung. Ihr Vater und Herminafrid sind in den Kampf gezogen. Ein fremdes Heer hat das Reich der Thüringer angegriffen. Vor etlichen Tagen kamen Boten vom Schlachtfeld auf abgehetzten Pferden zurück in die Königsburg mit der Nachricht: König Bertachar ist in der Schlacht gefallen! Immerhin ist der Feind besiegt! Zwei Monate mag das jetzt her sein. Seither haben die Bauern die Stoppelfelder umgepflügt, braun liegen die Äcker und warten auf den Winter.
In Radegundes Kopf dröhnt es: „Der Vater ist tot! Der Vater ist tot." Sie weiß, was es bedeutet, wenn ein Mensch tot ist. Er kommt nie wieder. Die Mutter ist tot. Sie starb vor zwei Sommern.

Ihren Kopf bedeckte man mit einem Schleier, in den goldene Fäden eingewebt waren, setzte sie auf einen geschmückten Wagen, der mit Ochsen bespannt war, und fuhr sie hinaus auf den Berg mit der schönen Aussicht über die Ebene. Einige Leute hatten dort eine Vertiefung gegraben und unten einen Platz für den Wagen vorbereitet, darauf stand eine Holzhütte. Mutters Wagen wurde hineingefahren, die Ochsen ausgespannt. Dann begannen die Handwerker, rundum einen Hügel aufzuschichten. Radegunde hatte gesehen, dass etwas zu Trinken und zu Essen auf dem Wagen war, auch eine kleine Lampe, sogar Schmuck hatte die Mutter mit. Ob sie lange brauchen würde für ihre Reise zu den Ahnen? Ob sie Großvater Bisin treffen würde? Sie wagte nicht, das einen der Erwachsenen zu fragen.
Nun ist auch der Vater tot. Die Edlen der Thüringer hatten ihn hinausgetragen auf die Anhöhe, auf der auch Mutters Grab lag. Radegunde kannte den Ort gut, sie war mit dem Vater öfter da gewesen. Nicht weit von Mutters Grab hatten einige Leute nun auch hier eine Hütte in eine Vertiefung gebaut. Radegunde durfte noch einmal hineinschauen und sich verabschieden. Auch der Vater hatte Speise und Trank dabei, Waffen, seinen Schild mit dem goldenen Buckel, und er trug den schönen Schwertgurt um die Hüften, der mit Silber beschlagen war und im Licht blitzte. Man konnte schon von Weitem sehen, dass Vater Bertachar ein großer König war. Aber von nun an war auch der Vater nicht mehr da, wusste Radegunde, sie waren ganz allein. In ihrem Hals saß ein großer Kloß, Ihr Herz war schwer wie ein Stein. Sie wusste, nun würde man auch um Vaters Holzhaus einen Hügel bauen. Das sah sie nicht mehr, sie war schon auf dem Weg in die Königsburg. Man sagte ihr, dass auch das Lieblingspferd des Vaters und sein Hund Botho getötet und in eigene Gräber gelegt werden sollten. Das war schrecklich, das wollte sie sich nicht ansehen. Erwachsene beratschlagten Dinge, die sie nicht verstand. Diener packten Kleidungsstücke in Körbe. Die Kinder wurden in einen Wagen verfrachtet. Zwei ganze Tage saßen sie in dem

ruckelnden Gefährt. Zwischendurch machten sie halt auf einem Königsgut bei Heldrungen. Die ganze Reise über saß der kleine Bruder neben ihr. Bertarich war erst fünf Jahre alt. Seine kleine, runde Hand drängte sich in ihre. Wenn er müde wurde, lag sein Kopf an ihrer Schulter. Wenn er sich an sie schmiegte, fühlte sie sich nicht ganz so einsam. Nun stehen sie hier vor Amalaberga.

Die Königin schaut auf das Mädchen. „Die Tunika ist schon etwas kurz, sie reicht nicht mehr ganz bis zum Knie", denkt sie, „das muss geändert werden." Bertarich sieht sich im Zimmer um: „Gibt es hier noch andere Kinder?" Die klare Frage fällt in die gespannte Stille. Die Königin lässt den Blick von dem schmalen Mädchen und lächelt müde zu dem Kleinen hin. „Ja, es gibt Amalafrid und Amalabertha, du erinnerst dich vielleicht an sie." Bertarich ist noch zu klein, er erinnert sich nicht, aber für Radegunde ist es ein Lichtblick. Sie freut sich auf Cousin und Cousine. Da fragt die Königin: „Wer ist die Frau in deinem Gefolge, Radegunde?" „Das ist Irmtrud, meine erste Hofdame." „Sehr schön. Irmtrud, meine Hofmeisterin Daglinde erwartet Euch, die Kinder müssen erst einmal etwas essen und dann schlafen." Die Audienz ist beendet.

Angestrengt schließt Amalaberga die Augen. Diese elternlosen Kinder! Immerhin haben sie sich anständig benommen. Weinen und Zetern hätte sie nicht ertragen.

Am nächsten Morgen weckt Irmtrud die Kinder. „Heraus aus den Betten, die Sonne lacht!" Gemeinsam mit Amalafrid und Amalabertha löffeln sie ihre Grütze. Obwohl die Damen des Hofes sie ermahnen, bei Tisch manierlich und still zu sein, fliegen lustige Gesprächsfetzen zwischen den Cousins und Cousinen hin und her. Daglinde verkündet den Tagesplan: „Pater Ursinus erwartet euch zu Schreibübungen, dann gehen die jungen Herren zu Iring, die Damen zur Königin." „Nicht zu Amalaberga", denkt Radegunde. Laut sagt sie: „Ich ginge gern mit zu Iring. Ist er nicht der Waffenmeister des Königs?"

Ihr Einspruch wird überhört. Die Tage der Kinder sind streng eingeteilt. Früh haben sie Lese- und Schreibübungen. Rade-

gunde schreibt einen lateinischen Satz mit ungelenken Buchstaben auf ein Wachstäfelchen. Inständig hofft sie, dass die Zeichen einmal so rund und ebenmäßig gelingen werden wie die der Vorlage. Bertarich krakelt zwei Reihen Buchstaben auf sein Täfelchen, dann wird er zappelig und Ursinus schickt ihn in die Pferdeställe. Dort wurde gerade ein Fohlen geboren. Amalafrid schreibt einige Sätze nach Diktat. Pater Ursinus bemängelt mehrere Fehler. Der Gescholtene winkt ärgerlich ab: „Wenn ich König bin, habe ich einen Schreiber."
Danach üben die Jungen sich an Waffen. Die Mädchen fertigen Handarbeiten an. Eine Dame von Welt kann zierlich nähen und sticken. Auch Anstandsregeln sind scheinbar besonders für Mädchen gemacht: Eine Dame ist sittsam, tugendhaft, bescheiden, vor allem aber schön. Sie ist die Zierde eines jeden Festes. Die Mädchen lernen sich zu bewegen, zu gehen, gerade zu sitzen und zu stehen und jede Situation freundlich auszugleichen. Sie lernen, wie eine Tischordnung aussieht und wie man eine festliche Tafel deckt. Nachmittags dürfen sie sich darin üben, mit der Handspindel schöne, gleichmäßige Fäden zu spinnen, „zur Entspannung", wie Amalaberga meint. Radegunde versteht nicht, was daran entspannend sein soll. Der Arm, mit dem sie die Spindel hochhält, tut weh, Schulter und Rücken schmerzen. Aber sie darf dabei singen. Sie singt die Lieder, die Irmtrud ihr beigebracht hat, auch eines, das kürzlich ein fahrender Spielmann vortrug. Amalaberga stellt fest, dass sie eine hübsche, klare Stimme hat, und steuert ein Lied bei, das sie als Kind gelernt hat. Radegunde fällt ein in die Melodie, die italischen Worte haben einen lustigen, stampfenden Rhythmus. So ist die Spinnstunde einigermaßen zu ertragen.
Auch Amalabertha findet die Spinnerei grässlich, und so stehlen sich die beiden Mädchen nach draußen, erzählen sich erfundene Geschichten über reiche Könige, die sie einmal heiraten werden, pflücken Margeriten, deren Stängel sie zu Kränzen zusammenschlingen. Oder sie suchen sich Mädchen aus dem Gefolge zusammen, um Fangen und Verstecken in

den Winkeln des Burghofs zu spielen. Dabei achten sie sorgfältig darauf, dass sie nicht Amalaberga in den Weg laufen, die solche Herumtollerei unpassend findet. Eine Dame benimmt sich so nicht.

Noch viel lieber ist Radegunde aber mit Amalafrid zusammen. Er ist groß, er kann alles oder zumindest fast alles. Einmal hat er ihr gezeigt, wie man einen flachen Stein über einen Teich werfen kann. Drei- oder viermal ist sein Stein über das Wasser gesprungen. Sie standen da und warfen Steine um die Wette. Schnell hatte sie den Bogen heraus, und einige ihrer Steine übertrafen die von Amalafrid. Manchmal macht er täuschend echt Tierstimmen nach oder er baut eine kleine Flöte aus einem Weidenzweig. Wenn Radegunde verzweifelt ist, weil Amalaberga sie wegen einer Kleinigkeit zurechtgewiesen hat, sagt er: „Mach dir nichts daraus, sie hatte schlechte Laune." Er spürt, wenn sie traurig ist, hört zu, wenn sie erzählt, wie die Mutter starb. „Es wird schon wieder", sagt er, und dann grinst er, stibitzt eine besonders schöne Birne vom Baum und überreicht sie ihr mit einer kunstvollen Verbeugung. Da muss auch Radegunde wieder lachen.

Mehrmals in der Woche haben die Kinder Lateinunterricht. Den hat Amalaberga sich selbst vorbehalten. Schnell versteht Radegunde, warum sie das tut. Die Königin spricht rasch und fließend in einem weichen Akzent. Er klingt angenehmer im Ohr als der von Pater Ursinus. Dessen Latein klingt dagegen hart und unbeholfen.

Eines Tages fasst sich Radegunde ein Herz. „Herrin", fragt sie, „wo habt Ihr so gut Latein gelernt?" „Ach weißt du, als Kind habe ich den halben Tag Latein gesprochen. Da habe ich in Italien gelebt, in Ravenna, bei meinem Onkel Theoderich. Zwar haben wir im Palast offiziell gotisch gesprochen, aber die meisten Leute waren Römer, und auf der Straße sprach man Latein. Ich war erst acht Jahre alt, als mein Onkel Theoderich mich an Herminafrid verheiratet hat." „Theoderich der Große ist der berühmteste Gotenkönig, er war sogar Kaiser", meldet sich Bertachar ungefragt zu Wort. Der Einwurf wird überhört. „Aber Ihr wart noch ein Kind, und wieso hat Euer Onkel über die Hochzeit entschieden?“ „Mein Vater ist gestorben, als ich sehr klein war, ich kann mich gar nicht mehr an ihn erinnern. Da zog meine Mutter Amalafrida zurück zu ihrem Bruder nach Ravenna. Theoderich hatte fast ganz Italien erobert und brauchte neue Verbündete. Darum heiratete meine Mutter den Vandalenkönig Thrasamund und zog zu ihm nach Karthago. Mein Bruder und ich blieben bei Theoderich in Italien.“ „Wie alt wart Ihr, fühltet Ihr Euch nicht sehr allein?“ „Ich war ungefähr zwei Jahre alt, ich glaube, die Mutter hat mir immer gefehlt. Aber ich hatte Daglinde. Sie war meine Amme und erste Hofdame.“ Radegunde denkt an Irmtrud. Solange sie sich zurückerinnern kann, ist Irmtrud schon bei ihr, hilft ihr beim Anziehen, gibt Ratschläge und trocknet Tränen. „Habt Ihr Eure Mutter wiedergesehen?“ „Nein, nie, und jetzt ist sie tot. Sie war viele Jahre mit Thrasamund verheiratet bis zu dessen Tod. Sein Nachfolger wollte das Bündnis mit Theoderich auflösen und sich andere Freunde suchen. Mutter wusste das und floh mit ihrem Gefolge. Theoderich hatte ihr für den Fall der Fälle viele Krieger mitgegeben. Aber die nützten ihr nichts, der König schickte eine Armee, um sie einzufangen. Er ließ sie in einer Festung bewachen und dann samt ihren Kriegern ermorden.“ „Ist das wirklich passiert, oder ist das nur eine Geschichte?“ „Das ist wirklich passiert.“ Radegunde fröstelt.

„Wart Ihr noch einmal in Italien?“, will sie dann wissen. „Nein, aber ich sehne mich oft danach. Die langen Winter hier machen mir zu schaffen. Wir bewohnen dann immer dasselbe Königsgut, dicker Schnee deckt alles zu und es scheint, als ob alles Leben erstickt wird. In Italien ist es warm, und man sitzt im Hof der Villa. Weißt du, was eine Villa ist?“, unterbricht sich Amalaberga. Radegunde schüttelt den Kopf. „Das ist ein Haus aus Stein. Es ist im Viereck gebaut und in der Mitte ist ein schattiger Hof. Schatten ist wichtig, wenn im Sommer die Sonne vom Himmel brennt. Am Eingang stehen schöne Säulen aus Stein. Die Wände sind mit Bildern bemalt.“ Rade-

gunde staunt: „Ein Palast?“ „Nein, viele Familien in Ravenna haben eine solche Villa. Die Straßen sind mit Steinplatten gepflastert. Es gibt Thermen und ein Amphitheater, das ist ein großes rundes Gebäude. Es ist so groß, dass man den ganzen Königshof hineinstellen könnte. Man kann darin sitzen und bei Wettkämpfen zuschauen. Dort habe ich einmal gesehen, wie ein Stier gegen einen Elefanten kämpfte.“ „Was ist ein Elefant?“ „Das ist ein großes, graues Tier, ich glaube, es kommt aus Afrika. Es ist viel größer als ein Stier und hat einen langen Rüssel.“ „Wie ein Schwein?“ „Nein, viel länger, und Stoßzähne, die fast so lang sind wie mein Arm.“ „Wer hat gewonnen?“ „Der Elefant, er warf den Stier in die Luft. Aber er hat sehr geblutet, der Stier hat ihn mit seinen Hörnern verletzt.“ Amalaberga macht eine Pause, sie scheint in Erinnerungen zu versinken. „Und dann kam ich hier in diese Wälder mit Dörfern aus Holz- und Lehmhütten.“ Sie steht auf. „Für heute ist es genug.“
So hat das Mädchen vor dem Essen noch Zeit, den Nachwuchskriegern bei ihren Waffenübungen zuzuschauen. Sie fechten mit dem Schwert, sie schießen mit dem Bogen und erklettern Pfähle, Seile und Mauern. Ein Seil von oben, das an einem stabilen Gürtel befestigt ist, verhindert einen Absturz, wenn ein Versuch misslingt. Die Söhne der Edlen aus dem Gefolge des Königs sind ihre Kampfgegner. Sieh an, selbst der kleine Bertarich schwingt mutig und ein bisschen drollig sein Holzschwert. Amalafrid ist von allen am geschicktesten. Sein Ausfall mit dem Schwert ist rasch und elegant, selbst mit der linken Hand schlägt er kraftvoll zu. Kein Wunder, seit er auf eigenen Füßen stehen kann, hantiert er mit Waffen. Radegunde könnte ihm lange so zusehen.
Iring beobachtet gerade seine Schützlinge aus einem gewissen Abstand, da spricht Radegunde ihn an: „Ich würde viel lieber fechten!“ Sie denkt an das Stickzeug, aus dem einmal eine kleine Tasche für ihren Gürtel werden soll. Würde nicht Irmtrud hie und da mit ein paar Stichen aushelfen, das kleine Stück Stoff sähe jämmerlich aus. Iring lacht dröhnend: „Wir sind doch keine Alamannen“, brüllt er, „die haben Kriegerin-

nen. Ich sage dir, das sind fürchterliche Weiber, flink und gelenkig." Als er Radegundes enttäuschtes Gesicht sieht, fügt er hinzu: „Ihr werdet Euch wohl auf das Übliche beschränken müssen, Radegunde. Morgen reiten wir wieder gemeinsam aus. Und nächste Woche zieht der Hof um an die Werra. Da sitzt Ihr auch wieder den ganzen Tag im Sattel. Mit Zustimmung der Königin können wir auch einige Übungen mit dem Bogen machen." Das Kindergesicht hellt sich auf: Das sind gute Aussichten. Iring gibt den Jungen ein Signal, sie beenden die Fechtübung, und Amalafrid darf Radegunde die Waffen erklären. „Schau mal, dieses Wurfbeil haben die Franken erfunden. Jetzt bauen wir auch welche. So eine Franciska muss gut in der Hand liegen." Fachmännisch begutachtet er ein Beil mit schön geschwungenem, glatt geschliffenem Schaft. „Das dreht sich ganz gleichmäßig, wenn man es gut wirft, und man kann damit jeden Punkt treffen, den man will. Soll ich es dir vormachen? Dort drüben, den Pfahl will ich treffen." Er schwingt die Axt, sie dreht sich surrend über ihnen, dann steckt sie im Kopf des Pfahles. „Das ist noch ein leichtes Beil, in zwei Jahren werfe ich eine schwere Kampfwaffe", setzt Amalafrid seinen Vortrag fort. Natürlich hat er den staunenden Blick des Mädchens bemerkt und genießt die Bewunderung. „Pass mal auf, ich will auch werfen!", hört man Bertarichs helle Stimme, er hat sich nach vorn gedrängt und wirft ohne zu zielen. Das kleine Übungsbeil, das er benutzt, ist nicht sehr scharf. Aber er trifft den Pfahl gar nicht, eine Armlänge daneben schlägt die Waffe scheppernd in den steinigen Boden. „Ach, das ist nicht so schlimm. Beinahe hätte ich getroffen. Beim nächsten Mal klappt es wieder", meint der Junge mit einer wegwerfenden Handbewegung. „Du musst achtgeben, Bertarich, du kannst das besser." Iring nimmt die Sache nicht so leicht. „Du hast überhaupt nicht gezielt. Erstens geht das Beil kaputt, wenn es so in den Boden schlägt, aber was noch viel schlimmer ist, der Pfahl könnte ein Franke sein. Wenn du den nicht gleich beim ersten Mal triffst, dann stehst du ohne Schutz da, und der Gegner trifft dich. Und dann bist du tot." Bertarich

schaut den Lehrer mit großen, erschreckten Augen an. „Muss ich das üben, um Männer zu töten?“ „Du musst üben, um dich zu verteidigen“, erklärt ihm Iring. „Aber wenn ich den anderen nicht treffe, trifft er mich?“ „Ja, so kann man das sagen.“ Iring mahnt zur Eile, die Kinder werden an der Tafel erwartet. Bertarich trabt neben seiner großen Schwester her. „Wann kommen die Franken? Muss ich dann gegen die kämpfen?“, fragt er Radegunde. Die will den Kleinen beruhigen: „Ach, die haben wir doch gerade erst geschlagen, die kommen bestimmt so schnell nicht wieder.“
Zwei Tage später ist Bertarich krank. Er hustet, hat Fieber und jammert über Kopfweh. Irmtrud steckt ihn mit warmen Decken ins Bett, doch nach dem ersten Fieberschub hört sich der Husten immer härter an. Nach zwei Tagen besteht Amalaberga auf einer anderen Behandlung. Sie füllt einen Zuber mit warmem Wasser und legt den Jungen hinein, füllt noch heißes Wasser nach, bis er anfängt zu schwitzen. Nach einiger Zeit wird er herausgeholt, Amalaberga reibt ihm scharf riechendes Öl auf Brust und Rücken und wickelt nasse, kalte Tücher darum. Dann wird das Kind im Bett dick eingepackt. Warme Steine kommen an die Füße. Zwei Stunden schwitzt er so vor sich hin. „Der Schweiß treibt die Krankheit heraus, das Blut wird gereinigt“, erklärt Amalaberga. „In den italischen Thermen gibt es viele Behandlungen mit kaltem und warmem Wasser, Ölen und Dampf. Leider habe ich mir nur einen Teil davon gemerkt.“ Nach der Prozedur ist Bertarich ziemlich schlapp und schläft erschöpft ein. Tatsächlich hört sich der Husten am nächsten Tag weniger gefährlich an, nach einigen Tagen ist der Kleine wieder fidel wie vordem. Radegunde ist Amalaberga zur Hand gegangen, hat Wasser herbeigetragen und Steine. Und sie will mehr über die Thermen wissen. „Daglinde wird dir erzählen, was sie davon weiß“, ordnet Amalaberga an, und tatsächlich erklärt die Haushofmeisterin Radegunde in den nächsten Tagen Aufgüsse, Tees, warme und kalte Wickel, warme und kalte Bäder. Radegunde ist begeistert, vor allem über die verschiedenen Aromen der Salben und Tinkturen.

Das ist doch etwas anderes als die Schinderei mit Spindel und Webstuhl.
Über Nacht ist viel Schnee gefallen. Herminafrids Gefolge ist in eines der Lieblingsgüter des Königs gezogen. Es liegt in einer weiten Senke auf einem kleinen Hügel über der Unstrut. Görmar heißt es. Alle stecken in dicker Winterkleidung. Es gibt einen warmen Raum für die Königin und die Damen. Dort sollen sich auch die Kinder aufhalten. Der Raum wird mit einem gemauerten Kamin geheizt, in dem große Holzkloben brennen. Eine Magd geht ein und aus und kümmert sich um das Feuer. Auch in der Schmiede brennt ein helles Feuer, dort werden die Waffen des königlichen Gefolges instand gesetzt und viele neue angefertigt. Um die Reifen für die Wagenräder kümmert sich ein Schmied unten im Dorf. Die Waffen aus seiner Werkstatt sind gröber, aber solide. Auch die Küche ist warm, hier ist man emsig beschäftigt, aus den Vorräten an Getreide und Obst schmackhafte Gerichte für die Tafel des Königs anzurichten. Regelmäßig wird ein Schwein und bei festlichen Anlässen ein Ochse geschlachtet. Die Jungen sollen dabei zusehen, denn später, wenn sie mit auf die Jagd dürfen, müssen sie das erlegte Wild selbst aufbrechen und zerlegen lernen. Radegunde geht mit ihnen in den Hof, sieht zu, wie der Knecht das Schwein mit einem Stich tötet, es ausblutet, abbrüht, häutet und zerteilt. Sie schaut sich an, welche Teile der Mann aus dem Körper herausholt: Herz und Leber, Lunge, Hoden und Gedärm. In dieser Ecke des Hofes ist der Schnee fast immer mit Blutlachen besudelt. Als sie Irmtrud davon erzählt, kühl und sachlich, ist die entgeistert. Aber das Mädchen findet, so etwas müsse man gesehen haben.
Nicht nur in den Speisezettel, sondern auch in das eintönige Winterleben bringen die Jagden des Hofes festliche Abwechslung, wenn die Hörner schallen und die Männer und Jungen des Dorfes als Treiber durch die Wälder ziehen, an die Bäume schlagen und lärmen, um das Wild aufzuschrecken.
Die Kinder üben sich in Brettspielen. Radegunde streicht mit

den Fingern über die rund geschliffenen Steine, neun flache sind es und ein größerer König. Sie liegen schön und schwer in der Hand. Mit dem Fingernagel zieht sie die Rillenmuster entlang, die zur Unterscheidung der Steine dienen. Gegen Bertarich zu spielen, ist leicht, und manchmal lässt Radegunde ihn gewinnen. Eine andere Sache ist es, eine Partie gegen Amalabertha oder gar gegen Amalafrid zu behaupten. Meist gewinnen die Älteren, aber manchmal ist Amalafrid zu rasch und ungeduldig, und Radegunde gelingt es, die letzte Figur zu ziehen, die den König schlägt.

Die langen Winterabende bieten Gelegenheit, beim Drehen der Spindeln alte Geschichten zu erzählen. „In Italien gibt es große Tempel aus Stein für die alten römischen Götter", berichtet die Königin. „Man muss zu ihnen viele Stufen hochsteigen, und oben geht man durch lange Reihen von steinernen Säulen und schaut über die sonnige Landschaft mit Weinfeldern und den schlanken Zypressen." „Ich denke, es gibt nur einen Gott?", fragt Radegunde in die Erinnerungen der Königin hinein. Die wirft ihr einen raschen Blick zu und bemerkt: „Ja, natürlich ist das richtig. Die Römer waren früher Heiden. Sie glaubten, dass ihre Götter auf einem großen Berg wohnten, dass sie durch die Luft oder das Meer reisten. Sie bauten ihnen wunderbare Heiligtümer. Aber in den Geschichten, die von den Göttern handeln, benahmen die sich wie Menschen, sie betrogen einander, sie führten gegeneinander Krieg und sie stritten sich. Wenn sie gute Laune hatten, belohnten sie die Menschen, und hatten sie einen schlechten Tag, bestraften sie sie." „Wie Odin, Frigga und die anderen?", fragt Bertarich. Er ist dabei, aus zwei Leisten ein Holzschwert zusammenzuschnüren. Niemand hat auf ihn geachtet. „Wie kommst du darauf?", fragt Amalaberga zurück. Ihr Ton ist scharf. „Der Pferdeknecht hat mir davon erzählt", meint Bertarich, während er weiter an seinem Knoten bastelt. „Er sagt, in stürmischen Nächten fliegt Odin mit der Wilden Jagd durch die Wolken." „Die Knechte und Mägde erzählen nur Geschichten", geht Amalaberga auf den Kleinen ein. „Es gibt nur einen

Gott, er ist allmächtig, und er hat alles gemacht: die Erde, den Himmel, die Sonne und die Sterne, die Blumen, die Tiere und uns Menschen." „Den Mond auch?", fragt Bertarich. „Ja, den Mond auch."

„Und wie ist das nun mit den Ahnen? Ist Vater jetzt bei ihnen?", will plötzlich Radegunde wissen. „Ja, mein Kind. Unsere Ahnen sind von königlichem Stamm", antwortet Amalaberga. „Gott hat sie zu Königen auserwählt. Bis in alle Zukunft sollen wir das Reich regieren und schützen." Radegunde hat das früher schon so ähnlich von ihrem Vater gehört. Sie ist stolz auf ihre Ahnen, auf Großvater Bisin, auf Großmutter Menia, die Riesin aus Langobardenland. Sie waren Könige und Königinnen, und auch sie selbst ist eine Königin. Gott selbst hat das so eingerichtet, und das ist gut so.

Der Schnee schmilzt, der März kommt und mit ihm einige Tage strahlender Sonne. Zwar ist es in den Nächten noch bitterkalt, doch die Wiesen und Triften sind trocken, der König mit seinem Gefolge zieht weiter zum nächsten Königsgut, zur nächsten Gerichtsstätte. Sie liegt auf einem Hügel, der seit undenkbar langer Zeit schon Thingplatz ist. Der Weg dorthin führt über eine lange, glatte Wiesentrift. Amalafrid wirft Radegunde einen aufmunternden Blick zu: „Na los." Ohne eine Antwort abzuwarten, lässt er sein Pferd angaloppieren. Radegunde hatte schon dieselbe Idee, und nun fliegen sie nebeneinanderher, bis sie auf dem Hügel etwas Merkwürdiges vor sich auftauchen sehen. Sie parieren die Pferde. Der Hügel liegt voller Tiergerippe, das Mädchen erkennt mehrere Stierschädel mit riesigen Hörnern. Sie schaut den Cousin fragend an. Er kennt sich hier aus. „Das ist ein altes heidnisches Heiligtum", erklärt er. „Hier opfern sie ihren Göttern Tiere. Wenn sie um gute Ernte bitten oder um Gesundheit." „Heute noch?" „Ja, heute noch."

Am nächsten Tag hält König Herminafrid Gericht. Auf ihn warten nur die Fälle, die so wichtig oder schwierig sind, dass der Edle dieser Gegend sie nicht allein entscheiden konnte. Aus einem Badezuber vor der Haustür der Eltern ist ein kleines Mädchen verschwunden. Meilen weiter im Wald hat man Überreste von ihm entdeckt, abgerissene Gliedmaßen und Knochen. Die Eltern meinen, ein fahrender Händler müsse das Mädchen mitgenommen und ermordet haben. Der bestreitet das. Er sagt, das müsse ein Wolf gewesen sein. Er hat nicht viel Vermögen und kann das hohe Sühnegeld für das Kind nicht aufbringen. Wenn er für schuldig befunden wird, bedeutet das die Todesstrafe. Niemand hat genau gesehen, wie das Kind aus der Wanne kam. Aber ein Wolf wurde beobachtet. Der König hört die Eltern, hört den Händler, hört Zeugen. Die haben den Wolf gesehen. Sie berichten Details, die glaubhaft sind und sich nicht widersprechen. Manche Einzelheiten kann man sich so nicht ausdenken. Die Leute berichten also wahrheitsgemäß, auch wenn die Eltern ihnen nicht glauben wollen und Gegenargumente anführen. Er ist sicher, die Geschichte mit dem Wolf entspricht der Wahrheit, und spricht den Mann frei. Radegunde und Amalafrid stehen am Rand des Platzes. Sie dürfen der Gerichtssitzung zuhören. Sie haben die Zeugen gehört, die gezielten Fragen haben sie mit Spannung verfolgt. „Das war aufregend, findest du nicht?", strahlt Radegunde den Cousin an. Der schnippt mit den Fingern: „Ich habe doch gleich gewusst, dass der Wolf das Mädchen geholt hat. Wenn der Mann es mitgenommen hätte, hätte er es doch nicht zerfetzt, sondern irgendwo vergraben." „Er ist ziemlich klug", denkt das Mädchen, während sie Seite an Seite zur Burg zurückgehen, „bestimmt wird er mal ein richtig guter König wie sein Vater."

Der königliche Hofstaat ist weitergezogen und residiert in dem Königsgut bei Mühlberg. Die Kinder nutzen eine freie Stunde und haben sich aus dem inneren Hof gestohlen, sitzen da mit dem Wall im Rücken. Von hier schweift ihr Blick übers Land, über den bewaldeten Hügel gegenüber und die fruchtbaren Talgründe. Die Sonne scheint schon warm, weiße, wattige Wölkchen segeln gemächlich über den Himmel. Radegunde war hier oft, sie mag diesen Platz. Da streckt

Amalafrid seine Hand Richtung Nordwesten aus. „Irgendwo da drüben liegt Gota, das gehört meiner Mutter“, sagt er. „Nächsten Sonntag ist Pfingsten, da will meine Mutter dort in die Kirche gehen. Pfingsten ist ein wichtiges Fest und vorher ist ein großer Markt in dem Ort. Ein Sklavenhändler hat uns einen Boten geschickt. Er will zwei byzantinische Goldschmiede verkaufen. Vater braucht einen für seine Werkstatt. Und Mutter wünscht sich eine Sklavin, die Duftöle und Salben herstellen kann. Auf dem Markt findest du auch die Färber aus Boldestedt. Sie haben guten Waid und schöne blaue und dunkelrote Wollstoffe.“ „Warum heißt der Ort Gota“, fragt Radegunde, „hat das was mit den Goten zu tun?“ „Na klar! Als Mutter mit ihrem gotischen Gefolge nach Thüringen kam, haben sich einige ihrer Krieger dort Häuser gebaut.“ Nachdenklich schaut Radegunde über die sonnige Landschaft. „Sag mal, Gota gehört euch, aber das hier ist doch unsere Burg. Habt ihr jetzt unser Land, wo Vater tot ist?“ „Solange Bertarich noch nicht erwachsen ist, muss Vater das Land ja verwalten.“ „Können wir nicht einfach heiraten, du und ich, und unsere Länder gemeinsam regieren?“ „Du hast vielleicht komische Ideen!“ Amalafrid fühlt sich sehr erwachsen und sehr überlegen. „Cousins und Cousinen heiraten nicht. Das ist schon immer so. Und Frauen kriegen kein Land. Das Land wird unter den Söhnen aufgeteilt und fertig. Das steht im Gesetz. Die Tochter eines Königs heiratet immer einen ausländischen König. Vielleicht heiratest du ja mal einen Sachsen.“ „Oder einen Franken“, meint Radegunde zerstreut. „Bist du verrückt? Die Franken sind die Feinde. Die haben unser Land angegriffen und deinen Vater umgebracht! Ungefähr hundert Jahre führen sie schon Krieg und nehmen immer mehr Länder ein. Seit vor ein paar Jahren Onkel Theoderich gestorben ist, denken sie, mit uns haben sie leichtes Spiel. Die kriegen nicht genug. Die kommen wieder. Aber sie haben sich verrechnet, wir haben sie schon einmal geschlagen. Wir werden sie wieder schlagen!“
Am Ende des Wortschwalls hat Radegunde nicht mehr richtig

zugehört. „Die Franken waren es, die meinen Vater erschlagen haben", wiederholt sie leise, Trauer krampft ihr wieder einmal den Magen zusammen. „Mein Vater hat es genau gesehen", setzt Amalafrid seine Rede fort, „er war ganz nah dabei, aber der fränkische Angreifer war zu schnell." Radegunde fällt das Getuschel der Mägde ein, als der Vater von den Kriegern tot zurückgebracht wurde. Hatte Herminafrid ihm absichtlich nicht geholfen, sich gegen den Franken zu verteidigen? Hatte er ihn vielleicht sogar selbst getötet, um sich das Land zu nehmen? Plötzlich ist der Tag um Radegunde nicht mehr so hell, friedlich und sonnig, etwas Bedrohliches liegt in der Luft. Sie geht zurück in den Burghof, Amalafrid folgt ihr mit langen, schlaksigen Schritten. Am Abend tobt das erste Gewitter dieses Jahres, es schüttet wie aus Kannen, Blitze zucken, Donner rollt und bricht sich an den Berghängen. Als ein Hagelschauer niedergeht, flüchten die Kinder in die Gemächer.

Nach drei Tagen zieht der Hofstaat nach Gota, Wagen mit Hausrat und Packtiere werden mitgeführt. Der Königin steht es zu, in einem eigenen Wagen zu fahren. Alle anderen sind zu Pferd unterwegs. Das Wetter hat sich beruhigt, und Radegunde genießt die Bewegungen ihres Tieres, die Sonne auf der Haut, die Ausblicke in die Landschaft. Sie kommen durch mehrere Siedlungen, und obwohl die Bauern sich am Wegrand verbeugen und alles tun, um Hunde und Kinder im Zaum zu halten, laufen die doch ein Stück nebenher, bellend und winkend. Der Verwalter des Gotaer Königsgutes empfängt den Herrscher und seine Gemahlin ehrerbietig. Nach den ersten förmlichen Begrüßungsfloskeln wechselt er in seine gotische Sprache. Die Königin fällt ein, und Herminafrid gönnt ihr das Eintauchen in die Sprache ihrer Kindheit, die nur noch von der älteren Generation der Krieger hier gesprochen wird. Die Jungen haben sich längst an Thüringisch gewöhnt.

Zum pfingstlichen Festgottesdienst betritt der Hofstaat die Kirche in einer Prozession. Stoffe rascheln, Armreifen klirren leise. Radegunde trägt ihr liebstes Stirnband – das mit der goldenen Stickerei in verschlungenen Mustern. All die weltliche Herrlichkeit lenkt sie vom Gottesdienst ab, und so fragt sie später Amalaberga: „Herrin, warum wird das Fest des Heiligen Geistes gefeiert?" Die Königin antwortet: „Vierzig Tage nachdem Jesus gekreuzigt und auferstanden war, schenkte Gott seinen Jüngern und Freunden den Heiligen Geist. Sie hörten auf zu trauern, sie fürchteten sich nicht mehr vor denen, die Jesus gekreuzigt hatten, und sie begannen, von Jesus zu predigen. Das war der Geburtstag der Christenheit. Wenn du mehr wissen willst, musst du Pater Ursinus fragen, mein Kind." Amalafrid platzt wieder einmal dazwischen: „Die Römer glauben, dass Gott und Jesus und der Heilige Geist immer zu dritt sind. Aber das ist Quatsch. Theoderich war in Konstantinopel und hat dort den richtigen Glauben gelernt. Alle richtigen Germanen glauben an den einen Gott. Die Franken glauben jetzt den römischen Kram, um sich bei den Römern lieb Kind zu machen. Diese Römerknechte!" Er ist bei seinem Lieblingsthema. „Mein Sohn", beschwichtigt Amalaberga, „du solltest in Gegenwart von Damen etwas mehr Zurückhaltung üben, noch dazu am Feiertag." Die königliche Halle ist heute besonders prächtig geschmückt, zur Tafel sind zahlreiche Gäste erschienen, und die Hofgesellschaft unterhält sich bald angeregt in Thüringisch und Gotisch.

DIE ENTSCHEIDUNGSSCHLACHT

Amalafrids Vorhersage erfüllt sich. Die Franken kommen wieder. Schon in diesem Herbst, kaum zwei Jahre nach dem Tod von Radegundes Vater, bringen Boten aus den Landen im Westen die Nachricht: „Theuderich hat seine Edlen zum Kampf aufgeboten. Er hat ein Bündnis mit seinem Bruder Chlothar geschlossen und auch die Sachsen gewinnen können, gegen Thüringen zu Felde zu ziehen." Die Nachricht erreicht König Herminafrid in Tennstedt. Die Boten haben nur

wenige Tage Vorsprung vor dem Heereszug. Da die Sachsen aus den Niederungen im Norden sich beteiligen, werden sie im Nordwesten angreifen. Herminafrid weiß, die Franken haben ein mächtiges Heer, umso mehr, als sich zwei ihrer Könige verbündet haben. Die Schlappe, die sie vor zwei Jahren erlitten haben, ist ein Schandfleck. Sie werden die Scharte auswetzen wollen und mit allen verfügbaren Leuten und Waffen angreifen. Er will sie aufhalten, sie nicht ins Land hineinlassen. Alarmfeuer flammen auf und tragen die Botschaft von Berg zu Berg in alle Teile seines Reiches: Alle waffenfähigen Männer haben sich zu rüsten und bei ihren Herren einzufinden. Reitende Boten überbringen genaue Befehle. Von allen Seiten setzen sich bewaffnete Verbände in Eilmarsch, um am vereinbarten Ort rechtzeitig zur Stelle zu sein. Aber Herminafrid weiß auch, dass die Männer aus den entfernteren Siedlungen von den Quellen des Mains nicht rechtzeitig eintreffen werden. Der Feind wird eher im Land stehen.
Der König hält Kriegsrat mit Iring, mit dem Marschall, mit etlichen seiner Edlen. In der Unstrutaue, so weit westlich wie möglich, werden sie das Heer dem Feind entgegenstellen. Dort, wo der fränkische Heereszug sich von der Werra herauf durch Täler und Triften winden wird, um in die weite Talaue zu gelangen, sollen Bauern und herbeigeeilte Krieger Gruben als Fallen für die Reitervorhut ausheben und tarnen. Das wird die Franken nicht aufhalten, aber es bringt ein paar Stunden Zeit, um eigene Kräfte zusammenzuziehen. Für die Materialwagen werden die Feinde die Wege erst wieder ebnen müssen.
So erklärt der König den Plan auch der eilig in den Empfangssaal zusammengerufenen Familie und den Mitgliedern des Hofstaates. Er fügt hinzu: „Da die Sachsen beteiligt sind, müssen wir auf Überraschungen gefasst sein und wissen nicht genau, von wo die Feinde angreifen werden. Deshalb werden wir die königliche Familie teilen. Ihr, meine liebe Königin Amalaberga, zieht Euch mit Amalafrid und Amalabertha nach Gota zurück. Dort können Eure Leute Euch schützen. Notfalls

weicht Ihr weiter nach Osten aus. Radegunde und Bertarich kommen mit mir und bleiben in Scithingi. Das ist eine gute Burg, dort sind sie geschützt, die Hauptmacht des Heeres ist dort versammelt und wird sie verteidigen können. Der Hofstaat verteilt sich entsprechend. Ihr brecht morgen früh auf, die Kolonne nach Gota steht unter Amalabergas Weisung, die Kolonne nach Scithingi leitet der Haushofmeister. Ich breche mit den Heerführern sofort auf. Das ist ein Befehl."
Radegunde ist verstört. Sie und Bertarich sollen in die Nähe des Schlachtfeldes gebracht werden? Wer hält das für einen geschickten Plan? Es ist der Befehl des Königs, also widerspricht sie nicht. Doch innerlich protestiert sie, ihre Augen sprühen Funken. Herminafrid schaut sie an und lacht laut. „Na, du kleine Kratzbürste, mach dir keine Sorgen. Ich bin immer in eurer Nähe und beschütze euch." Das scheint Radegunde nun wieder ein gutes Argument zu sein. Aber etwas in Herminafrids Stimme klingt falsch. Irmtrud zieht sie weg, um die Kleidung für die Reise herauszusuchen.
Scithingi ist eine gute Burg. Mit Wällen und starken Palisaden liegt sie auf einem kleinen, steilen Hügel über der Unstrut. Als der königliche Tross eintrifft, sind die Befestigungen noch einmal mit zusätzlichen Balken ausgesteift, das Tor verstärkt worden. Die Vorräte an Lebensmitteln und Trinkwasser wurden sicherheitshalber ergänzt, obwohl niemand ernsthaft glaubt, der Feind werde Gelegenheit haben, die Burg zu belagern. Die Besatzung steht unter dem Kommando des Burgverwalters. Er ist ein erfahrener Kämpfer und kennt die Stärken und Schwächen der Anlage besser als der König selbst. Irmtrud bringt die Kinder wie üblich in den königlichen Räumlichkeiten unter, die sie auch bei Gerichtstagen bewohnen. Der König ist draußen, wo die Kampfverbände für die Schlacht aufgestellt, verproviantiert und ausgerüstet werden. Höchstens für eine große Lagebesprechung würde er bei Bedarf den Empfangssaal nutzen, heißt es unter den Burgleuten. Doch eine solche Gelegenheit ergibt sich nicht, der König bleibt unsichtbar. Reiter verkehren zwischen Burg und

Heer, tragen Botschaften und Pläne von einem Teil des Lagers zum anderen, zu den Heerführern und Hauptleuten. Späher belauern im Schutze von Hügeln und Hecken den Feind und melden seine Bewegungen. Am Abend des dritten Tages sind die Vorbereitungen getroffen. Morgen wird der König die Schlacht schlagen, dieser Tag wird die Entscheidung bringen. Der Feind ist wohl stärker an Zahl, aber die Thüringer kennen die Höhenzüge und verdeckten kleinen Bachläufe, die Gehölze und Fluren.

Noch vor Sonnenaufgang hört man Geräusch des heranrückenden Feindes, den Tritt vieler Männer. Auch in das Feld, das das Heer der Franken nun durchqueren muss, hat der Thüringer Gruben einsenken lassen. Das wird zumindest Unordnung in die Reihen bringen, die man dann geschickt ausnutzen kann. Bogenschützen der Thüringer, leichte Reiter, sind über die seitlichen Triften dem Feind entgegengerückt. Nun fällt aufs Hornsignal ein Hagel von Pfeilen auf die heranrückenden Franken herab. Männer des Fußvolks stürzen getroffen, bei der Reiterei auf den Flügeln brechen Pferde röchelnd nieder. Noch ein zweites und drittes Mal fällt der todbringende Hagel, dann sprengen die Thüringer Schützen zurück, um die Flügel der eigenen Schlachtordnung zu stärken.

Seit zweihundert Jahren ist Krieg in Europa. Germanische Völkerschaften ziehen durch den Kontinent von Nord nach Süd, von Ost nach West. Seit dem Niedergang des römischen Imperiums in Italien bilden sich neue Mächte und Koalitionen. Franken wie Thüringer haben in wechselnden Bündnissen gekämpft. An Waffen und Kriegserfahrung sind sie ebenbürtig. Teils nutzen sie römische Angriffstaktik, teils greifen sie auf barbarische Kniffe zurück. Zwei Jahre zuvor haben die Thüringer den fränkischen Angriff siegreich zurückschlagen können. Nun stehen sich die Heere erneut in offener Feldschlacht gegenüber.

Unaufhaltsam marschieren die geordneten Kohorten des Fußvolks beider Heere in breiter Linie aufeinander zu. Noch einmal bringt die thüringische Reiterei in einem Angriff von

den Flügeln der Marschlinie mit ihren Pfeilen Tod und Verderben in die fränkischen Reihen. Ihre Reiter und ihre Pferde sind der Stolz der Thüringer, und hier sind sie auch zahlenmäßig überlegen.
Jetzt sind die Reihen des Fußvolks auf Schussentfernung für die schweren Bogenschützen. Blitzschnell bilden die Fußtruppen aus den Schilden eine Deckung nach vorn und oben, die römische Schildkrötenformation, um den Pfeilhagel abzuwehren, dennoch sinken viele Krieger getroffen zu Boden, von hinten rücken frische Männer nach. Die Ordnung ist gestört, die Pfeile der zweiten und dritten Welle finden ihre Ziele. Das Fußvolk marschiert. Das Signal für die Franciska ertönt. Die gefürchteten Beile schwirren über den Köpfen und brechen durch Schild und Panzer. Das Hornsignal für die Lanzenwerfer. Man benutzt besondere, biegsame Lanzen, die sich im Schild verhaken und nicht abzuschütteln oder zu brechen sind. Die Getroffenen müssen den Schild wegwerfen. So sind sie einem erneuten Pfeilehagel ungeschützt ausgesetzt. Auf ein weiteres Signal greift die Reiterei ein und versucht, möglichst viele der Gegner in den Marschreihen niederzureiten. Weiter marschiert das Fußvolk. Nun stehen sich die Reihen direkt gegenüber, bereit zum Lanzenstoß. Was folgt, ist ein unbarmherziges, unablässiges, blutiges Gemetzel. Der Nahkampf Schwert gegen Schwert, Mann gegen Mann. Männer fallen, erschlagen, erstochen, zerstampft.
Die Thüringer führen frische Truppen heran. Und schier unerschöpflich, als erwüchsen sie stets neu aus dem Feld, rücken neue und immer neue Marschgruppen der Franken über den Hügel. Mitten in dem Treffen sieht man Herminafrid, hoch zu Pferd, wie er seine Männer antreibt, wieder und wieder nach vorn, auf den Feind. Er ruft Theuderich, den Frankenkönig, er will den Zweikampf der Könige. Stunden dauert das grauenvolle Schlachten. Dann weichen die Thüringer Reihen der Übermacht, werden zurückgedrängt. Die Unstrut ist die letzte Verteidigungslinie, die verzweifelt gehalten wird. Wieder fallen viele – Franken wie Thüringer. Dann werden die Verteidiger

auch hier weggedrängt. Scithingi, die Burg, liegt vor den Angreifern.
Lange kann die geringe Burgbesatzung der Übermacht nicht standhalten. Sturmleitern werden angelegt, Rammgerät dröhnt gegen das Tor.
Irmtrud und die Kinder hielt es nicht den ganzen Tag im Haus. Sie konnten nicht ruhig und tatenlos sein, wenn draußen Waffen klirrten, Männer starben, sich das Geschick Thüringens entschied. Unruhe trieb sie auf den Burghof, Nachricht vom Stand der Kämpfe zu hören. Sie befragten die Wachen, die ihnen verboten, selbst den Wehrgang zu ersteigen. Sie vernahmen Hörnerklang und Rossegetrappel. Fern wogte dumpfes Getümmel, wurde leiser, schwoll an. Dann näherte es sich langsam, sehr langsam, bedrohlich. Die Wachen auf den Wällen waren verstummt, kein Scherz mehr, kein aufmunternder Zuruf. Still und planvoll, mit knappen Befehlen gingen sie daran, das in Stellung gebrachte Verteidigungswerkzeug zu bestücken. Sie bereiteten alles vor, um die Burg bis zum Letzten zu halten. Nun konnte man schon einzelne Schreie von getroffenen Menschen und Pferden unterscheiden. Nun schallte Waffenlärm von der Unstrut herauf.
Alle Männer, bis hin zu Koch und Küchengehilfen, werden bewaffnet. Bertarich schaut auf Irmtrud, in deren Gesicht die Besorgnis wächst. „Herminafrid wird uns hier rausholen", sagt er zuversichtlich, doch Irmtrud horcht nur weiter auf die Geräusche von draußen. Die Frauen, Hofdamen wie Mägde, suchen Schutz in Gebäuden, in Kellern. Irmtrud schiebt die Kinder ins Haupthaus. Sie sucht gute Wintersachen für sie heraus, für Radegunde auch die Reithosen. „Zieht das an", sagt sie, und gibt jedem noch ein Bündel in die Hand, in das sie zusätzliche Kleider und Radegundes Schmuck geschnürt hat. „Wartet hier", befiehlt sie noch einmal, dann geht sie in ihren Raum und kommt nach wenigen Minuten in Reisekleidern und mit einem kleinen Bündel wieder zurück. Sie bringt die Kinder in die große Empfangshalle. „Was auch passiert", sagt sie, „Ihr bleibt hier. Wenn jemand hereinkommt, empfangt ihr

ihn stehend. Ihr empfangt ihn, wie König und Königin einen Boten. Ihr sagt, wer ihr seid, und besteht darauf, dass die Könige Theuderich und Chlothar informiert werden. Wenn unser Herr und König Herminafrid hereinkommt, tut ihr natürlich, was er sagt."

Von draußen hört man Rufen, Schreie. Schwerter klingen aneinander. Sind die Krieger auf dem Wehrgang schon in Kämpfe verwickelt? Dann ein dumpfes Krachen, Holz splittert, schwere Gegenstände fliegen zu Boden. Triumphgeschrei der Franken sagt ihnen: Das Tor ist offen, die Burg ist eingenommen. „Irmtrud, was ist mit deinem Mann und deinem Sohn, sind die draußen?", fragt Radegunde. Sie hat Angst. „Sie werden die Burg verteidigen!" Irmtrud ist ganz in ihrer Beschützerrolle für die Kinder. Sie will das Geschehen da draußen nicht an sich heranlassen. Sie spürt, wie Panik in ihr hochkriecht. „Aber die Franken sind doch schon drin in der Burg!", sagt Bertarich. Seine Stimme ist hoch und schrill vor Furcht. „Genau darum müssen wir jetzt die Gedanken zusammenhalten und ruhig bleiben", antwortet Irmtrud, obwohl sie selbst nicht daran glaubt. Sie spürt, wie sich Bertarich an sie schmiegt. Radegunde steht stocksteif, wie sie ihr aufgetragen hat, aber die Hand des Mädchens krampft sich um ihre. Männer schreien und rufen, der Hof füllt sich mit Menschen, die Türen der Nebengebäude werden mit Gewalt aufgebrochen, Metall klirrt, Holz bricht, Tiere schreien und blöken. Dann hören sie menschliche Stimmen: zornige Rufe, flehendes Bitten, Frauen schreien, weinen und kreischen. Dann sind die Angreifer im Palast, viele Schritte poltern durch den Gang, zwei fränkische Krieger erscheinen in der Tür. Irmtrud steht hoch aufgerichtet, an jeder Hand ein Kind.

„Dies sind Bertarich und Radegunde. Sie sind die Kinder von Bertachar, dem König der Thüringer", sagt Irmtrud ruhig, aber sehr deutlich und langsam. Die Franken reagieren nicht. Radegunde hat große, runde Augen vor Schreck, trotzdem wiederholt sie die Auskunft in Latein. Die Franken verstehen auch die zweite fremde Sprache nicht, aber hochgestellte Kinder,

rex thoringiae, sie ahnen, was das bedeuten kann: Hier muss ein Vorgesetzter entscheiden. Einer der beiden baut sich nach kurzer Beratschlagung als Wache vor der Tür auf, der andere sucht nach einem Offizier. Der ist nach einiger Zeit zur Stelle, versteht die Brisanz der Situation: Mitglieder der Thüringer Königsfamilie – das sind vermutlich wertvolle Geiseln, für deren Ergreifung er eine reiche Belohnung vom König erwarten kann. Er schickt die beiden Untergebenen nach zwei Pferden, er selbst bleibt an Ort und Stelle. Etwas enttäuscht geht er im Saal auf und ab und mustert die Einrichtung. Als zeitweilige Residenz des Königs wird die Burg nur ausgestattet, wenn der Herrscher anwesend ist. Jetzt ist der Saal bloß mit dem Grundmobiliar bestückt. Der Edle denkt nach, ob es die Mühe lohnt, es die weite Wegstrecke bis in sein Gut zu transportieren. Dann findet er doch ein paar Stücke, die ihm seine Leute wegbringen sollen. Vor allem aber die Kinder! Die kann man als guten Fang bezeichnen. Er ist ein gemachter Mann, wenn er sie König Theuderich heil abliefert.
Nach ein paar Minuten kommt ein Krieger zurück, die Pferde sind da. Irmtrud weist die Kinder an, ihre Bündel zu nehmen, sie selbst nimmt ihr eigenes. Der Offizier greift mit jeder Hand ein Kind und verlässt mit ihnen den Saal. Mit einer Kopfbewegung deutet er auf Irmtrud: „Bringt sie zu den anderen Weibern!" Radegunde schreit auf: „Irmtrud!" Irmtrud funkelt sie mit den Augen an, „Sei still", bedeutet das. Radegunde wimmert nur noch leise. Plötzlich erinnert sie sich, was ihr immer eingebleut wurde: „Du bist die Große, du musst Vorbild für den kleinen Bertarich sein. Er soll keine Angst haben, er ist der Thronerbe, der künftige König." Sie sind jetzt ganz allein unter Feinden und nur auf sich gestellt. Die letzten Tränen rollen ihr noch übers Gesicht, aber sie lässt sich nun einfach nach draußen ziehen. Schon im Gang müssen sie über tote Kämpfer steigen, der Boden ist mit Blutlachen bedeckt. Radegunde versucht, nicht hineinzutreten. Es gelingt ihr nicht immer. Der Hof wimmelt von Menschen. Franken durchstöbern und durchwühlen jeden Winkel der Burg, haben die wenigen

Tiere aus dem Stall getrieben, die nun den Weg noch zusätzlich versperren und mit ihrem verstörten Blöken und Muhen ein klägliches Konzert veranstalten. Krieger schleppen alles, was sich wegtragen lässt, Kisten, Säcke, Fässer. In einer Ecke des Hofes sind ein paar Männer zusammengetrieben worden, sie sind übel zugerichtet: die Reste der Burgbesatzung. Die Frauen werden einzeln oder in Grüppchen aus ihren Verstecken herausgezerrt. Aus der Scheune hört man weibliches Schreien und Wimmern, davor liegt auf dem Hof eine Magd mit seltsam verdrehten Armen. Ihre Augen starren leer in den Himmel, sie scheint noch zu leben. Mit einem lauten Ausruf, der klingt wie ein Fluch, bahnt sich der Offizier einen Weg. Rechts und links des Tores liegen Tote, erschlagene Männer. Radegunde erkennt Ararich, Irmtruds Mann, der zur Leibwache gehört hat, eine große Stichwunde klafft in seiner Brust, und auch ihren Sohn. Beide haben zum letzten Aufgebot am Burgtor gehört, das sich den Franken entgegenstellte. Zwei Schritte weiter liegt der kleine Ingo, der Sohn des Burgverwalters. Auch er ist blutüberströmt und tot. Gestern haben sie noch in einer Ecke des Burghofs zusammen mit Murmeln gespielt. „Warum Ingo?!", schreit Radegunde. „Er war noch ein Kind!" Bertarich schluchzt herzerweichend. Der Offizier zerrt sie weiter. Am Tor wartet einer der fränkischen Krieger mit zwei Pferden auf den Offizier mit seinen Gefangenen. Jeder der beiden nimmt ein Kind vor sich auf das Tier, sie reiten weg von der Burg, hin zum Schlachtfeld. Zuerst den Hügel hinunter, dann müssen sie durch die Unstrut. Dort ist besonders hart und erbittert gekämpft worden. Der Boden ist mit Toten bedeckt. Die Unstrut ist an dieser Stelle noch schmal wie ein größerer Bach, sie könnten hindurchreiten. Aber genau an der Furt liegt ein Haufen von Leichen, ein Berg, eine grausige Brücke. Der einfache Krieger lacht laut: „Schaut nur, was für ein reiches Opfer unsere Leute dem Flussgeist gebracht haben!" Und schon reitet er mit einem aufmunternden Ruf an sein Pferd darauf zu. Aber das Pferd scheut, es drängt zur Seite weg und ist auch nicht dazu zu bringen, gleich ober-

halb des Haufens durch das Wasser zu gehen. Das hat sich hier gestaut und ist rot von Blut. Sie müssen einen Umweg bachaufwärts reiten, ehe sie die Pferde auf die andere Seite lenken können.
Nun wird es auch im freien Feld dämmrig. Auf dem Schlachtfeld erkennt man immer undeutlicher die hingestreckten, erschlagenen Krieger. Stöhnen liegt in der Luft. Einige Franken versuchen, den einen oder anderen Kameraden mit einer leichteren Verletzung aufzuheben und zu ihrem Lager zu bringen. „Wer wird den verwundeten Thüringern helfen? Es ist keiner da!", denkt Radegunde. Die Krieger sind tot oder gefangen, die Frauen, Kinder und Alten versuchen, in Verstecken den Franken zu entgehen.
Das fränkische Lager liegt auf der Anhöhe hinter dem Schlachtfeld. Dort flammen jetzt Koch- und Lagerfeuer auf.

DIE GEFANGENE

Im Vermandois wurde sie in einem Gut namens Athies erzogen und in Lesen und Schreiben unterrichtet, und als sie volljährig war, nahm sie der siegreiche König zur Gemahlin.

Baudonivia, De vita sanctae Radegundis libri duo.

EXODUS

Die Kinder finden sich in einem Zelt wieder. Es mag wohl für ein Nachtlager von zwei oder drei Soldaten ausreichend sein. An ein Entkommen ist nicht zu denken. Vor der Tür steht ein Wachposten, müde von der Schlacht, aber Furcht einflößend und bis an die Zähne bewaffnet. Der Reiter ist eilig davongegangen. Sie warten. Die Zeit wird lang. Dann kommen Schritte, der Reiter schlägt die Zeltbahn zurück und knurrt etwas wie: „Kommt mit!" Vorsichtshalber greift Radegunde die beiden Bündel. Wieder nimmt er ein Kind an jede Hand und stapft eilig mit ihnen auf ein großes Zelt zu, das etwas vornehmer aussieht und vor dem mehrere Wachen stehen. Der Reiter schiebt die beiden hinein. „Mein Herr und König, hier sind die Kinder", meldet er. Radegunde hört die harten, kehligen Laute. Das ist wohl fränkisch. Sie kann nur erraten, was der Mann gesagt hat. Der Angesprochene blickt auf und macht eine Handbewegung. Der Reiter zieht sich zum Zelteingang zurück. Radegunde sieht sich um. Zwei Herren sitzen auf Sesseln. Sie tragen vornehme Kleider und Waffen. Das sind wohl Heerführer der Franken, vielleicht Könige. Einige Herren stehen um sie herum.

Zum ersten Mal im Leben ist Radegunde dankbar für Amalabergas Anstandsdrill. „Die Königin empfängt fremde Herrscher. Sicher stehen, Rücken gerade, Schultern zurück, Kopf hoch und Kinn nach unten. Hoheit ausstrahlen." Das ist ihr in Fleisch und Blut übergegangen. „Freunden zeige ein huldvolles Lächeln." Das ist jetzt wohl nicht angebracht. Das da sind Feinde. Also: „Bei Feinden: Strenge. Keine Hinweise geben."

Königin Radegunde hat die armseligen Bündel hinter sich gelegt. Sie strahlt Hoheit aus, so gut es geht, und starrt finster auf die beiden Herren, die über ihr Schicksal entscheiden werden. Vielleicht wäre es am besten, gleich tot zu sein wie die vielen Krieger, die sie hat liegen sehen. Theuderich, der ältere der Heerführer, spricht sie an. Auch im Sitzen wirkt er groß,

seine Haltung ist militärisch straff, seine Gesten knapp und präzise. „Wer seid ihr?" Radegunde versteht die fränkischen Worte nicht. Jetzt muss ihr Latein helfen: „Verzeiht, Herr, ich habe Eure Frage nicht verstanden." Chlothar, der Bruder Theuderichs, hat sich entspannt im Sessel zurückgelehnt und überlässt dem Älteren das Verhör. Er ist etwas kleiner und korpulenter, aber ein starker und gefürchteter Krieger ist er auch. Für einen winzigen Augenblick blitzt ein spöttisches Lächeln in seinen Augen auf und verschwindet sofort wieder. Radegunde bemerkt es. „Da hat die Gotin ganze Arbeit geleistet", denkt Chlothar amüsiert. „Nicht die Andeutung eines Kopfneigens und Latein in feinstem italischem Akzent." Der Rest der Befragung läuft lateinisch. „Wer seid ihr?" „Ich bin Radegunde, König Bertachars Tochter, und das ist mein Bruder Bertarich." „Wie alt bist du?" „Elf Jahre." „Wo ist der König, wo die Königin?" Radegunde überlegt fieberhaft, Herminafrid muss tot sein, sonst hätte er sie vor dem Feind beschützt. Aber sie will nichts verraten. Also sagt sie: „Ich weiß es nicht." Theuderich wiederholt die Fragen, variiert sie, aus den Kindern ist weiter nichts herauszubringen. „Schafft sie weg und sorgt für scharfe Bewachung", diese Anweisung geht an den Offizier, der sie gebracht hat.
Da wirft Chlothar wie beiläufig ein: „Die Gefangenen kommen in mein Lager, sie gehören mir. Die Vereinbarung lautet: Du bekommst das Land, ich die Gefangenen." Er spricht fränkisch. Theuderich wird ungeduldig: „Das sind keine gewöhnlichen Gefangenen. Der Junge ist der Thronerbe. Willst du mir mit dem in ein paar Jahren das Land streitig machen?" „Alle Gefangenen gehören mir, so ist die Abmachung. Damit komme ich schon schlecht genug weg. Du bekommst das Land. Das kann ich nur akzeptieren, weil es von meinem Reichsteil zu weit weg liegt. Aber ich werde nicht hinnehmen, dass du versuchst, mich zu übervorteilen. Wenn ich Glück habe, bekomme ich für die beiden ein ordentliches Lösegeld." „Was willst du mit den beiden kleinen Bastarden? Du musst sie nur durchfüttern, und in ein paar Jahren proben die Thüringer den

Aufstand, um ihren König wiederzubekommen. Ich bin für kurzen Prozess." „Keine Diskussion, die Gefangenen gehören mir!" Chlothar erhebt sich, langsam und drohend, der Streit droht zu eskalieren. Auch Theuderich ist aufgesprungen. Er überragt seinen Bruder um einen halben Kopf. Dann zuckt er ärgerlich mit den Schultern und gibt einen Wink. Der Reiter, der die Kinder hereingebracht hatte, geht. Chlothar gibt einem anderen Edlen ein Zeichen, der bringt sie nach draußen und in einen anderen Teil des Lagers. Dort wird ein Zelt für sie geräumt, und sie bekommen eine neue Wache.

Die Wache trägt etwas zu essen und zu trinken herein. Die Kinder haben seit Stunden gehungert, aber sie bekommen kaum einen Bissen herunter. Radegunde hat nicht verstanden, worüber die Könige stritten, nur dass sie selbst das Streitobjekt war. Wird nun alles noch schlimmer werden? Irgendwann ist sie zum Grübeln zu müde, schläft erschöpft ein. Bertarich schmiegt sich in Radegundes Arme. Wilde Träume und die ungewohnten Geräusche des Heerlagers lassen sie immer wieder hochschrecken. Kurz vor Morgengrauen leuchtet ein übermächtiger, flackernder Feuerschein durch die Zeltbahnen, es riecht nach Holzfeuer, aber darunter mischt sich ein schwerer, beißender Qualm. Die Rufe der Wachen sind unmissverständlich: Scithingi brennt!

Wenig später werden die Kinder aus dem Zelt geholt. Der Rückmarsch soll beginnen, vorher sollen sie noch etwas essen. Da stehen sie in den Rauchschwaden, die von der Burg heraufziehen. Hoch schlagen die Flammen. Sie sehen die Dachbalken stürzen und die Funken aufstieben, sie hören das Krachen des berstenden Holzes. Ein Freudenfeuer für die Franken, ein Schreckensbild für die Thüringer, das die Kinder lange in ihren Träumen verfolgen wird. Da fasst Radegunde Bertarich an beiden Schultern, dreht ihn zu sich herum, schaut ihm in die Augen. „Was auch passiert, ich will immer für dich da sein und dich beschützen", spricht sie leise und nachdrücklich. „Ich verspreche es." „Das verspreche ich dir auch", antwortet Bertarich.

Der fränkische Heerzug bewegt sich nach Westen, heimwärts. Reiter, Wagen mit Beute und Proviant, Krieger zu Fuß, Kriegsgefangene, dazu der unumgängliche Tross, der zur Versorgung des Heeres nötig ist. Lange Kolonnen ziehen Richtung Frankenland. Viele Gespanne und Reiter sind mit Thüringer Pferden ausgestattet. Von Pferdezucht verstehen diese Thüringer Barbaren was, das muss man ihnen lassen. Die Tiere sind nicht sehr groß, aber flink, gelehrig und ausdauernd. Das andere von den Thüringer Bauern erbeutete Vieh treibt man mit sich. So stockt der Zug oft, ohnehin ist er nur im Schritttempo unterwegs. Auch die gefangenen Thüringer werden in größeren und kleineren Marschgruppen mitgeführt: Krieger, junge Burschen, Frauen und Kinder, Knechte, Mägde, Bauern und Edle. Chlothar hat aus dem besetzten Gebiet so viele Gefangene pressen lassen wie möglich: Menschen aller Stände und Altersgruppen. Ein wahrer Exodus. Ein Aderlass für das Volk der Thüringer. Sie sind wie die Beute je nach Rang und Verdienst auf die fränkischen Krieger verteilt worden. Der König hatte diese Verteilung persönlich überwacht. Gleich nach der Schlacht hatten die Frauen Schlimmes erlebt, und auch jetzt kommt es in den Lagern noch zu Übergriffen, wiewohl die Herren daran interessiert sind, die Arbeitskräfte heil auf die heimischen Güter zu führen. Die Krieger sind ungeduldig, sie wollen endlich zurück, als Sieger wird man sie zu Hause feiern. Abends werden Lager aufgeschlagen, Feuer entzündet, von gebratenem Fleisch und riesigen Suppenkesseln umwehen Sättigung verheißende Düfte die ermüdeten Menschen. Die Zahl der mitgeführten Tiere wird unterdessen immer geringer, denn dieses Menschenheer muss verköstigt werden. Auch in den Grenzgebieten, durch die sich der Menschenstrom wälzt, treiben die Krieger noch Vieh weg, um die Truppe zu versorgen. Radegunde sieht Bauern, die Vieh und Getreide zurückverlangen, bittend oder wütend. Der Winter steht vor der Tür, sie wissen nicht, wovon sie ihre Familien ernähren sollen. Sie werden von den Kriegern zurückgetrieben – höhnisch, gewalttätig, brutal. Das Heer will auch leben.

Wenn Radegunde aus dem Wagen späht, erscheint ihr zuweilen ein Gesicht vertraut, aber gleich taucht es wieder unter in dem Menschenstrom, dem Zug des Elends in die Fremde, die Ungewissheit, die Gefangenschaft. Sie sorgt sich um Irmtrud, die ihr ist wie eine Mutter. Wie man wohl mit ihr umspringt, ob ihr etwas zugestoßen ist? Radegunde hat gesehen, dass die Frauen besonders leiden. Einmal unternimmt sie den Versuch, Irmtrud im Lager zu finden. Der Bewaffnete hat sie nach zehn Schritten eingeholt und bringt sie zurück, seine Faust umschließt wie Eisen ihren Oberarm.

Volle zwei Wochen sind sie unterwegs, ehe sie den Rhein erreichen. Hier sind sie schon in Theuderichs Herrschaftsgebiet. Der Heereszug hat sich in verschiedene Gruppen geteilt, die unterschiedliche Wege zum Strom nehmen. Theuderichs Hauptmacht zieht über die Brücke bei Köln. Für die anderen Heeresteile und die Gefangenen werden Lager aufgeschlagen, man wartet auf das Übersetzen. Fährleute und Fischer brauchen Tage, um Menschen, Tiere und Wagen auf die linke Seite des Flusses zu schaffen. Ein Träumer, wer dabei an gute Bezahlung denkt. Es ist ein Kriegszug des Königs und der Fährdienst ist Frondienst. Wenn ein Fährmann bei all der Anstrengung müde wird und seine Arme den Dienst versagen, muss er noch von Glück sprechen, wenn die starken Kriegerarme, die nun das Schiff führen, ihn nicht einfach über Bord werfen. Endlich ist auch das Gespann an der Reihe, mit dem Radegunde und Bertarich unterwegs sind. Sie müssen aussteigen, und der Wagen wird zuerst auf den Kahn geschoben, ehe die Menschen folgen. Dann legt das Schiff ab. Es schwankt unter ihren Füßen. Zwei Fährleute sitzen auf einer Bank und ziehen mit starken Ruderschlägen in gleichem Takt das Gefährt durch die Strömung des Flusses auf die andere Seite.

Die Kinder sind froh, wieder festen Boden unter den Füßen zu spüren. Sie hocken noch zwei weitere Wochen auf dem Wagen, auf den man sie verfrachtet hat. Mehrmals werden sie einer anderen Gruppe zugeteilt, die Fuhrleute und die Wachen wechseln. Aber stets behandelt man sie achtsam wie beson-

ders wertvolle Beutestücke. Die Wachleute sagen ihnen: „Ihr seid König Chlothars persönliches Eigentum." Auch in den Lagern werden sie abgesondert gehalten und streng bewacht. Gut, dass Radegunde Bertarich hat. Er ist still, in sich gekehrt, lässt alles klaglos über sich ergehen. Wenn Radegunde bange wird, hält sie sich fest an seiner Hand und murmelt ihm zu: „Alles wird gut." Wenn er nachts im Schlaf wimmert, nimmt sie ihn in die Arme. Er fühlt sich nicht mehr so schmiegsam und rundlich an wie noch vor Kurzem, seine Knochen sind eckiger geworden. Ein Schneidezahn wackelt. Sein Vertrauen gibt der Schwester Ruhe und Kraft, das Mädchen vergisst ein wenig die eigene Verlorenheit.
Eine der Stationen ist ein Lager bei König Chlothars Hauptstadt Soissons. Dort halten sie zwei Tage, dürfen sich aber vom Wagen nur zur Verrichtung der Notdurft und unter Bewachung entfernen. Am zweiten Tag werden sie einem neuen, kleineren Trupp zugeteilt. Er wird von einem Edlen zu Pferd angeführt. Dann geht die Reise weiter. Wie sie von den Knechten hören, ist der neue Anführer der Verwalter eines Königsgutes in Athies.

KÖNIGSGUT ATHIES

Eines Tages ist das Ruckeln des Wagens zu Ende. In einem letzten Bogen hält das Gespann vor einem großen, steinernen Haus auf einer Anhöhe über einem kleinen Fluss. Ein Bogen überwölbt den Eingang, die Dächer sind mit Ziegeln aus Ton gedeckt. „Das muss eine römische Villa sein", denkt Radegunde, „so hat sie Amalaberga beschrieben." Das Gesicht ihres Bewachers sieht plötzlich nicht mehr grimmig, sondern froh und glücklich aus. Dies ist das Königsgut, das er verwaltet, wo seine Familie zu Hause ist. Er hat einen reitenden Boten vorausgeschickt, um sich und die Kinder anzukündigen. Die

Frau des Verwalters tritt vor die Tür. Ehrerbietig begrüßt sie die Königskinder aus Thüringen mit einer Verbeugung. Sie tut das auf Fränkisch und stellt sich vor: „Ich bin Adelind." Dann umarmt sie Rüdiger, ihren Mann, der vom Pferd gestiegen ist, sie hat Tränen der Erleichterung in den Augen. Radegunde hat in den letzten Wochen gelernt, einige Brocken der fremden Sprache zu verstehen. Sie erwidert den Gruß, und auch Bertarich sagt: „Guten Tag." Die Frau merkt, wie schwer den Kindern die Fremdsprache fällt, sie versucht es mit Latein, und bei dieser Sprache bleiben sie für den Rest des Tages. Sie zeigt ihnen ihr Zimmer. Sie richtet ein Bad. Sie lädt sie zum Essen ein. Und sie sagt: „Ihr werdet müde sein. Die Besichtigung des Hauses verschieben wir auf morgen. Schlaft erst einmal." Zu Ehren der Rückkehr des Hausherrn und seiner Begleiter hat Adelind ein Festmahl gerichtet, jungen Hahn in Weinsoße geschmort, frische Forellen gebraten, Mangold und zarte Rübchen zubereitet. Bei Tisch lernen Bertarich und Radegunde die drei kleinen Töchter von Adelind und Rüdiger kennen. Schüchtern bestaunen die Mädchen mit den dunklen Augen die Neuankömmlinge. Die Töchter haben das Temperament ihrer Mutter, die flink hin und her läuft, die notwendigen Handgriffe tut, Rüdiger bedient und dabei freundlich auf die Kinder eingeht. Sie fühlen sich wie Gäste, nicht wie Gefangene.

Nach dem Essen reisen die Berittenen weiter auf ihre Güter in der Nähe. Abends sitzen die Erwachsenen noch beieinander. Rüdiger weiß Neuigkeiten zu berichten. Der König hat ihm persönlich einen wichtigen Auftrag erteilt. „Die Kinder sollen vorerst hierbleiben. Der König hat sie mir anvertraut, ich bin ihm für ihre Sicherheit verantwortlich. Das ist eine hohe Ehre. Chlothar und Theuderich wollen mit den Thüringern um ein Lösegeld verhandeln. Darum dürfen die beiden nie ohne Aufsicht sein, und sie sollen isoliert bleiben. Ihr Aufenthaltsort darf sich nicht herumsprechen. Am besten, wir nennen sie einfach: zwei adlige Gefangene. Der König will, dass sie standesgemäß erzogen werden. Vor allem sollen sie gute Katholi-

ken werden. Dazu wird regelmäßig Pater Antonius aus Amiens herüberkommen. Er übernimmt auch den Lateinunterricht und das Schreiben, und ein bisschen Rechnen sollen sie auch üben. Dein Part ist, ihnen die Landessprache beizubringen. Und was man so für eine junge Dame braucht.",,Da verlangt man aber ziemlich viel von mir! Höfische Nähkunst, höfische Sitten – das brauche ich doch nur einmal im Jahr, wenn der König hier ist." „Der Hof wird Athies nicht besuchen, solange die Kinder hier sind. Der König will sie vorerst ganz vom Hof fernhalten, aus Sicherheitsgründen. Das ist eine große Entlastung für das Gut. Im Gegenzug kommen wir für die Unterbringung der Kinder auf." „Das ist aber schade. Die Besuche des Hofes sind doch der Höhepunkt des Jahres! Die einzige Gelegenheit, wo man mal kultivierte Menschen trifft, etwas Neues aus dem Land erfährt, wo man gute Kleider trägt und das Gut vorzeigen kann." „Du wirst es verschmerzen müssen, es ist ja nicht für lange. Die Ausbildung des Jungen ist mein Part: Waffentraining und was es sonst so gibt. Eigentlich habe ich alle Hände voll zu tun, das Gut wieder in Schwung zu bringen. Durch den Kriegszug ist sicher vieles liegen geblieben. Morgen werde ich überall erst einmal nach dem Rechten sehen müssen." „Ganz so schlimm wird es nicht sein. Wozu hast du mich? Ich denke, wir haben ganz gut gewirtschaftet!"
Die beiden kleinen Thüringer liegen auf der Schlafstatt in ihrem Zimmer, aber der Schlaf meidet sie. Zum ersten Mal seit Wochen haben sie wieder ein festes Dach über dem Kopf. Die Luft scheint stickig, obwohl der Raum ein offenes Fenster hat. Radegundes Gedanken gehen im Kreis. Soll das hier das Ziel ihrer Reise sein? Wohl nicht, sie sind doch König Chlothars Gefangene! Nun, wo sie nicht mehr weitergetrieben wird, leidet sie plötzlich darunter, nur von Franken umgeben zu sein, niemanden zu haben, mit dem sie in der Muttersprache reden kann. Ob Herminafrid die Schlacht überlebt hat? Was wird aus Amalafrid geworden sein, was aus ihren Freundinnen, den Kindern des Thüringer Königsgefolges? Ob sie noch leben? Hat man sie auch verschleppt? Wo mag Irmtrud sein?

Ob sie heil und gesund ist? Sie hat Bertarich nichts von ihren Kümmernissen erzählt, sie will, dass der kleine Kerl wieder einmal fröhlich lachen kann.
Am nächsten Tag zeigt Adelind ihnen das Haus und den Garten. Das Gebäude ist tatsächlich eine römische Villa. Adelind erklärt: Als Chlodwig, König Chlothars Vater, diesen Teil Galliens eroberte, flohen die römischen Besitzer des Hauses. Das Eigentum fiel an den König. Nun ist die Ansiedlung ein Königsgut Chlothars. Radegunde bestaunt die vielen Räume, die alle durch steinerne Wände getrennt sind. Diese Wände sind Kunstwerke. Sie sind nicht bemalt, sondern aus verschiedenfarbigen Steinen in schönen Zacken- und Mäandermustern gebaut. Es gibt Keller, die zur Aufbewahrung von Vorräten dienen, und an der Südseite des Hauses einen Vorbau mit vielen offenen Fensterbögen. „Dort sitzen wir oft im Sommer", meint Adelind. An der Südfront ranken Weinreben, Radegunde erkennt sie sofort. „Auf die bin ich besonders stolz", erklärt ihr die Hausherrin. „Leider werden hier nur die hellen Trauben reif. Ich hätte gern auch Rotwein, wie in meiner Heimat im Süden. Aber er gedeiht hier nicht." Im Garten zeigt sie auf viele verschiedene Gemüsepflanzen und Kräuter. Radegunde wundert sich, was man so alles anbauen kann. Sie kennt nur ein paar der Pflanzen.
Dann gehen sie über den Hof und zu den Stallungen. Nicht weit vom Haupthaus liegt eine Kirche, die vor allem genutzt wird, wenn sich der König hier aufhält. Weiter unten stehen einige Häuser von Bauern und Bediensteten. Ein kleines Flüsschen bildet die Grenze des Dorfes. In den feuchten Wiesen, durch die es murmelt, sind Fischteiche angelegt.
Nach einer Woche erscheint Pater Antonius aus Amiens hoch zu Ross, hinter ihm liegt ein Tagesritt. Weil sonst nur selten ein Geistlicher in den Ort kommt, waltet er zunächst seines Amtes: Er hört die Beichte und liest eine Messe für das Dorf. Zum ersten Mal hört Radegunde eine vollständige, gesungene Liturgie. Pater Antonius hat eine volle, klare Stimme, die im Chorgesang geübt ist. Schnörkellos und sicher stellt er die

Töne in den Raum. Das ist eine ganz andere Art von Gesang als die rhythmischen Volkslieder, die sie kennt, oder die melancholischen oder derben Lieder der fahrenden Sänger.
Dann beginnt für die Kinder wieder der Alltag, sie haben Unterricht. Der Pater betrachtet es als seine vornehmste Aufgabe herauszufinden, von welchem Irrglauben er die kleinen Heiden bekehren muss. „Kann mir vielleicht einer von euch sagen, wer Jesus ist?" Diese Frage hat er sich auf seinem langen Ritt ausgedacht, mit ihr will er den Kindern auf den Zahn fühlen. „Jesus ist Gottes Sohn! Er hat den Lahmen und den Blinden geheilt. Sie konnten wieder gehen und sehen." Die Antwort von Radegunde kommt in Latein und rasch wie ein Pfeil. Sie ist fast empört über die kinderleichte Frage. „Gott hat die ganze Welt gemacht. Er sieht alles!", setzt Bertarich nach. „Gott ist einzig und ewig und allmächtig", ergänzt die Schwester. Antonius schmunzelt. Zwei kleine arianische Ketzer! Es hätte schlimmer kommen können. Er beschließt, mit einigen Berichten aus dem Leben Jesu zu beginnen, dazu einige plastische Geschichten aus dem Alten Testament, natürlich die Stücke der Liturgie. Zu den dogmatischen Feinheiten kann er später kommen, wenn er mit seinen Schülern vertrauter ist, wenn sie sich schon heimisch fühlen im katholischen Glauben.
Er erzählt den Kindern die Geschichte von Martin von Tours, dem wichtigsten Heiligen der Franken: „Einmal hat Martin einen Bettler getroffen. Es war Winter, und der Mann an der Straße hatte nichts Warmes an. Martin hat mit dem Schwert seinen Mantel in zwei Hälften geteilt und dem Bettler eine davon gegeben. Martin war hoch zu Ross, er war Offizier der römischen Armee. Aber er sah den elenden Bettler an und ritt nicht achtlos an ihm vorüber. Er half." „Ist das wirklich passiert, das mit dem Bettler", fragt Bertarich, „oder ist das ein Märchen?" „Das war in Amiens, wo ich wohne. Mein Großvater hat mir erzählt, sein Großvater hätte Martin noch selbst gesehen." „Das ist aber schon ganz schön lange her", meint Bertarich. Antonius setzt seinen Vortrag fort: „Na gut, da hast

du recht, es ist schon einige Jahre her. Nach dem Erlebnis mit dem Bettler ließ sich Martin taufen und beschloss, nur noch Jesus Christus als seinem König zu dienen. Das sagte er dem Kaiser und bat ihn, vorzeitig aus dem Militärdienst ausscheiden zu dürfen. Er wollte friedlich leben und nicht mehr andere Menschen töten." „Das war ja ganz schön dreist von dem Martin, so zum Kaiser zu sprechen. Und was hat der Kaiser gesagt?" Bertarich ist ehrlich empört. Radegunde widerspricht: „Ich finde es ziemlich mutig, was Martin gemacht hat." Antonius lächelt: „Der Kaiser bestand darauf, dass Martin fünfundzwanzig Jahre in der Armee blieb. Das war Pflicht für ihn, denn er war Offizierssohn. Später wurde er Bischof von Tours. Dort kann man heute noch sein Grab sehen."

Antonius spürt, dass er die Kinder mit solch komplizierten Geschichten nicht überfordern darf. Noch ist Fränkisch eine fremde Sprache für sie, die sie sich erst mühsam erschließen. Mit Radegunde kann er sich in Latein schon beinahe fließend unterhalten. „Bei wem hast du Latein gelernt?" „Bei Amalaberga. Sie war als kleines Mädchen in Italien bei Theoderich. Sie kann besser Latein als Pater Ursinus." „Daher der toskanische Akzent", denkt sich Antonius. Anders ist es bei Bertarich. Bei ihm wird er zunächst mehr Augenmerk auf die Sprache legen und nach und nach die religiöse Erziehung einflechten. „Wir wollen gemeinsam das Vaterunser beten", schließt er den Unterricht, und die Kinder fallen ein: „Pater noster ..."

Die Zeit mit dem Priester ist gefüllt mit konzentriertem Lernen. Ist er abgereist, fehlt den Tagen der Kinder diese Struktur. Adelind schickt Bertarich zum Gutsverwalter. Der ist beschäftigt und schickt ihn weiter zum Stallmeister. „Erzähl keinem, dass du reiten kannst!", schärft Radegunde dem Bruder ein. „Wenn der Verwalter fürchten muss, dass du dich aufs Pferd schwingst, um zu fliehen, wird er dich nicht mehr zu den Tieren lassen." „Eisern!" Bertarich täte alles, um bei den Pferden zu sein. Er füttert, er striegelt, er mistet aus. Eines Morgens begleitet ihn Radegunde hinüber zu den Pferden, da leuchten seine Augen plötzlich auf, und voll Zuversicht sagt er: „Amalafrid wird uns hier rausholen. Er ist ein guter Reiter, er ist schnell!" Strahlend schaut er auf seine Schwester. Die sieht ihn sprachlos an, dann platzt es aus ihr heraus: „Glaubst du das wirklich? Lass das niemanden hören! Rüdiger ist ein guter Aufpasser. Und der König hat noch viel mehr Diener, die uns einfangen würden, wenn wir fliehen. Der Weg ist zu weit, das schafft auch Amalafrid nicht." Sie weiß, dass sie die Wahrheit sagt, doch Bertarich hat ihr ein Bild in den Kopf gesetzt: Amalafrid, wie er sie auf sein Ross schwingt und mit ihnen wegreitet, heim nach Thüringen.

„Hilf mir bitte, die Tafel zu decken", weist Adelind Radegunde an. „Eine Königin tut nicht die Arbeit von Bediensteten." Radegunde wendet sich zum Gehen. Adelind lenkt ein: „Muss nicht eine Königin wissen, wie man eine Tafel deckt? Die Herrin muss auch die niederen Tätigkeiten kennen, damit sie den Bediensteten die richtigen Anweisungen geben kann. Das hat mich meine Mutter gelehrt. Wenn du mir jetzt helfen willst, habe ich heute Abend Zeit, dir fränkische Geschichten zu erzählen." Radegunde denkt nach. „Ich habe gerade nichts Wichtigeres zu tun, da kann ich auch den Tisch decken." Und mit der Akkuratesse, mit der sie in Thüringen Tischordnungen entworfen hat, widmet sie sich der Ausrichtung von Geschirr und Besteck. Mit ihrer fröhlichen, mütterlichen Art gelingt es Adelind, Radegunde, die kleine Königin, aus ihrer Einsamkeit zu holen. Sie nähen und spinnen gemeinsam. Sogar ein schönes Stickmuster gelingt dem Mädchen. Radegunde lernt die Kräuter des Gartens kennen. Nach Adelinds feineren Rezepten bereitet sie mit pikanten Gewürzen ganz neue Gerichte zu. Einige Pflanzen im Garten sind auch Arznei: Die leuchtenden Ringelblumen sind gegen Entzündungen auf der Haut, die grünsilbernen Blätter des Salbei helfen gegen Halsweh, Melisse und Johanniskraut wirken gegen Verstimmung und üble Laune, der flauschig weiche Frauenmantel lindert Unterleibsbeschwerden. Täglich lernt sie Neues, die Pflanzenliste wird immer länger.

Allmählich gewöhnt sie sich ein. Noch nie ist sie so lange an

einem Ort gewesen. Der Königshof war stets nach einigen Tagen oder Wochen weitergezogen auf ein anderes Gut, zu einem anderen Gerichtsplatz. Sie genießt die Ruhe, das Gleichmaß. Ganz langsam werden die nächtlichen Schreckensträume seltener: der Schritt durch das noch warme Blut, die stürzenden, lodernden Dachbalken von Scithingi, der eiserne Griff des Kriegers an ihrem Arm.
Sie freundet sich mit Adelgund an, der ältesten Tochter des Verwalters. Radegunde bringt ihr das Brettspiel bei. Adelgund zeigt ihr die besten Beerenhecken in der Nähe des Gutes, die sie gemeinsam plündern. Zwar ist es Ehrensache, dass beim Beerenpflücken alles in den Krug kommt, aber die eine oder andere Frucht landet doch in den Mündern der Mädchen. Manchmal laufen sie den Fußweg entlang bis zur Somme, sitzen dort, schauen ins fließende Wasser, reden, schwatzen und laufen dann die eine Stunde wieder zurück.
Die kleinen Ausflüge der beiden sind dem Verwalter ein Dorn im Auge. Er ist für die Sicherheit der Gefangenen verantwortlich, und er findet sie anmaßend und hochmütig. Man muss dem einen Riegel vorschieben, meint er. Die beiden Mädchen kommen von einem kleinen Spaziergang an den Bach zurück, sie lachen und gackern. Der Verwalter wird zornig: „Radegunde, zweimal habe ich dir gesagt, dass du das Gut mit Hof und Garten nicht verlassen sollst. Nun werde ich andere Saiten aufziehen. Du bleibst eine Woche lang im Haus und gehst Adelind zu Hand." Radegunde strahlt wieder einmal Hoheit aus, in diesem Fall die Hoheit der zürnenden Herrscherin: „Ich bin als Königin geboren. Niemand kann mir befehlen, außer König Chlothar. Ich bin seine Gefangene." Sie hat dem nichts mehr hinzuzufügen, dreht sich um und geht zur Tür. Mit drei großen Schritten hat Rüdiger sie eingeholt, packt sie mit seiner großen Hand an der Schulter und dreht sie zu sich. Radegundes Augen blitzen. „Du wirst nicht wagen, mich mit Gewalt zu zwingen!" Da platzt Rüdiger der Kragen: „Du willst mir Gewalt vorwerfen? Das ist ja unglaublich! Es gibt ja wohl kein gewalttätigeres Volk als die Thüringer! So viele gute Männer

haben wir durch euch verloren! Schon eure Väter sind mit Gewalt in unser Land eingefallen. Wir wollten mit euch verhandeln und haben Geiseln gestellt, die habt ihr alle grausam umgebracht. Ihr habt die Jünglinge kopfüber an die Bäume gehängt, und zweihundert Mädchen habt ihr mit Armen und Beinen zwischen Pferde gebunden, die ihr dann auseinandergetrieben habt. Die armen Dinger wurden in Fetzen gerissen!" „Wer sagt das?" „So sagte König Theuderich, ehe wir in die Schlacht zogen. Wir kämpften für eine gerechte Sache." „Das ist nicht wahr, nichts davon ist wahr! Wenn es eine Geschichte mit zweihundert toten Mädchen gäbe, hätte ich davon gehört. Das Gegenteil ist der Fall: Seit hundert Jahren überfallen die Franken ein Volk nach dem anderen, nehmen das Land und machen die Menschen zu Knechten. Zum zweiten Mal schon habt ihr unser Land überfallen. Beim ersten Mal ist mein Vater getötet worden." Radegunde glüht vor Empörung. „Du zweifelst meine Worte an?" „Ich zweifle nicht an dir, vielleicht hast du ja eine falsche Geschichte gehört", lenkt Radegunde ein. Sie hat sich an ihre gute Erziehung erinnert. Außerdem ist es zwecklos, mit dem Verwalter über diese Sache zu streiten. „Du zweifelst an den Worten unseres Königs! Er hat uns auch gesagt, dass wir vor ein paar Jahren von Herminafrid eingeladen wurden, im Krieg einen seiner Brüder zu töten. Dafür sollten wir Land bekommen. Wir haben uns nur geholt, was recht war." Radegundes Gedanken rasen. Herminafrid hat die Franken gerufen, um ihren Vater zu beseitigen? Das ist böse Verleumdung! Das muss Verleumdung sein! Aber war da nicht das Getuschel der Mägde, war da nicht Amalafrids Satz: „Mein Vater war ganz nah dabei …"? Laut hört sie sich sagen: „Für den Erfolg im Kampf ist jedes Mittel recht. Auch Herminafrid hat seine Edlen mit einer wilden Rede in die Schlacht geschickt."

Abends sitzt Rüdiger mit seiner Frau am Herdfeuer, sie besprechen den Tag. Da bemerkt er: „Das Mädchen ist ganz schön frühreif. Manchmal sagt sie Sätze wie ein alter Hofbeamter." „Die Kinder haben Dinge gesehen, die kein Kind sehen sollte. Sie schreien noch immer im Traum und schrecken hoch." Dem Mann verschweigt sie, dass Radegunde ein Nachtgeschirr verlangt hat. Der Kleine hat eingenässt. Nun weckt ihn die Schwester jede Nacht zweimal. Nein, das will sie dem Mann nicht erzählen.

ERZIEHUNG AUF DEM LANDE

Ein Jahr ist ins Land gegangen. König Chlothar lässt zum Kriegszug rüsten. Acht Jahre ist es her, dass er mit seinen Brüdern die Burgunden geschlagen hat. Nun erhebt sich das stolze Volk wieder gegen die Königsmacht der Franken. Rüdiger und die Herren aus den Vorwerken und kleineren Gütern sichten die Waffen. Pater Antonius kommt zum Unterricht. Abends erzählt er am Feuer, was man sich im Lande erzählt: „Ihr wisst ja, dass Chlodomer, der Bruder unseres Herrn und Königs Chlothar, beim ersten Burgundenfeldzug ums Leben kam. König Chlothar hat dann seine Witwe geheiratet, um sich den Anteil des Bruders am Reich zu sichern. Seither hat Chlothilde, die Königinmutter, Chlodomers Söhne erzogen. Die Großmutter schützte die Kinder. Aber die Könige wollten klare Machtverhältnisse, ehe sie in den zweiten Feldzug gegen die Burgunden ziehen würden. Vor Kurzem hat nun Chlothar die beiden älteren Neffen mit eigener Hand erschlagen. Chlodoald, der Jüngste, schor selbst sein langes Haar und trat in ein Kloster ein, um sein Leben zu retten, sagt man." Radegunde ist in der Nähe des Feuers mit der Spindel beschäftigt. Das geht ihr inzwischen flink und flüssig von der Hand, und es entstehen feine, glatte Fäden. Sie hat dem Bericht gelauscht. „Das ist Mord!", bricht es aus ihr heraus. „Was können die Kinder dafür?" Sie sagt nicht, dass sie selbst Angst hat, besonders um Bertarich. „Ein König kann ein Todesurteil sprechen und vollstrecken", versucht der Verwalter eine Erklärung für

das Mädchen. Das will etwas erwidern, beißt sich aber auf die Zunge. „Keine Majestätsbeleidgung!“, denkt das Kind. Laut sagt es: „Erlaubt, dass ich mich zurückziehe, es ist schon spät. Bei den interessanten Nachrichten habe ich das gar nicht bemerkt.“ Sie geht in ihr Zimmer. Bertarich schläft schon fest. „Glücklicherweise“, so denkt Radegunde. So bekommt er nicht mit, wie sich die große Schwester hin und her wirft, ins Kissen schluchzt. Chlothar, diesem Kindermörder, gehören sie beide als Gefangene persönlich. Wer weiß, was er mit ihnen vorhat. Er kann sie ebenso jederzeit umbringen, wenn sie ihm nicht ins politische Konzept passen, und kein Hahn würde nach ihnen krähen. Der jüngste von seinen Neffen hat sein Leben gerettet, indem er ins Kloster ging. Damit war er kein Anwärter mehr auf einen Thron. Würde Bertarich ins Kloster gehen? Eine schwierige Frage. Würde sie ins Kloster gehen, um ihr Leben zu retten? Sie weiß es nicht, vielleicht. Es gibt Männerklöster. Aber sie hat noch nie von einem Frauenkloster gehört. Gibt es Frauenklöster? Sie muss unbedingt Pater Antonius danach fragen.
Da ergeht der Befehl des Königs zum Beginn des Heerzugs. Rüdiger und seine Männer besteigen die Rösser. Für Monate wird nun Frau Adelind die Oberaufsicht über das Gut und seine Ländereien haben. Sie ordnet an: „Während des Kriegszuges fällt der Unterricht mit Pater Antonius aus. Radegunde, du bist alt genug, tagsüber auf die Kinder zu achten. Die Kinderfrau brauche ich jetzt in der Küche, um den Mägden auf die Finger zu sehen. Ich reite über die Vorwerke und sehe nach dem Rechten.“ „Du reitest?“ Ungläubig sieht Radegunde zu, wie sich die rundliche Frau behende aufs Pferd schwingt und in Begleitung eines Knechtes über den Hügel zum nächsten kleinen Hof entschwindet. Adelind stammt von der Rhone, dort haben sich römische Sitten erhalten. Sie reitet im Damensitz. Der Ton ihrer Anweisung klingt in Radegundes Ohren nach. „Unangemessen“, denkt sie, „weiß sie nicht, wie man mit einer Königin redet?“ Aber sie sieht, dass jede Hand gebraucht wird. Sie kontrolliert die Schreibübungen

von Bertachar und den beiden großen Mädchen. Der Jüngsten wechselt sie die Windeln. Das Trüppchen ist kaum zu bändigen. „Kommt, wir lesen auf der Obstwiese die Äpfel ein." Radegundes Vorschlag wird begeistert aufgenommen. Draußen sind Knechte mit Leitern dabei, Äpfel für den Wintervorrat zu pflücken. Was ins Gras gefallen ist, lesen die Kinder auf, sie sammeln einige Körbe voll. Die eine und andere verlockende Frucht wird gleich verspeist. „Nicht mehr als einen Apfel essen, sonst gibt es Bauchweh!", mahnt Radegunde. Tatsächlich werden die Falläpfel in der Küche gebraucht. Die Mägde werden Mus und Most kochen.
Radegunde fehlt die Ruhe des Unterrichts, die Ordnung der Chorgebete in der kleinen Kirche. Aber die Verantwortung für die Jüngeren gibt ihr das Gefühl, etwas Nützliches zu tun. Die Tage sind angefüllt mit Arbeit.
Adelind sorgt sich um Rüdiger und seine Männer. Wird sie ihn je wieder in die Arme schließen können? Wird er gesund zurückkehren? Viele Tausend Kämpfer wird der Krieg wieder fressen. Sie betet inständig, ihr Mann möge nicht unter den Toten sein. Kurz vor Einbruch des Winters verbreitet sich wie ein Lauffeuer die Nachricht, bei Autun sei eine große Schlacht geschlagen, die Burgunden besiegt. Adelind hofft, dass Kampferfahrung und Umsicht ihren Mann gerettet haben. Bald wird sie Gewissheit haben. Wenige Tage später hält ein Reiter vor dem Tor. Die gebeugte Gestalt ist Rüdiger, das Pferd ist fremd. Sein treues Ross ist bei einem Angriff von einem Speer niedergestreckt worden. Wie durch ein Wunder ist er dem tödlichen Gewirr aus feindlichen Lanzen und Pferdehufen entkommen. Sein neues Pferd haben sie den Burgunden abgenommen, und auf zwei Packtieren führt er seinen Anteil an der Beute mit. Seine Armwunde sieht nicht gut aus, Adelind bringt heißes Wasser und heilsame Kräuter und Tinkturen, um sie zu versorgen. Er lässt es geschehen, das Gesicht schmerzverzerrt. Zwei Tage und Nächte schläft er. Danach nimmt er die üblichen Verrichtungen wieder auf, aber es dauert bis ins Frühjahr, ehe die alte Kraft und Ausdauer zurückkehren.

Im Frühling traben Männer auf den Hof. Sie tragen die Farben des Königs. Rüdiger begrüßt sie mit Ehrerbietung. Der gefangene König der Thüringer soll mit den anderen Knaben des Hofes zusammen ausgebildet werden, geben sie kund. Sie seien gekommen, ihn zu holen. Radegunde ist es, als gefröre ihr Herz. Wird Bertarich jetzt auch ermordet werden? Und wenn nicht – was wird der Kleine tun ohne sie? Wie wird er zurechtkommen ohne ein bekanntes Gesicht in seiner Nähe? Werden ihn die anderen Knappen verspotten wegen seines fremdländischen Akzents? Sie zieht den Bruder in eine Ecke, wo sie unbeobachtet sind, er geht ihr bis zum Kinn. Sie schließt ihn zum Abschied fest in die Arme. „Du musst tapfer sein. Hab keine Angst. Lass dich von den anderen Knappen nicht ärgern, besonders nicht von Chlothars Söhnen. Denk daran, auch du bist ein König wie sie. Und denk immer daran, dass ich dich lieb habe, mehr als jeden Menschen sonst. Und vergiss nicht das Versprechen, das wir uns auf dem Schlachtfeld bei Scithingi gegeben haben. Wir wollen einander treu sein. Nie werde ich etwas tun, das dir schaden könnte. Das verspreche ich dir." „Ich verspreche es!", erwidert Bertarich. Es klingt ein bisschen feierlich. „Gott behüte dich", ruft die Schwester noch. Dann klettert er auf das Pferd, das die Boten des Königs für ihn bereithalten. Radegunde bemerkt, dass er sich nach der langen Zeit ohne Übung etwas linkisch anstellt. Gut so, hoffentlich kommt niemand auf den Gedanken, dass sie, das Mädchen, reiten kann. Sie reicht ihm das Bündel hinauf, das Adelind gepackt hat. Noch lange blickt sie dem Trupp nach, wie er über die Anhöhe hinaufzieht und oben in dem Wäldchen verschwindet. Ihre Gedanken drehen sich im Kreis. Ob sie Bertarich wiedersehen wird? Er wird nun am Hof leben, dort ist es gefährlich, besonders für einen Thronfolger. Sie denkt an Chlothars Neffen. Erschreckend, wie nah der Königshof ist, wie rasch ein Befehl des Königs alles um sie herum verändern kann. In nur zwei Tagereisen haben die Boten mit ihren schnellen Pferden die Strecke zurückgelegt. „Von nun an", denkt Radegunde, „von nun an werden wir wie

Geiseln füreinander sein. Widersetze ich mich einem königlichen Befehl, kann es ihn das Leben kosten. Will man ihn, den Thronerben der Thüringer, in die Schranken weisen, wird es für mich gefährlich." Dieser Gedanke sinkt tief in sie ein. „Es ist eine große Ehre für deinen Bruder, dass der König ihn zur Ausbildung an seinen Hof holt", spricht Rüdiger in ihre Gedanken hinein. „Oder er will ihn unter besonders strenger Beobachtung halten", sagt Radegunde. Wie viel weiter ihre Sorgen um den Bruder reichen, behält sie für sich. Sie dreht sich um, greift sich aus dem Schuppen eine Hacke und geht in den Garten, um Unkraut zu jäten. Hier ist sie allein, hier sieht niemand ihre Tränen. Mit Wucht schlägt sie in den Boden. Wenig später holt Adelind sie ins Haus. „Ich hatte Sorge um meine Blumenpflanzen", sagt sie. „Du hast so drauflosgearbeitet. Sieh doch bitte mal nach der Jüngsten. Ich muss gerade eben nach den Mägden in der Küche schauen." Schon hat Radegunde die Kleine auf dem Arm, die ihr krähend eine hölzerne Puppe entgegenhält.
Die Reiter haben auch neue Anweisungen des Königs für die Erziehung Radegundes mitgebracht. Der Verwalter berichtet Adelind am Abend: „Du sollst vorerst dem Mädchen alle Kenntnisse einer Dame vermitteln: feine Stickerei, Tischsitten, Umgang mit den Dienern, Gesang, auch die Leier sollst du sie lehren. Eventuell werden künftig weitere Damen in die Erziehung eingeschaltet. Das hängt davon ab, wie über die Zukunft der Kinder entschieden wird." „Ist das noch nicht klar?" „König Theuderich verhandelt wohl noch mit dem Thüringerkönig Herminafrid um ein Lösegeld. Das Mädchen wird bewusst abseits vom Hof gehalten. Wenn sie nicht nach Thüringen zurückkehrt, heiratet sie vielleicht sogar einen von Chlothars Söhnen, wer weiß?" „Haben das die Gesandten gesagt?" „Nein, aber ich denke mir so was. Guntram ist seit letztem Jahr waffenfähig, und seine Hochzeit ist wohl auch schon angebahnt, aber Charibert ist genau so alt wie Radegunde, eine Heirat bedeutet ein Bündnis. Dann hätte Chlothar einen Spross Thüringens unter seinen Nachkommen." „Das muss man abwarten", meint Adelind, „also lebt Herminafrid noch, und Theuderich verhandelt

mit ihm?" „Wahrscheinlich sind die Kinder nicht der wichtigste Punkt der Gespräche", vermutet Rüdiger, „vielleicht ist Herminafrid sogar froh, den Konkurrenten seines Sohnes in der Thronfolge los zu sein." „Du siehst aber auch überall Komplotte", spöttelt Adelind.

Radegunde vermisst den Bruder. Den Kleinen, der ihre Hilfe so dringend braucht. Den König, den sie schützen muss. Mit dem Verwalter kann sie nicht reden, aber Pater Antonius hört ihr die Beichte, er hört ihren Kummer. Schließlich fragt sie ihn, ob er ein Frauenkloster kennt. „Ich habe bisher nur von einem Frauenkloster gehört, in Arles. Aber das ist in Septimanien, gehört also den Westgoten. Das liegt nicht im Frankenreich. Warum interessiert dich das?" „Chlothars Neffe ging ins Kloster, um sein Leben zu retten." Antonius schaut sie lange an, dann sagt er: „Mach dir keine Sorgen. Sicher sprechen die Könige wirklich darüber, dass ihr wieder zurück nach Thüringen gehen könnt. Solche Friedensverhandlungen dauern sehr lange. Komplizierte Fragen sind zu klären: Wo läuft die Grenze, wer zahlt wem welche Entschädigung für die Zerstörung und so weiter. Bis das nicht alles geklärt ist, gibt es wahrscheinlich auch kein Lösegeld und keine Rückkehr für euch. Also hab einfach Geduld. Und sorge dich auch nicht um Bertarich. Ihm kann nichts geschehen, er steht in Gottes Hand." Dieser letzte Satz hakt sich bei Radegunde ein. Der Bruder und sie selbst stehen in Gottes Hand. Aber darauf zu vertrauen, fällt schwer, findet sie.

Pater Antonius ergänzt seinen Unterricht nun durch Betrachtungen zur Geschichte der Franken, zudem setzt er weiblichere Akzente, denn auch Adelgund nimmt daran teil. Maria, die Mutter Jesu, die Gottesmutter, die reine Jungfrau, wird er den Mädchen als Vorbild und Muster eines gottgefälligen Lebens vor Augen stellen. Er liest mit ihnen die Geschichte, wie die schwangere Maria zu ihrer Cousine Elisabeth wandert. Auch Elisabeth ist schwanger. Sie wird Johannes gebären, den Täufer. Sie lesen Marias Lobgesang, sie singen ihn im Wechsel: „Magnificat anima mea dominum …"

Meine Seele preist die Größe des Herrn,
und mein Geist jubelt über Gott, meinen Retter.
Denn auf die Niedrigkeit seiner Magd hat er geschaut. Siehe, von nun an preisen mich selig alle Geschlechter.
Denn der Mächtige hat Großes an mir getan, und sein Name ist heilig.
Er erbarmt sich von Geschlecht zu Geschlecht über alle, die ihn fürchten.
Er vollbringt mit seinem Arm machtvolle Taten: Er zerstreut, die im Herzen voll Hochmut sind.
Er stürzt die Mächtigen vom Thron und erhöht die Niedrigen.
Die Hungernden beschenkt er mit seinen Gaben und lässt die Reichen leer ausgehen.
Er nimmt sich seines Knechtes Israel an und denkt an sein Erbarmen, das er unsern Vätern verheißen hat, Abraham und seinen Nachkommen auf ewig.

Die Worte dieses Lobpreises schwingen in der kleinen Kirche von Athies, abwechselnd gesungen von Pater Antonius und den beiden hellen Mädchenstimmen, es ist kurz vor Weihnachten. Radegunde lauscht den Tönen nach, und die Kraft der Worte hallt in ihr – Marias Jubel, dass Gott sie erwählt hat, aber auch das Ungeheuerliche: Er stürzt die Mächtigen vom Thron, er lässt die Reichen leer ausgehen. Wie wahr das ist! Sie hat es selbst erlebt: Der Kampf um die Macht führt zu Streit, Mord und Zerstörung.
Pater Antonius hält sich auch in Athies an seine klösterliche Ordnung, liest täglich die Messe, singt mit den Mädchen die Stundengebete mit ihren Texten aus den Psalmen der Bibel. Zuweilen kommt ein Kind oder eine ältere Frau in die Kirche und lauscht dem Wechselgesang. Sie lesen in der Bibel und in den Schriften der Kirchenväter. Sie lesen bei Matthäus über das Weltgericht: „*Da wird dann der König sagen zu denen zu seiner Rechten: Kommt her, ihr Gesegneten meines Vaters, ererbt das Reich, das euch bereitet ist von Anbeginn der Welt! Denn ich bin hungrig gewesen und ihr habt mir zu essen gegeben. Ich bin durstig gewesen und ihr habt mir zu trinken gegeben. Ich bin ein Fremder gewesen und ihr habt mich aufgenommen. Ich bin nackt gewesen und ihr habt mich gekleidet. Ich bin*

krank gewesen und ihr habt mich besucht. Ich bin im Gefängnis gewesen und ihr seid zu mir gekommen. … Was ihr getan habt einem von diesen meinen geringsten Brüdern, das habt ihr mir getan."

An diesen guten Taten könne man einen Christenmenschen erkennen, und sie stünden besonders den Frauen und Jungfrauen an, betont der Pater.

Eines Tages fasst Radegunde sich ein Herz. Sie hat lange nachgedacht, nun fragt sie den Pater: „Als Gott dem Mose die Gebote gab, hat er da nicht im ersten Gebot gesagt: ‚*Du sollst dir kein Bildnis machen*'? Warum machen wir uns Bilder von Gott, warum stellen wir uns vor, dass er ein Einziger ist oder eine Heilige Dreieinigkeit?" Im Grunde hat Antonius diese Frage schon lange erwartet. Die Welt der Kinder muss klar sein, alles muss seinen Platz haben. Wenn man ihnen Gott, den Schöpfer und Erhalter ihres Universums, durch eine Ewige Dreieinigkeit ersetzt, müssen sie da nicht ihre ganze Welt infrage stellen? „Mein Kind", antwortet Antonius, „Gottes Gebot gilt natürlich. Gott ist viel größer und herrlicher und weiser, als wir Menschen mit unseren armen Gedanken uns vorstellen können. Es gibt sehr fromme Menschen, die sich in das Wesen Gottes versenken, die kluge Gedanken über Gottes Majestät entwickeln oder ihn in Erscheinungen schauen. Ich denke, ihre Visionen sind so wunderbar, dass man sie nicht in Worte fassen kann. Und so ist das, was sie uns über Gott sagen können, wieder nur ein blasses Bild von Gott." „Kann sich überhaupt ein Mensch Gottes Herrlichkeit vorstellen?" „Sicher nicht, mein Kind." Sie lesen den Beginn des Johannesevangeliums: „*Im Anfang war das Wort, und das Wort war bei Gott, und Gott war das Wort. … Alle Dinge sind durch dasselbe gemacht und ohne dasselbe ist nichts gemacht, was gemacht ist.*" Sie lesen die Offenbarung des Johannes. Radegunde ist beeindruckt von der Größe und Kraft der Bilder. Sie beginnt zu verstehen, was Antonius ihr sagen will.

Ein weiteres Jahr ist verstrichen. Radegunde ist vierzehn Jahre alt. Sie hat schon geblutet. Adelind erklärt ihr: „Alles, was ich dich lehren konnte, habe ich dir beigebracht, jetzt wäre noch höfische Erziehung vonnöten ..." Auch der Abt, der Antonius für den Unterricht des Mädchens entsandt hatte, lässt in einem Brief durchblicken, dass er die Ausbildung der jungen Dame nun für abgeschlossen hält. Sie sei heiratsfähig und könne für ihre künftigen Aufgaben allenfalls noch einige Dinge über die Bewirtschaftung eines Gutes erlernen. Radegunde greift den Gedanken begeistert auf: Rüdiger möge ihr doch einmal eine Einführung in seine Wirtschaft geben, verlangt sie ganz unbefangen abends am Feuer, die unvermeidliche Spindel in der Hand. „Dies ist ein Gut des Königs, und nur ihm gebe ich Rechenschaft", erklärt er ihr, schon mit gehobener Stimme. Adelind vermittelt: „Willst du nicht den König über die weitere Ausbildung entscheiden lassen?" Der Verwalter wartet bis zur nächsten Rechenschaftslegung am Köngishof. Teil seines Berichtes ist stets „die Gefangene". Er erläutert den förmlichen Abschluss der bisherigen Ausbildung, dann schließt er an: „Mein Herr und König, ich wage es nicht auszusprechen ..." Eine ungeduldige Handbewegung fordert ihn zum Weiterreden auf. „Die Gefangene verlangt in Wirtschaftsführung unterrichtet zu werden, sie will Einblick in die Belange des Gutes, was ich unmöglich zulassen kann. Das gebührt allein Euch, mein Herr und König." „Der Gedanke ist nicht falsch", erwidert der König. „Vielleicht werden wir sie mit einem Edlen verheiraten, dann sind solche Kenntnisse sehr nützlich. Gebt ihr ein kleineres Vorwerk und lasst sie dort wirtschaften. Das kann nicht schaden." „Habt Dank für die gnädige Erlaubnis, mein Herr und König." Rüdiger zieht sich zurück.

Er wählt für Radegunde ein heruntergekommenes kleines Gütchen ganz in der Nähe von Athies, das einer seiner Männer bewirtschaftet hatte. Er wurde im letzten Burgundenkrieg getötet. Seine Frau mit vier kleinen Kindern lebt noch dort und ist mit der Wirtschaftsführung überfordert. Dieses Gütchen auf den Anhöhen, Montes heißt es, hängt dem Verwalter schon länger wie ein Klotz am Bein. „Da kann sie sich mal die hübschen Zähne ausbeißen", denkt er. Sie freut sich, eine wirkliche Aufgabe zu haben, lässt sich die Zahlen zeigen, die geforderten Abgaben, sieht die Rückstände. Am nächsten Tag reitet sie mit dem Verwalter hin. Sie reitet im Damensitz, wie sie das bei Adelind gesehen hat. Sie ist das nicht gewohnt. Es sieht jämmerlich aus, und sie fühlt sich jämmerlich. Um keinen Preis will sie sich als geschickte Reiterin präsentieren, wer weiß, welche Auswirkungen das auf ihre Bewegungsmöglichkeiten hätte. Auf Montes trifft sie die Frau, und sie trifft Claudius, den Knecht. „Wie kommst du mit der Arbeit zurecht?", fragt ihn das Mädchen. „Ich bin Euer Diener, Herrin", antwortet er. „Seit mein Herr tot ist, geht es schwer hier. Die Herrin hat mit den kleinen Kindern genug zu tun." Er zeigt dem Mädchen den Hof und die Ställe, und sie befiehlt ihm, sie am nächsten Morgen frühzeitig in Athies abzuholen, damit sie sich ein gründliches Bild der Lage verschaffen könne. Am nächsten Tag ist sie wieder auf dem Vorwerk. Es ist Februar, in wenigen Wochen werden sie mit der Frühjahrsbestellung beginnen müssen. Sie gehen über die Felder, besprechen, welches Getreide er wo anbauen will: Weizen, Dinkel und Gerste, auf einigen höher gelegenen kargen Flächen Hafer, dazu Roggen. Wintervorrat für Mensch und Vieh werden zudem verschiedene Rüben sein. Einige Flächen liegen in der Fruchtfolge brach, sie werden beweidet, und der Kot der Tiere wird sie düngen. „Was du sagst, klingt einleuchtend. Hat dir das der Verwalter beigebracht?" „Ich habe hier acht Jahre lang geackert und gedroschen und mir manches abgeschaut, ich bin im ersten Burgundenkrieg hergekommen. In Burgund besaß meine Familie ein großes Landgut. Ich bin der einzige Überlebende. Von klein auf habe ich in der Landwirtschaft mitgeholfen. Als die Krieger unsere Äcker verwüsteten, war ich zwölf Jahre alt." „Dein Name ist lateinisch." „Ich bin Römer." „Ich glaube, du verstehst deine Sache. Ich werde noch einmal Rüdiger um Rat fragen." Radegunde will schon zur Hausherrin hineingehen, da zeigt ihr der Knecht noch einen Pflug. „Den brauche ich in zwei Wochen, aber die Aufhängung der Schar ist entzwei. Das muss ein Schmied richten." Rade-

gunde besieht den Schaden. „Das werde ich auch Rüdiger sagen. Der Schmied von Athies scheint mir ganz geschickt." Die Hausherrin erwartet sie schon. Sie erklärt Radegunde, dass ihre Mägde Bohnen und Erbsen anbauen werden, rote und gelbe Rüben, verschiedene Arten von Kohl und Kräutern. Einen schönen Garten mit Obstbäumen gibt es auch.
Radegunde stürzt sich in die Arbeit. Mehrmals in der Woche ist sie auf ihrem Gütchen, bespricht mit Claudius die anstehenden Arbeiten, die Haltung der Tiere. Der Pflug wird gerichtet, die Frühjahrsbestellung beginnt. Radegunde bittet Rüdiger, ihr einen der Knechte von Athies herüberzuschicken: „Ein Mann kann die Arbeit allein nicht schaffen." „Mitten in der Frühjahrsbestellung?" „Genau deswegen." Er verspricht zu sehen, was er tun kann. Dann schickt er einen der Arbeiter tageweise. Außerdem soll der älteste Sohn des bisherigen Gutsinhabers Hand anlegen. Er ist alt genug, die Tiere zu versorgen, wenn ihn jemand anleitet. Claudius ist froh. „Diese Anweisung hätte ich nicht geben dürfen", meint er. Der junge Bursche stellt sich gelehrig an, arbeitet gern an frischer Luft. Schon nach ein paar Wochen macht Gut Montes einen viel besseren Eindruck. Auf den Äckern sprießen die ersten grünen Halme, die Obstbäume blühen üppig in weißer und zartrosa Pracht, Glucken und Enten führen Küken auf die eingefriedete Wiese. Die Schafe werden geschoren, sie tragen schöne, lange Wolle.
Es wird ein gutes Jahr. Regen feuchtet die Felder im Frühjahr, die Ernte an Getreide und Früchten ist groß. Zum Tag des heiligen Martin halten sie ein Festmahl, jeder im Haus bekommt ein neues Kleidungsstück. Einen Schafbock und ein Schwein schlachten sie, ein Teil des Fleisches wird in Salz eingelegt, sie räuchern Schinken und Würste für den Winter. Radegunde will einen Teil der reichlichen Vorräte an Korn verkaufen. „In der Scheune wird das doch nur von den Mäusen gefressen", sagt sie zu Rüdiger. Er rät ihr zur Vorsicht: „Nicht ein Jahr ist wie das andere. Wenn nächstes Jahr vielleicht einmal ein Unwetter kommt, bist du froh, noch eine Reserve zu haben." Zufrieden reist er zum König, um Bericht abzustatten.

„Du sagst, die Gefangene kommt mit dem Ackern gut zurecht? Dann wollen wir sie doch noch etwas fränkisches Recht lehren", sagt der König.
Als er zurückkommt, ruft Rüdiger Adelind und Radegunde in den großen Wohnraum des Hauses. „Dein Onkel Herminafrid ist tot", teilt er knapp mit. „Theuderich hat ihn nach Zülpich in eine seiner Burgen eingeladen, um weiter zu verhandeln, sie hatten einander Garantien gegeben und Geschenke ausgetauscht. In Zülpich gingen die Könige auf den Mauern spazieren, da ist er plötzlich von den Zinnen gefallen, niemand weiß, wie das geschehen konnte." „Der nächste Mord", denkt Radegunde. „Was ist mit der Königin?" „Man sagt, sie sei mit ihren Kindern und ihrem gotischen Gefolge nach Italien gezogen zu ihren Verwandten." „Dann sieht sie Italien ja doch wieder", denkt Radegunde laut. Sie spürt, dass sie diesen Satz erklären muss. „Sie ist als Achtjährige nach Thüringen verheiratet worden und hatte immer Sehnsucht nach den säulengeschmückten Tempeln, den Olivenhainen und Zypressen. Sie hat uns märchenhafte Geschichten erzählt von Thermen, Amphitheatern und mit Stein gepflasterten Straßen." Nach einer Pause setzt sie bitter hinzu: „Dann hat sie auch den Königshort mitgenommen. Sie meint, er gehöre ihr und Amalafrid. Aber er ist auch mein Erbe und das von Bertachar! Die Thüringer werden uns nun nicht freikaufen." „Das meinte auch der König." „Was wird nun aus uns?" „Der König hat noch nicht entschieden. Du bleibst vorerst hier." Vor Radegundes innerem Auge blitzt der Kindertraum Bertarichs auf: Amalafrid erscheint in Athies hoch zu Ross, schwingt sie beide zu sich aufs Pferd und entflieht mit ihnen, heim, ins Thüringerland. Aus der Traum. Soll sie für immer Gefangene bleiben? Die Ungewissheit plagt sie. Der Winter steht vor der Tür, die ruhige Jahreszeit. Sie muss sich ablenken. So bittet sie Adelind, ihr die Arbeit am Webstuhl zu zeigen, und quält sich redlich mit einem Probestück, bis ein schönes, glattes Tuch unter ihren Händen entsteht. Sie jubelt, und sie wird von Adelind gelobt. Doch in ihrem Leben kann sie kein Muster erkennen. Wie soll es weitergehen?

Für einige Zeit erscheint nun – statt Antonius – in einem Wagen Pater Gregorius. Er weiht Radegunde in die Grundzüge fränkischen Rechts ein. Manche der Regeln scheinen ihr ähnlich wie in Thüringen. Für fast alle Vergehen gibt es Geldstrafen. Einen kleinen Teil davon erhält der Gerichtsherr, mit dem Rest wird der Schaden bezahlt. Auch für Mord oder Totschlag gibt es Geldstrafen. Erst wenn der Verurteilte und seine Familie die Summe nicht aufbringen können, werden Todesstrafen verhängt. Dem Tode verfällt auch, wer den König oder seine Familie angreift oder Aufruhr anstiftet. Radegunde lernt eifrig die Tatbestände und die Strafen. „Aber die Könige", denkt sie, „die Könige tun oft Dinge, auf die der Tod steht. Manchmal müssen sie Gegner ausschalten. Aber zuweilen töten sie Unschuldige wie Chlothar seine Neffen. Doch kein irdisches Gericht verurteilt sie. Nur Gott kann über sie richten. Kann er solche Sünden vergeben? Die Könige brauchen starke Fürsprecher im Jüngsten Gericht." Das Mädchen weiß, darüber kann sie mit Pater Gregorius nicht sprechen.

Der Winter hat sich aufs Land gesenkt, Frauen und Mägde spinnen und weben, die Männer reparieren Waffen und Gerät. Das nächste Frühjahr ist wie das letzte: Im März ist es trocken, der Pflug geht leicht durch den vom Winterfrost garen Boden. Der April bringt reichlich Regen, der Mai viele sonnige Tage. Die Saaten sprießen, die Felder liegen wie grüne Matten.

Da hören sie von einem fahrenden Händler, König Theuderich sei gestorben, sein Sohn Theudebert sei nun an seiner statt König des östlichen Reichsteiles und residiere in Metz. In Radegunde steigt Genugtuung auf. Hat doch der Franke ihren Onkel nicht lange überlebt. Zur Hölle mit ihm! Steht ihr ein solches Urteil zu? Trifft das nicht auch Herminafrid? Sie erinnert sich an die Nacht auf dem Schlachtfeld, nur dieses eine Mal hat sie Theuderich und Chlothar gesehen. Er war sicher ein großer Heerführer. Aber seine Rede vor der Schlacht war eine einzige böse Lüge über Thüringen. Zur Hölle mit ihm! Darf man das wünschen? Radegunde erlegt sich zur Sicherheit drei Vaterunser auf, die sie inbrünstig vor dem Schlafengehen betet.

HUNGER

An einem schönen Tag Ende Mai reitet Radegunde in ihr kleines Gut. Wie immer hat ihr Rüdiger einen der Halbwüchsigen aus Athies mitgegeben. Der solle eines der Pferde ausreiten, meinte er. Die Thüringerin soll nicht ohne Aufsicht sein. Mit Claudius besieht sie, was auf dem Hof zu richten ist. Dann gehen sie über die Felder, er zeigt ihr eine Stelle, wo Wildschweine in den Acker eingefallen waren. „Seht, Herrin, es wird bald regnen", deutet er auf eine große Wolke, die sich von Westen hereinschiebt. Sie zieht sehr hoch und ist von einem ganz gleichmäßigen Graubraun. „Die sieht merkwürdig aus, wer weiß, was das geben wird", meint Claudius. „Vielleicht reitet Ihr gleich zurück, sonst geratet Ihr noch in ein Unwetter." „Ja, du hast recht, eine solche Wolke habe ich noch nie gesehen." Radegunde treibt ihr Pferd zur Eile. Als sie die Höhe erreicht, sieht sie, wie sich aus der Wolke hinter ihr lange schwarze Schleppen lösen. „Da regnet es schon", ruft sie dem Jungen zu, der sie begleitet. Kurz vor Athies hat der Regen sie eingeholt. Riesige Tropfen klatschen ihr auf Kopf und Schultern, dann spürt sie brennenden Schmerz. Das ist Hagel. Das Pferd droht zu stürzen in dem Brei aus Erde und Hagelkörnern unter seinen Hufen. Da erreichen Sie eine kleine Vorratsscheune für Heu und Stroh, die vor dem Gut auf dem Feld steht. Sie retten sich unter das Schilfdach. Nun bricht das Unwetter erst richtig los. Es stürmt, die Böen treiben nussgroße Eiskörner durch die Luft wie abgeschossene Pfeile. Radegunde hört ihr Krachen und Prasseln. Sie sorgt sich um das Dach, erinnert sich, dass es im vergangenen Herbst ausgebessert wurde. Hoffentlich hält es, sonst würden sie erschlagen.

Der Spuk dauert nicht lange. Dann legt sich der Wind, der Hagel geht in Regen über, der nachlässt und ganz aufhört. Die Sonne scheint milchig von einem blassgrauen Himmel. Radegunde und ihr Begleiter machen sich auf den Heimweg. Sie erkennen die Landschaft kaum wieder. Handbreit hoch liegen

Eiskörner in der Flur. Die Getreidefelder sind damit bedeckt. Die Bäume sind kahl wie im März. An den Balken der Hütten ist das Holz zerfetzt, aus den Gefachen ist Lehm herausgeschlagen. Sie kommen auf die Villa zu. Der Giebel des Haupthauses steht in Windrichtung. Hier sind die Fensterläden, die jemand geistesgegenwärtig geschlossen haben muss, arg mitgenommen. Aber es gibt kaum Schäden am Dach. Die Blätter der großen Weinstöcke sind abgeschlagen und kleben an der Fassade. Am Seitenflügel konnte der Sturm über die Dachfläche angreifen und hat das halbe Dach abgedeckt. Die Ziegel wurden einfach ausgehoben und liegen nun zerschmettert im Garten und im Gebäude. Von den Malven in Adelinds Garten stehen nur noch nackte Strünke, blattlos.

„Eine Katastrophe", schießt es Radegunde durch den Kopf. „Eine Strafe Gottes." Aber zum Grübeln ist keine Zeit. Der Junge ist schon nach Hause gerannt, sie hat nun auch sein Pferd an der Leine und sucht Rüdiger. Sie findet ihn im Hof. „Wir werden einige Tiere notschlachten müssen. Sie haben nicht rechtzeitig Unterschlupf gefunden. Adelind sieht, was sie noch tun kann." „Ich bringe erst einmal die Pferde in den Stall", sagt Radegunde, „dann helfe ich." Am Abend ergibt die Bestandsaufnahme: Die gesamte Feldfrucht ist vernichtet, zwei Schafe, drei Ziegen und eine Kuh müssen geschlachtet werden, sie sind zu schwer verletzt.

Rüdiger denkt laut: „Wir haben zwar noch Getreide von der letzten guten Ernte, aber für eine zweite Aussaat ist es zu spät. Ich sehe mir in einer Woche noch einmal die Felder an, vielleicht erholt sich das Getreide ja wieder." Adelind hat noch Gemüsepflanzen übrig, die nicht ausgepflanzt wurden, aber es sind wenige. Die kommen nun in den Garten. Die Bäume treiben nach drei Wochen wieder aus, das Blätterkleid ist dünner als sonst, aber sie leben. Obst wird es in diesem Jahr keines geben. Bei Nüssen gibt es noch einen kleinen Vorrat vom Vorjahr.

Nachts erinnert sich Radegunde an den Gedanken, den sie in den auf sie einstürzenden Nachrichten und Tätigkeiten des Tages verloren hatte. „Strafe Gottes." Wofür? Wie kommt sie darauf? Kann es sein, dass Gott diese Strafe schickt wie einst die Sintflut, weil die Menschen Böses tun? Bestraft er die Untaten der Könige, ihre Morde, ihre Kriege, die Tod und Verderben über die Länder bringen, die die Könige schützen sollten? Straft Gott das ganze Land, um die Könige zu strafen? Die Machtgier und Mordlust in ihrer eigenen Familie ist ebenso maßlos und grausam wie bei den Franken. Kann sie etwas tun, um Gott zu versöhnen?

Am nächsten Morgen schickt sie den nächstbesten Jungen durchs Dorf, er soll so viele Kinder zusammentrommeln, wie er finden kann. Jesus hat gesagt, wer das Himmelreich nicht empfängt wie ein Kind, der wird nicht hineinkommen. Also liebt er die Kinder besonders. Sie geht ins Kirchlein, findet den Altar staubig. Antonius hat hier seit Wochen keine Messe gelesen. So sollte der Altar Gottes nicht aussehen. Mit einem Zipfel ihres Mantels wischt sie den Staub vom Altar, schüttelt ihn vor der Tür aus. Dann geht sie zurück zum Gut, einige Kinder sind schon angekommen. Einem großen Jungen trägt sie auf, aus zwei Hölzern vom Hof ein Kreuz zusammenzubinden. Als er fertig ist, hat sich fast die gesamte Kinderschar des Dorfes versammelt. Radegunde sagt: „Wir machen jetzt eine Prozession." Das haben die Kinder schon einmal gesehen, als der König noch nach Athies kam. Radegunde gruppiert die Kleinen in Reihen zu zweit oder zu dritt, die Kleinsten kommen zuerst. Zwei ganz Kleine nimmt sie an die Hand. Samuel, der Junge mit dem Kreuz, kommt an die Spitze. Ganz hinten gehen Adelgund und ihre Schwester Gerlind. Adelgund und Radegunde singen das Kyrie: Herr, erbarme dich! Bei der dritten oder vierten Wiederholung singen ein paar der Kinder mit. So zieht das kleine Trüppchen in die Kirche. Dort stehen sie ehrfürchtig, sie sind nicht oft hier, und hier wohnt Gott, hat man ihnen erklärt. Die beiden großen Mädchen singen, was sie gelernt haben. Ein Gloria, denn Gott zu loben, ist immer richtig. Das Magnificat. Einen Psalmvers, dessen Worte sie in ihrer Schönheit berührt haben: „*Hebe deine Augen auf zu den Ber-*

gen, von welchen dir Hilfe kommt. Deine Hilfe kommt vom Herrn, der Himmel und Erde gemacht hat. Er wird deinen Fuß nicht gleiten lassen, und der dich behütet, schläft nicht …" Zum Schluss beten sie das Glaubensbekenntnis und das Vaterunser. Radegunde ist sich nicht sicher, ob sie genug getan hat. Aber kann Gott, der Allwissende, das Gebet dieser Kleinen überhören? Sie schickt die Kinder heim.

Es kommt besser als gedacht: Die Hagelwolke hat nur in einem Streifen von einigen Stadien Breite Verwüstung angerichtet, nur ein Teil der Ländereien von Athies ist betroffen. Rüdiger beratschlagt mit den Bauern und entscheidet, kein zusätzliches Saatgut für eine zweite Aussaat zu verbrauchen. Auf den zerschlagenen Flächen richtet sich ein Teil der Pflanzen wieder auf. Sie hatten noch keine Halme gebildet. Nun werden die Felder vielleicht die Hälfte einer normalen Ernte tragen, aber es gibt ja noch die Äcker, die davongekommen sind. So werden sie am Ende vielleicht zwei Drittel einer normalen Ernte erwirtschaften. Zusammen mit dem Überschuss aus dem letzten Jahr werden sie einigermaßen auskommen. Sie müssen sparsam wirtschaften, Lebensmittel und Futter gut einteilen. Zunächst wird man die Häuser reparieren müssen. In vielen Dächern klaffen Löcher, Wände wurden durchschlagen und müssen abgedichtet werden.

Es kommt viel schlimmer als gedacht. Die graubraune Wolke, aus der der Hagel fiel, war nur der Beginn einer merkwürdigen Wetterperiode. Der Himmel scheint wie verschleiert. Die Sommersonne strahlt nicht, sie wärmt nicht, sie schimmert wie durch eine dünne Wolkenhülle, die das ganze Firmament bedeckt. Sonne und Mond haben einen Strahlenkranz wie in kalten Winternächten. Die Wolke dauert und dauert, sie trotzt selbst Stürmen. Der Sommer fühlt sich an wie Herbst, hie und da gibt es Schneeschauer.

Die Pflanzen wachsen langsam und spärlich, viel zu spät blüht das Getreide und setzt Ähren an. Als es endlich im Oktober eingebracht wird, sind die Körner klein. Sie werden gehörig den Gürtel enger schnallen müssen, stellt Rüdiger fest. Das

ganze Land ist betroffen, aus den Nachbarländern hört man dieselben Berichte. Nirgends kann man Lebensmittel kaufen. Die Bauern rätseln herum. „In meiner Kindheit brannte einmal ein Wald im Gebirge. Viele Tage lang lagen schwarze Rauchschwaden über der Landschaft, so weit man gehen konnte. Aber nach ein paar Wochen war das vorbei", erinnert sich Adelind. „In dem Kiefernwald da drüben haben mal die Bäume stark geblüht", erzählt der Pferdeknecht. „Den Blütenstaub hat der Wind in Wolken herübergetrieben, und als der Regen kam, war das Fell des Rappen gelb gesprenkelt." Was jetzt vom Himmel regnet, sieht graubraun aus wie die erste große Wolke. Zwischen den Fingern fühlt es sich an wie Straßenstaub. Sie finden keine Erklärung.
Pater Antonius berichtet: „Ein betagter Bruder in meinem Kloster hat sich seit seiner Jugend der Sternkunde gewidmet. Er erzählt, dass er schon drei Sonnenfinsternisse gesehen hat. Das Licht der Sonne in diesem Jahr erinnert ihn daran, wie eine solche Verfinsterung einsetzte. Die Vögel glaubten, die Sonne ginge unter, und begannen mit ihrem Abendgesang. Als dann die Sonne verdunkelt wie eine Sichel am Himmel stand, verstummten sie, es war totenstill in der Landschaft. Aber jede dieser Finsternisse war nach kurzer Zeit vorüber, währte nur ein oder zwei Stunden, nie viele Monde lang. Der alte Sternkundige sorgt sich, denn bei Matthäus steht geschrieben: ‚*Bald aber nach der Trübsal jener Zeit werden Sonne und Mond den Schein verlieren, und die Sterne werden vom Himmel fallen, und die Kräfte der Himmel werden ins Wanken kommen.*' Er deutet das Himmelszeichen als Ankündigung des Weltgerichts, wie Jesus es verheißen hat. Macht euch bereit. Betet, fastet, das Weltende ist nahe." Fasten muss ohnehin jeder Mann, jede Frau, jedes Kind, Speise ist rar. Ein paar Tage lang kommen einige Greisinnen in die kleine Kirche, um zu beten. Dann bleiben sie aus.
Seit dem Sommer haben die Kinder die Hecken und Wälder durchkämmt, mühevoll gesammelt, was auch an geschützten Orten nur spärlich zu finden war: Blaubeeren, Himbeeren,

Brombeeren, Hagebutten, die Früchte von Eberesche und Schlehe, Bucheckern, Haselnüsse, Kastanien, dazu Pilze, die sich vom Wetter scheinbar nicht beeindrucken ließen, und Wildkräuter: Löwenzahn, Sauerampfer, Schafgarbe, Brunnenkresse aus dem Bach. Damit muss der Speisezettel aufgebessert werden, denn in den Gärten ist kaum Gemüse gewachsen, keine Kirsche, keine Pflaume, kein Apfel.
Das Jahr neigt sich, und zum ersten Mal erlebt Radegunde hier einen Winter, wie sie ihn aus Thüringen kennt: bitterkalt und schneereich. Die Menschen sind daran nicht gewöhnt, es mangelt an warmer Kleidung, die man übereinandertragen kann, um der Kälte zu trotzen. Radegunde verschenkt Kleider und Mäntel, die ihr nicht mehr passen, an Adelinds Mädchen, bittet Adelind, abgelegte Sachen der Kinder ins Dorf zu verschenken, aber damit ist noch nicht viel geholfen. Heu und Stroh sind genauso knapp wie Speise für die Menschen, und so müssen gegen Winterende Tiere geschlachtet werden, ehe sie verhungern. Rüdiger zieht mit Bauernburschen auf die Hasen- und Schweinejagd. Auch das Wild ist nicht so gut genährt wie in anderen Jahren, aber die Menschen können wieder eine Zeit lang leben. Im Dorf sieht Radegunde Säuglinge, die unnatürlich dünne Arme und Beine haben. Ihre Mütter haben nicht genug Milch, sagen sie. Radegunde besucht sie in ihren Hütten. Sieht es hier furchtbar aus! In einer Ecke ist das Strohlager für die ganze Familie, auf der gegenüberliegenden Seite die Feuerstelle. Deren Rauch zieht erst einmal durch den ganzen Raum, ehe er oben im Dach durch ein Loch abzieht. Bisher fand sie es normal, dass die Bauernkinder tagaus, tagein barfuß liefen. Aber jetzt sieht sie: Sie haben ja nicht einmal im bittersten Winter etwas an die Füße zu ziehen! Sie fragt Adelind, was zu tun sei. Die sorgt dafür, dass ein Knecht des Gutes täglich für die Kleinsten ein wenig Kuh- oder Ziegenmilch verteilt, dazu regelmäßig Hafer für ein dünnes Süppchen. Es ist mühsam genug, auch die Euter sind leer. Und sie sucht aus den Vorräten ein paar Felle heraus. Die kann man zu warmen Schuhen zuschneiden, das Fell kommt

nach innen, dann werden die Schuhe oben zugebunden. So kommen doch noch ein paar der Kinder zu Schuhwerk, wenn es auch nicht für alle reicht. Mehrere Geschwister müssen sich ein Paar Schuhe teilen.
Rüdiger reitet zum Bericht beim König. Er schildert die besonders prekäre Lage von Athies wegen des Hagelsturmes. Dann fügt er an: „Mein Herr und König, ich wage es nicht auszusprechen …" „Was wünscht die Thüringerin denn dieses Mal? Mäntel? Kleider?" „Davon hat sie genug. Sie will die Kinder des Gutes einmal in der Woche ordentlich verköstigen. Das übersteigt unser Vermögen." „Sieh an. Milde und Freigebigkeit sind die größten Tugenden einer Fürstin, zumal in Notzeiten. Aber alles hat sein Maß. Ich senke Eure Abgaben nicht um ein Zehntel, wie in diesem Jahr üblich, sondern um drei Zehntel. Mit Rücksicht auf Eure treuen Dienste und die besondere Zerstörung – und auf Eure anspruchsvolle Gefangene." Mit einer tiefen Verbeugung verlässt Rüdiger die Audienz.
Zu Hause erzählt er auf dem Hof, was er in Soissons und unterwegs gehört hat. „Ein Händler hat erzählt, im Land der Wikinger sei die Kälte so groß, dass viele in südliche Landesteile geflüchtet wären. Sogar in Italien hat es Schneestürme im Sommer gegeben." „Also gibt es überall Missernten, und nirgends kann man Getreide kaufen?", fragt Adelind. „Ja, so ist es", antwortet Rüdiger. „Der Mann, er handelt übrigens mit edlen Steinen aus dem Orient, erzählte auch, dass er auf Sizilien einmal einen Ausbruch des Ätna erlebte. Dort gab es so eine Wolke, wie wir sie jetzt haben, und auch der Staub, der herabfiel, sah genauso aus. Allerdings war das alles nach zwei Tagen wieder vorbei. Er denkt, die Wolke könnte von einem sehr großen Vulkan herkommen." „Das glaube ich nicht", sagt einer der Männer vom Dorf. „Der Wind kam von Nordwesten. Dort ist nur noch Britannien und dahinter der Ozean, der die ganze Weltscheibe umschließt. Wenn in Britannien ein Vulkan ausgebrochen wäre, hätten wir davon gehört." „Wenn die Wolke von hinter dem Ozean herkommt, wenn sie

also vom Rand der Weltscheibe ist, kommt sie dann aus der Hölle?", fragt eine der Frauen. „Das müsst ihr Pater Antonius fragen", meint Adelind. Ihr ist unheimlich.
Radegunde dagegen ist froh. Die „Fütterung der Kinder" kann nun sogar zweimal in der Woche stattfinden. Vor dem Essen werden die Kleinen gewaschen, und Radegunde achtet darauf, dass sie etwas Warmes zum Anziehen haben. Hie und da sind Schürfwunden und Pusteln zu versorgen.
Auch das Frühjahr wird viel zu kalt. Bis in den April hinein fegen Schneestürme über das Tal. Der seltsame Schleier am Himmel hält sich fast ein Jahr. Dann gewinnt die blasse Sonne an Kraft, es gibt ein spätes, aber schönes Frühjahr. Die Menschen schöpfen Hoffnung. Im Spätsommer gibt es eine Reihe sonniger Tage, gerade recht, um das Getreide zu bergen. Sie werden sparsam sein müssen, aber sie werden durch den Winter kommen. Die Speisung der Kinder hat Radegunde inzwischen aufgegeben. Der Abgabenerlass des Königs ist aufgebraucht, die Familien kommen einigermaßen allein zurecht.

In der Villa des Königsgutes rüstet man sich zu einem Fest: Adelgund wird einen jungen Edlen heiraten, sein Vater nennt in Le Crotoy an der Mündung der Somme weite Ländereien sein Eigen. Sie sind einander seit Langem versprochen, nun soll die Hochzeit sein. Sie treten in den Kreis, den die Herren aus der Umgebung bilden, und geben einander das Jawort. Pater Antonius kommt einen Tag vor der kirchlichen Zeremonie und liest eine Messe für das Dorf. Adelind und Radegunde zerbrechen sich den Kopf über Rang- und Tischordnung. Unmöglich kann eine geborene Königin zwischen den Damen und Herren der Nachbarschaft sitzen. Sie finden einen Kompromiss: In der Kirche wird sie abseits der Festgemeinde stehen, seitlich am Übergang zum Altarraum, beim Festgelage, erhält sie einen Ehrenplatz zwischen den Brauteltern. So viel Pracht wie zur Trauzeremonie hat das Kirchlein schon lange nicht mehr gesehen. Fibeln und Haarschmuck der Damen schimmern, man sieht fein gestickte Roben und Schleier, die Gürtel und Waffen der Herren blinken. Radegunde trägt ein schlichtes weißes Gewand mit den rotgoldenen Spangen ihrer Kindheit. Sie muss nicht auffallen, hat die Haare eingeflochten, nur das Stirnband mit der alten Goldstickerei hält die Haarfülle. Einige der Nachbarn haben Radegunde schon früher gesehen. Andere lassen erstaunte Blicke auf der zierlichen blonden Fremden ruhen: Sieh an, wen Rüdiger hier hütet, ist das die Thüringerin?

Den Kampfspielen der Jungen schaut Radegunde mit Interesse zu, aber Meister Iring, dem geschickten Kämpfer, dürften sie damit nicht unter die Augen treten, so findet sie. Nie hat sie mehr an ihn gedacht, seit sie Herminafrids Hof verließ. Ob er das Gemetzel überlebt hat? Begleitet er Amalaberga in den Süden, oder schmiedet er neue Vergeltungspläne gegen die Franken? Da fällt ihr auf: Einer der jungen Männer ist ein recht guter Bogenschütze. Seine Gestalt, die Art, wie er den Bogen spannt, erinnert sie an Amalafrid. Was aus dem Cousin geworden sein mag? Ob er in Italien Verbündete sucht, um nach Thüringen zurückzukehren?

In ihre Gedanken hinein spricht sie einer der jungen Herren an: „Sicher seid Ihr von Hofe mehr Kurzweil gewohnt?" „Wer wagt es, eine Königin ungefragt beim Betrachten von Waffenspiel zu stören?" Ihre Augen sind kühl und herablassend. „Mein Name ist Runold, Sohn des Bertrun von Noyelles." Er verbeugt sich etwas unbeholfen. Radegunde erinnert sich undeutlich dieses Namens. Gab es nicht irgendeine Gebietsstreitigkeit zwischen seinem Vater und dem Vater des Bräutigams? „Ich will nicht Anlass sein, dass Ihr die nächste Runde im Stechen versäumt." Radegunde nickt ihm huldvoll zu, wendet sich und schreitet sehr gemessen zur Villa.

Dort geleitet am Abend eine kleine Gesellschaft von Damen und Herren das junge Paar zum Brautgemach. Ob Adelgund ihr Glück finden wird? Radegunde wünscht es ihr von Herzen. Am nächsten Tag laufen sie sich zufällig über den Weg. „Er ist rau, aber auch sehr zart und aufmerksam", beruhigt Adelgund die Freundin. Sie sieht glücklich aus. Ihr ist bang davor, das

Zuhause zu verlassen, das Vertraute, aber sie freut sich auf das eigene Gut, auf Kinder, Familie. „Er hat mir vom Meer erzählt. Das muss gewaltig sein." Adelgund scheint begeistert. Ob sie sich je wiedersehen werden, denkt Radegunde. „Ich bin wohl ein bisschen durcheinander", entschuldigt sich die Braut und entschwindet zu ihren Festpflichten.

„Ich werde zur alten Jungfer", klagt Radegunde Pater Antonius. „Wie lange soll diese Gefangenschaft noch dauern? Will der König damit die Thüringer in Schach halten? Dort erinnert sich doch niemand mehr an uns, oder sie glauben, wir sind tot!" „Habt Geduld, Radegunde, Gott hat Euch mitten aus der Schlacht errettet. In seiner Weisheit hat er Euch bis hierhergeführt. Dankt ihm. Betet um einen Weg für Euch." Bei seinem nächsten Kommen legt er ein Brevier in ihre Hände, ein kostbares Buch, handgeschrieben auf Pergament. „Leihweise", sagt er, „aus unserer Bibliothek. Lerne die wichtigsten Psalmen für die Prim am Morgen und für die Komplet vor der Nachtruhe. Es ist gut, wenn du sie auswendig weißt. Das ist Übung und ein Schatz fürs Leben." So tut Radegunde und gibt ihm das Brevier bei seinem nächsten Aufenthalt in Athies zurück.

Als Rüdiger in diesem Jahr zum König reitet, hat er wiederum eine Bitte vorzutragen: „Die Gefangene bittet darum, ihr einen Heilkundigen zu senden, der sie ausbilden könnte ..." „Ich werde jemanden senden. Eine Fürstin, die die Gesundheit ihres Hofes schützt, ist ein wahrer Reichtum."

Er schickt Pater Caspar, dem wunderbare Heilungsgeschichten vorauseilen. Er kommt und geht mit ihr durchs Dorf, zeigt ihr, wie man das gebrochene Bein des Kuhhirten richtet und schient. Erklärt ihr, welche Mittel bei Schmerzen an Galle oder Niere helfen. Ist erstaunt über ihre Kenntnis der Kräuter und Tinkturen. Zuweilen streiten sie. Adelind steuert ein altes Rezept aus südlichen Ländern bei. Sie sammeln Kräuter an den Rainen, fertigen Salben daraus. Sie diskutieren über Abhärtung. „In Thüringen wurde ich immer mal zu den Kindern geschickt, die gerade krank waren. Irmtrud meinte, was mich

nicht umbrächte, würde mich stärker machen." „Wer ist Irmtrud?" „Sie hat schon meinem Vater auf die Welt geholfen." „Die Methode ist bekannt, aber nicht ohne Risiko. Ich habe oft beobachtet, dass man eine Krankheit durchmacht und dann nicht mehr dafür empfänglich ist. Aber wer nicht sehr robust ist, kann auch daran sterben." Die sechs Wochen, die ihm der König für Athies zugebilligt hat, sind viel zu schnell um, denkt er. Auch der Gelehrte hat gelernt, als er sich verabschiedet.
Fortan entfaltet Radegunde emsige Betriebsamkeit: Sie hilft Adelind in der Wirtschaft und bringt ihr Gütchen in Schwung. Einmal in der Woche geht sie durchs Dorf und schaut nach Schwangeren, Stillenden und Alten. Sie steht dankbar am Sarg einer alten Frau, deren Lebensmut und Humor ihr Kraft gegeben hatten. Aber wie oft kämpft sie nächtelang, um ein Kind dem Fieber zu entreißen, und muss es doch gehen lassen. Im Gebet vertraut sie Gott die Seelen an: „*Requiem aeternam … Die ewige Ruhe gib ihnen, o Herr, und das ewige Licht leuchte ihnen*." Ihre eigene Zukunft bleibt weiter im Dunkeln.
Da kündigt der Haushofmeister des Königs dessen Kommen an. Er wolle die Ausbesserungen und Neuerungen auf seinem Gut nach den schweren Unwettern inspizieren und auf neutralem Boden den Streit zwischen den Herren von Le Crotoy und Noyelles schlichten. Die Nachricht trifft wie ein Paukenschlag in das ländliche Treiben von Athies. Wie lange war der Herr des Gutes abwesend geblieben? Sechs Jahre, acht Jahre?
Das Heu ist schon geborgen, bis zur Getreideernte bleibt noch Zeit, die sie nutzen können. Rüdiger versammelt von den Vorwerken und Bauernhöfen die jungen Burschen, Adelind die Mägde. Es wird geschäftig in Athies. An der Kirche und der großen Königshalle sind Ausbesserungen nötig, und die Türbalken der Halle erhalten eine geschnitzte Verzierung. An allen Gebäuden des Gutes wird noch einmal Hand angelegt. Ställe und Unterstände für die Pferde der Gesellschaft müssen hergerichtet werden. Rüdiger stellt zusammen, was an Speisen, Braten und Beherbergung für den Hof erforderlich ist. Er ist etwas aus der Übung nach all den Jahren. Von

den Vorwerken und Bauern werden die nötigen Abgaben erhoben. Inzwischen ist Adelind mit den Mägden dabei, zu putzen und Gewänder und Behänge zu sichten. Die eigentliche Ausstattung wird der Tross des Königs selbst mitbringen.
Eines Frühsommertages ist es so weit. Der königliche Hof trifft ein. An der Spitze reiten Bedienstete, dann kommen der König und zwei seiner Söhne zu Pferd, die Königin im Wagen. Die Schar der Damen, Herren und Diener ist kaum zu überblicken. Radegunde erlebt das zum ersten Mal aus der Perspektive einer Bewohnerin des Gutes. Sie ist beeindruckt, der Aufwand ist viel größer, als sie dachte. Sie späht nach Bertarich, kann ihn aber nicht entdecken.
Die Abläufe sind ihr dann doch vertraut. Und so viel sie bisher geholfen hat, die Ankunft des Königs vorzubereiten, jetzt fällt sie in die Rolle der königlichen Gefangenen. Die Begrüßung überlässt sie dem Verwalter. Am nächsten Tag, als der Trubel der Ankunft und des Einrichtens sich legt, meldet sich eine Bedienstete der Königin: „Die Königin bittet die fremdländische Edle zur Audienz." Radegunde ist erschrocken. Gern wäre sie der Aufmerksamkeit der Königin entgangen. Dann versteht sie: Als ausländischer Adeliger steht ihr ein herausgehobener Platz unter den Damen der Königin zu. Das ist weit mehr, als sie erwarten konnte. Sie kleidet und schmückt sich sorgfältig. Königliche Pracht kann sie mit den ihr gebliebenen Stücken nicht erreichen, sie ist eben nur eine „Edle". Sie tritt vor die Königin, aufgerichtet, ohne Kniefall, ohne Verbeugung. „Seid gegrüßt, Base", hört sie Ingund sprechen. Diese Begrüßung ist unerwartet, aber richtig. Eine Ahnin ihres Vaters war die Großmutter Chlothars, erinnert sie sich. Sie ist überrascht, wie jung die Königin wirkt. Sie ist wohl kaum vierzig Jahre alt. Sie hatte sie sich wesentlich älter vorgestellt. Ist doch ihr Ältester, Gunthar, längst ein gefürchteter Heerführer der Franken. Sigibert, der Jüngste, zählt zwei Jahre, und die Königin soll eben wieder gesegneten Leibes sein, wie sie gehört hat. Mit einem freundlichen Kopfneigen antwortet sie: „Seid gegrüßt, Königin Ingund." Den Titel hat sie höflichkeitshalber hinzugesetzt,

und sie zaubert das helle, gewinnende Lächeln ihrer Mutter Eusvintha ins Gesicht. „Ihr genießt schon lange unsere Gastfreundschaft. Ich freue mich, Euch endlich kennenzulernen. Ich hoffe, Ihr habt alles zu Eurer Zufriedenheit vorgefunden." Das ist eine höfische Wortfigur der Königin. Radegunde antwortet ebenso: „Habt Dank für Eure treue Fürsorge. Ich befinde mich sehr wohl." Die Königin deutet mit einer Handbewegung an, sie möge sich unter die Damen einreihen. Die Thüringerin versucht, das fremde Hofzeremoniell zu entschlüsseln. Sie ist etwas aus der Übung, es fordert ihr alle Konzentration ab, aber es gelingt. Den König bekommt sie nur von fern zu Gesicht, und das ist ihr recht so. König Chlothar inspiziert mit dem Verwalter das Gut und die Vorwerke, sein Hofmeister lässt sich Rechnung legen. Er verspricht, Handwerker zu schicken. Sie sollen die Holzverkleidung an der Westseite der Königshalle ausbessern, die mit tiefen Einschlägen der Hagelkörner übersät ist. Der Verwalter hat das Holz dafür schon schlagen lassen.
Umso überraschter ist Radegunde, als die Königin am zweiten Tag das Wort an sie richtet: „Wie wir hören, habt Ihr Euch mit Fragen des fränkischen Rechtes beschäftigt. Unsere Tochter Arnechilde ist von klein auf begierig, verwickelte Streitigkeiten zufriedenstellend gelöst zu sehen. Sie will morgen beim Gerichtstag dabei sein. Wollt Ihr sie nicht begleiten?" „Es wird mir eine hohe Ehre sein, Königin", antwortet Radegunde. Sie versteht, es handelt sich um einen Befehl des Königs. Der Gerichtstag ist seine Domäne und die der Herren. Will er sie dort zur Schau stellen: Seht, eine heiratsfähige Dame? Will er ihr die Schmach antun, sie mit einem Mann seines Gefolges zu verheiraten, einem Bediensteten? Sollte das sein Plan sein, wird sie sich mit blanker Waffe verteidigen. Besser dabei getötet, als entehrt zu werden. Das wird er nicht tun, denkt sie weiter, er entehrte damit das Königtum selbst. Was bezweckt er dann? Eine einleuchtende Antwort findet sie nicht.
Arnechilde ist ein wissbegieriges, aufgeschossenes Mädchen von vielleicht zwölf Jahren. Sie verfolgt die Ausführungen beim Gerichtstag mit Interesse und verfügt scheinbar über einige

Kenntnis grundsätzlicher Regeln und Gesetze. So stellt sie nur zuweilen gezielte Fragen, und Radegunde versucht sich an klaren Antworten. Der langwierigste Fall ist der der Herren von Le Crotoy und Noyelles. Im Kern geht es um die Frage des Eigentums an Schwemmland. Die Somme führt seit alters her viel Sand mit sich. Aus Sandbänken werden Inseln, aus Inseln Halbinseln, die bald gutes Weideland sind. Das alles geschieht an der gemeinsamen Grenze der beiden Herren. Die Hirten streiten sich, wer wo weiden darf, es hat Auseinandersetzungen und blutige Köpfe gegeben, nun streiten die Herren. Beide Seiten haben alte Briefe und Privilegien geltend gemacht, berufen sich auf guten Brauch. Der König lässt den Inhalt der Dokumente vortragen, erinnert sich genau der Lage der strittigen Flächen, fragt nach, wägt Argumente ab und verkündet, man solle sich vergleichen. Der Herr von Le Crotoy zahlt dem von Noyelles für einen großen Sandhaken eine erkleckliche Summe, die aber angemessen erscheint, betrachtet man, welchen Nutzen man in wenigen Jahren daraus ziehen kann. Man sieht die Anspannung in den Gesichtern der Kontrahenten. Nur die Autorität des Königs kann sie zu diesem Schritt bewegen, sie tun ihn und besiegeln den Vergleich durch Handschlag. Für Radegunde ist nicht so sehr das Ergebnis bemerkenswert, sondern die Argumentationslinien, die Nebensätze, mit denen der König die Türen öffnet, um starre Positionen ohne Gesichtsverlust des einen oder des anderen aufzugeben. Sie hat ein kleines Lehrstück in Staatskunst erlebt. Sie beugt sich zu dem Kind und schlägt vor, zur Villa zurückzugehen, es sei Zeit, vor dem Essen noch die Garderobe zu richten.
Chlothar sieht sie gehen, die beiden schmalen Gestalten. „Mit Kindern scheint sie gut zurechtzukommen, diese Thüringerin. Damals hatte sie den kleinen Thronerben an der Hand", denkt er flüchtig, ehe er sich mit Gefolge den Freuden der Tafel zuwendet.
Zwanzig Tage ist der Hofstaat in Athies geblieben, mit Jagd in den Wäldern und Waffengängen der männlichen Jugend, mit feierlichen Messen und Gesang der Spielleute. Rüdiger

atmet tief durch am ersten Morgen nach der Abreise. Die Sonne strahlt vom fast wolkenlosen Himmel, ein Windhauch trägt den Duft von reifem Getreide herüber. „Jede verfügbare Hand muss in die Kornernte", mit diesem Gedanken geht er ans Werk.
König und Königin haben Rüdiger Befehle hinterlassen. Die Königin legt Wert darauf, Radegundes Kenntnisse in höfischer Etikette zu vervollkommnen. So erscheint einige Zeit später eine Hofdame in Athies. Ihr Unterricht erinnert Radegunde an den Drill Amalabergas, nur ist er noch etwas ausgefeilter. Sie schickt sich darein und findet sogar Gefallen daran, die immer gleichen Bewegungen immer weiter zu verfeinern, höfliche Formeln so lange zu wiederholen, bis sie selbstverständlich werden und natürlich klingen, sodass sie damit unerwartete Situationen jederzeit überbrücken kann. Sie bittet darum, Adelind und Gerlind, ihre jüngere Tochter, an den Übungen teilhaben zu lassen. Die Bitte wird gewährt. So ziehen auch die beiden Damen aus Athies daraus Gewinn, und die Stunden vergehen etwas kurzweiliger. Einige Wochen hatte die Königin ihr Urlaub gegeben, dann reist die Hofdame zurück nach Soissons.

FLUCHT ZUR SEE

Im Mai des folgenden Jahres läuft die Trauerbotschaft durchs Land: Königin Ingund ist tot. Sie hatte vor Kurzem einer gesunden Tochter das Leben geschenkt, die auf den Namen Chlodoswinth getauft wurde. Nun hat ein böses Fieber die Königin hingerafft. Radegunde vernimmt es mit einem leichten Bedauern. Ingund war beim Volke beliebt. Auch zu ihr war sie sehr freundlich gewesen.
Im Sommer halten königliche Boten vor der Villa. Sie bringen ein offizielles Schreiben mit dem Siegel des Königs. Sie über-

reichen es nicht dem Verwalter, sie fallen vor Radegunde aufs Knie. Sie nimmt das Schriftstück aus ihren Händen entgegen und bittet Rüdiger, für Verpflegung und Unterkunft der Männer zu sorgen. Sie muss allein sein. Was wird der König ihr mitteilen? Sie ist ratlos und angespannt. Dass er einen Bräutigam für sie gefunden hat? Dass sie seine Schwiegertochter werden soll? Dass er sie an einen befreundeten Herrscher vermählen will? Sie geht in ihr Zimmer, bricht das Siegel und entrollt die Botschaft. Das kostbare Pergament enthält die Werbung des Königs: Nun, da seine liebe Gemahlin Ingund selig verstorben sei, wünsche er erneut zu freien. Er habe sie, Radegunde, erwählt. Die Hochzeit solle in sechs Wochen in Vitry stattfinden. Sie solle sich bereithalten. Er werde sie mit Geleit von Athies holen lassen.

Radegunde sinkt auf einen Schemel. Für einen Moment ist es völlig leer in ihrem Kopf. Dann schießen ihr Bilder durch den Sinn: Chlothar in Scithingi im Zelt. Die von ihm erschlagenen Neffen. Nie und nimmer wird sie zu ihm ziehen. Wieso kommt dieser Brief so kurz nach Ingunds Tod? Kann dieser König nicht einmal den Anstand wahren? Vielleicht kann sie das Unternehmen ja noch hinauszögern.

„Gestattet eine Frage, Ihr Herren“, fragt sie die Boten, „ist es nicht Brauch, erst das Trauerjahr zu vollenden?“ „Wir haben nur den Auftrag zu bestellen, edle Frau. Unser Herr und König will eine Königin.“ „Ich danke Euch für die Botschaft, edle Herren“.

Radegundes Gedanken drehen sich im Kreis. Der König wirbt um sie? Sie ist eine Königin. Bei ihren Eltern oder Verwandten, da hätten seine Boten um sie anhalten müssen, Bedingungen aushandeln, sicheres Geleit bestellen. Aber sie ist seine Gefangene. Das ist keine Werbung, das ist ein Befehl!

Für den nächsten Tag hat sich Pater Antonius angesagt. Radegunde eilt in das Kirchlein, schmückt den Altar mit Blumen. Aus ihrem Inneren steigen Bilder, die sie lange nicht mehr gesehen hat. Ihr Fuß in der Blutlache, das Raubgetier auf dem Schlachtfeld, dem Tote und Sterbende zur Beute fallen, die lodernden, stürzenden Dächer von Scithingi. In der Beichte erfährt der Geistliche, was sie bedrückt. „Ich kann nicht seine Frau werden. Für immer steht er vor mir als der grausame Sieger über mein armes, geschlagenes Volk." „Jeder König führt Krieg, und jeder Krieg ist grausam", erwidert Antonius. Und nach einer Weile: „Hat er nicht viele Jahre für dich gesorgt?" „Er ist alt. Seine Söhne sind älter als ich." „Er ist nicht alt. Vor Kurzem hat Ingund ihm eine Tochter geboren, und er ist nur wenig älter als die Verstorbene." „Er kennt keine eheliche Treue. Vier Frauen hat er schon gehabt: Ingund und dazu ihre Schwester Arnegunde und vor ein paar Jahren die Witwe seines Bruders, Guntheuca heißt sie, und der Name der vierten ist mir entfallen. Alle waren sie seine Königinnen. Und dazu etliche Konkubinen, und wer weiß, mit welchen Weibern er bei den Kriegszügen gelegen hat. Arnegunde lebt noch, sie hat einen kleinen Sohn. Soll ich die Nebenfrau zu Arnegunde werden? Diese Schmach! Lieber will ich sterben." „Ja, es ist richtig. Unser Herr und König hat oft die Gebote der christlichen Ehe übertreten. Ich fürchte, er folgt damit noch dem Vorbild seiner heidnischen Ahnen. Den fränkischen Königen war es erlaubt, mehrere Frauen zu haben. Schließlich haben auch Jakob und Isaak mehrere Frauen gehabt, und auch der biblische König David." Viele Male sind Radegunde seit der Ankunft der Boten all die Widerwärtigkeiten durch den Kopf gegangen, die sie nicht ertragen will, und auch die unmittelbare Gefahr. „Wenn ich ihm einen Sohn gebäre, wird Bertarich sterben, weil er ihn nicht mehr braucht, denn dann hat er einen Erben, der von den Thüringer Königen abstammt. Wenn nicht, bringt er mich um, weil ich ihm den Thüringer Erben nicht schenke. Er hat auch seine Neffen umgebracht." Sie zwingt sich, ruhig zu sein. Leise und sehr betont fragt sie: „Bietet nicht von alters her die Kirche den Bedrängten Schutz, auch gegen einen König?" Antonius wird sehr ernst, und sein Blick ist sehr bekümmert. „Kein Abt und kein Bischof des Frankenreiches würde dem König die Frau vorenthalten, um die er rechtmäßig wirbt. Bete zu Gott, er wird dir einen Weg zeigen."

Radegunde betet. Aber ihre Seele findet keine Ruhe. „Flucht", denkt sie, „Flucht!" Aber wohin fliehen in diesem Riesenreich? Wie viele Wochen hockte sie auf dem Karren, der sie von Thüringen herbrachte? Zu allen anderen Grenzen ist es noch weiter, wenn sie den Erzählungen Rüdigers aus den Kriegszügen glauben darf. Einzig das Meer ist nah, die Küste. Sie hört Adelgunds Stimme: „Das Meer muss gewaltig sein." Adelgund lebt am Meer, sie wird ihr helfen hinüberzukommen. Drüben liegt Britannien, Kaufmannsschiffe gehen hin und her. Nein, sie wird nicht nach Le Crotoy gehen, das ist ein weiter Weg um eine Bucht, und sie darf die Freundin nicht gefährden. Näher liegt ein großer Hafen an der Somme, und lebt nicht in seiner Nähe ein Eremit, ein heiliger Mann? Viele haben den Abate in seiner Klause schon aufgesucht, Rat und Hilfe bei ihm erfahren. Langsam formt sich in ihrem Inneren ein Plan. Sie wird ein Kaufmannsschiff nach Britannien suchen, und zuvor wird sie den heiligen Mann um Rat fragen.
Sie muss nach Montes, die Erntevorbereitungen zu inspizieren, erklärt sie Rüdiger, der lobt sie für ihre Umsicht und gibt ihr den Jungen mit. Sie reiten die Anhöhe hinan, durchqueren den Wald, der die Feldfluren der Güter trennt. Nach einer halben Stunde lenken sie die Pferde auf den Hof. Sie trifft Claudius, besieht mit ihm die Sensen, die Rechen, lässt sich berichten, wer alles zur Ernte gedungen ist. Man braucht Schnitter und Mägde, die die Garben binden. Claudius gibt auf alle Fragen bereitwillig gute Auskünfte, Radegunde ist zufrieden. Die Kornernte könnte morgen beginnen, aber die Ähren brauchen zuvor noch ein paar sonnige Tage.
„Ich will eine Wallfahrt zu dem heiligen Mann an der Somme unternehmen", teilt Radegunde Claudius mit. „Du und der Junge, ihr werdet meine Begleitung sein. Morgen früh reiten wir hin." Claudius sieht die Herrin fragend an. Er hat gehört, sie soll die neue Königin werden, aber vielleicht ist das auch nur ein Gerücht. „Ich will für eine gute Ernte beten und für meine Seele", erklärt Radegunde, das leuchtet ihm ein.
Am nächsten Tag brechen sie auf mit Proviant für vier, fünf

Tage, länger wird die Reise nicht dauern. Radegunde trägt unter ihrer Tunika eine Reithose. Ihr Pferd trägt ein Bündel, nur das Nötigste an Kleidung; dazu ihren Schmuck, für alle Fälle. Sie sitzt auf, im Herrensitz. Zum ersten Mal sieht Claudius sie so reiten. Sie lacht: „Du wunderst dich? Zwei Tage hin und zurück im Damensitz, das hält doch niemand aus!" Sie halten sich nach Nordwesten, umgehen Peronne am Knie der Somme, schwenken dann etwas nach Westen. Die Flussniederung ist an vielen Stellen unwegsam, ein Gewirr von kleinen Wasserläufen und Inseln. Darum halten sie sich weiter auf der Höhe rechts des Stromes. Ein Nachtlager finden sie bei einem Bauern, die frommen Pilger sind ihm willkommen. Am Nachmittag des zweiten Tages halten sie auf einem Hügel, der zur Somme und zu einem kleineren Flüsschen abfällt, das von rechts in den Strom mündet. Hier soll der heilige Mann hausen, ein Ziegenhirte hat sie hierher gewiesen. Radegunde rechnet. Sie sind straff geritten. Ihr Fehlen wird gestern Abend in Athies aufgefallen sein. So haben sie ein paar Stunden Vorsprung.

Nicht sie finden den Abate, sondern er findet sie, drei Reiter in seiner Einöde, das ist ihm nicht verborgen geblieben. Er lädt sie ein. Sie teilen mit ihm die Speise, er reicht ihnen frisches Wasser aus der Quelle.

„Heiliger Vater, ich bin gekommen, Euren Rat zu hören und mit Euch zu beten", beginnt Radegunde nach dem Essen. Eine kleine, hölzerne Kapelle hat der fromme Mann in der Nähe seiner Klause gezimmert, dorthin gehen sie, sitzen auf zwei Schemeln, hören, reden, den Altar Gottes zum Greifen nah.

„Ich soll die neue Königin werden, der König hat mir Werber geschickt", berichtet Radegunde. Und sie zählt all die Unmöglichkeiten auf, die sie schon Pater Antonius sagte. „Er ist mein Feind", schließt sie. „Hat er Euch nicht all die Jahre seither freundlich ernährt und gefördert?", fragt der Einsiedler zurück. „Ihr seid eine Königin, von Geburt an bestimmt, einen König zu heiraten. Wenn Euer Vater Euch vermählt hätte –

was hättet ihr getan? Ihr hättet Euch seinem Befehl gefügt, welchen Herrscher er auch erlesen hätte, das ist das Los der Königinnen." Radegunde denkt an Amalaberga. Nein, sie will nicht bitter und böse werden im fremden Land. Aber ist dieses Land ihr denn fremd? Hat sie es nicht lieben gelernt, ist Athies ihr nicht vertrauter als die Thüringer Heimat? In ihre Gedanken hinein spricht der Eremit: „Vielleicht hat Gott Euch deshalb zur Königin der Franken erwählt, weil Euer Herz nicht hart und machtgierig ist. Weil Ihr den Jammer des Krieges gesehen habt. Gedenkt des Apostelwortes: ‚*Gott widersteht den Hoffärtigen, aber den Demütigen gibt er Gnade.*' Seid diesem Land eine gute, barmherzige Königin, hindert die Gewalt der Großen, tut Gutes, um zu lindern. Betet für die Seele des Königs."
„Vater, vergebt mir, ich bin in Sorge um mein eigenes Leben und um das meines Bruders. Ich muss vor diesem König fliehen, ich muss ein Schiff nach Britannien finden." „Und was werdet Ihr dort tun?"
Eine Weile ist es still in der Kapelle, dann hört man die Stimme des Eremiten: „Als Gott zu Jona sprach, seinem Propheten, hörte der das göttliche Wort, aber er wollte nicht danach tun. Gott schickte ihn nach Ninive. Aber Jona wollte die Leute der großen, bösen und schändlichen Stadt nicht warnen, er fürchtete ihren Spott und wünschte ihren Untergang. Er wandte sich um, ging nach Jafo, zahlte Fährgeld und floh mit einem Schiff, das nach Tarsis ging. Und Gott sandte einen Sturm, der das Schiff fast zerbrach, und die Schiffsleute warfen Jona ins Meer. Da schickte Gott einen großen Fisch, der ihn ans Land zurückbrachte. Und Jona ging nach Ninive, bis an den Stadtrand ging er, und predigte: ‚In vierzig Tagen wird die Stadt untergehen.' Da gingen die Leute von Ninive in Sack und Asche, sie fasteten und beteten zu Gott. Und Gott erhörte ihr Gebet und strafte die Stadt nicht." Und nach einem weiteren Schweigen: „Du kannst ein Schiff nach Britannien besteigen, das Fährgeld zahlen und hinüberfahren. Wenn es Gottes Wille ist, wirst du hinübergelangen. Wenn nicht, wird er einen Boten senden. Manchmal sendet er Walfische."

Sie beten. Dann treten sie vor die Kartause. Der Eremit zeigt ihnen den Weg: „Wenn Ihr zum Hafen müsst, dann geht hin. Haltet Euch immer rechts vom Fluss. Da drüben gibt es eine Furt durch den Bach. Von dem Hügel da im Norden seht Ihr schon den Hafen zu Füßen liegen.“ Radegunde neigt sich, und er segnet sie und ihre Begleiter. Sie besteigen die Pferde. „Wohin reiten wir, Herrin?“, fragt Claudius. „Ich will sehen, ob ich bei dem Kaufmann im Hafen etwas erhandeln kann“, lügt Radegunde. Ihr ist nicht wohl dabei, und sie sieht die skeptischen Blicke ihrer Begleiter.
Von dem Hügel, den ihnen der Eremit zeigte, sehen sie vor sich die Uferbefestigung am Strom. Dahinter öffnet sich die Mündung des Flusses wie ein schmaler Trichter. Doch nur in der Mitte des Flussbetts strömt Wasser, hinter dem Hafen windet es sich durch schlammbedeckte Ufer. Noch weiter zum Horizont öffnet sich eine große Bucht, aber auch sie ist zum größten Teil nicht von Wasser, sondern von Schlamm bedeckt. „Eine merkwürdige Landschaft“, denkt sich Radegunde. Der Junge war schon einmal mit seinem Vater hier. „Es ist Ebbe“, sagt er, das Meerwasser ist abgelaufen. In ein paar Stunden kommt es zurück, dann ist hier alles mit Wasser bedeckt, eine große glitzernde Fläche.“ Bald sind sie am Hafen. Schon von Weitem haben sie ein Schiff dort liegen sehen, nicht sehr groß, aber gedrungen, das Segel gerefft. Radegunde spricht den Schiffsführer an. Sein Fränkisch hat einen fremden Akzent, er kommt aus Britannien. Sie erklärt ihm, sie wolle hinüber, ihre Verwandten besuchen. Er zögert, sie gibt ihm einen silbernen Armreif ihrer Kinderzeit als Handgeld, längst ist er zu eng für ihre Hand. Er prüft, erkennt das ausländische Muster und sagt: „Wir laden noch Ware. Seid morgen, eine Stunde vor Mittag, hier an der Pier, dann will ich Euch übersetzen.“ Die Flüchtende weiß, bis morgen werden die Verfolger hier sein, aber sie will ihn keinen Verdacht schöpfen lassen. Auf dem Schiff sieht sie Kisten und Fässer hoch gestapelt. „Euer Schiff scheint wohlbeladen, werdet Ihr nicht eher aufbrechen wollen?“ „In diesen engen Gewässern können wir nur bei Tag

fahren. Jetzt ist das Meer niedrig, und der Abend bricht an. Morgen Mittag wird die Flut hoch sein. Mit dem ablaufenden Wasser werden wir hinausfahren. Versuchten wir bei steigendem Wasser flussabwärts zu fahren, könnten wir rudern und segeln aus Leibeskräften, wir kämen nicht voran. Ihr müsst Euch gedulden."

Gleich ein segelfertiges Schiff nach Britannien zu finden – Radegunde ist froh über diesen glücklichen Zufall und voll Zuversicht. Das muss ein Zeichen Gottes sein! Sie sieht sich um nach Unterkunft für die Nacht, findet sie bei einem Segelmacher, der ihnen einen Schuppen anbietet, seine Werkstatt. Gerade wollen Claudius und der Junge die Pferde bei einem Verschlag anbinden, da stehen plötzlich drei Bewaffnete vor Radegunde in der Gasse. „Halt, stehen bleiben!", ruft der mittlere der Männer sie an. Er scheint der Anführer zu sein. „Wer seid Ihr, wo kommt Ihr her und wo wollt Ihr hin?", fragt er Radegunde. „Was geht das Euch an?", fragt sie zurück. Sind sie hier unter die Räuber gefallen? Bei ihnen gibt es nicht viel zu holen. Aber der Mann antwortet barsch: „Ich bin der Hafenvogt, und ich will eine Antwort." „Ein königlicher Bediensteter", denkt Radegunde, „Ich hätte es wissen müssen. So ein Hafen ist wichtig. Möglicherweise gibt es hier sogar eine kleine Garnison." Laut sagt sie: „Ich bin Arnhilde, und ich will nach Britannien. Der Schiffsführer wird mich morgen mit hinübernehmen." „So, Ihr wollt nach Britannien? Habt ihr einen königlichen Auftrag? Treibt Ihr Konspiration, oder spioniert Ihr hier? Wir werden das schon herausfinden. Ihr kommt jetzt mit. Die Pferde sind beschlagnahmt." Der Vogt gibt seinen Männern einen Wink. Sie nehmen die Leinen der Pferde. „So, nun werden wir Euch erst einmal sicher unterbringen", erklärt er den drei Ausreißern. Radegundes Gedanken arbeiten schnell. Bis der Vogt seine Untersuchungen abgeschlossen hat, wird das Schiff ausgelaufen sein, so viel ist sicher. Also hilft jetzt am ehesten die Wahrheit. „Ich habe dir eben einen falschen Namen gesagt. Ich bin Radegunde, die Tochter von Bertachar, dem König der Thüringer. Ich habe in Athies ge-

lebt. Nun will König Chlothar mich zur Frau nehmen. Ich habe Angst. Ich bin geflohen. Der Knecht und der Junge sind unschuldig, ich habe ihnen befohlen. Die Pferde gehören Herrn Rüdiger in Athies. Er muss sie zurückbekommen." „Und diese wilde Geschichte soll ich dir jetzt glauben?", fragt der Vogt. „Du willst eine Königin sein?" Radegunde greift zu einem alten Mittel. Sie wiederholt alles, was sie gesagt hat, in Latein. Der Vogt versteht nicht alles, aber so viel ist ihm klar: Die Frau da vor ihm hat eine exzellente Erziehung genossen. Nicht auszudenken, wenn sie in seinem Hafen aus dem Reich verschwunden wäre! Der König will sie zur Frau, sagt sie. Wie soll er jetzt umgehen mit dieser angeblichen Königin? Ein solcher Fall steht nicht in seinen Anweisungen. Er entschließt sich zu einem Mittelweg. „Wie die Sache auch sei, Ihr werdet wohl bei uns übernachten müssen." Und damit lässt er die drei Delinquenten zu einem kleinen Steingebäude bringen. Radegunde hatte es schon gesehen, aber nicht wichtig genommen. Sie wird in eine fensterlose Kammer geschoben. Hinter ihr wird die Tür verriegelt. Die beiden Männer aus Athies sperrt man in eine zweite Zelle. „Morgen, bei Sonnenaufgang, reitest du nach Athies. Wir müssen dieser Sache auf den Grund gehen. Es würde mich wundern, wenn Rüdiger nicht schon auf der Suche nach dem ausgeflogenen Vogel wäre." Radegunde hat den Befehl des Hafenvogts durch die Tür gehört. Einer der Männer schiebt noch einen Teller mit Brot herein und einen Becher mit Wasser. Dann ist sie allein in der dunklen Zelle. Es gibt eine Bank und eine Decke. Das ist alles.
Sie sitzt fest. Ihr Plan ist nicht aufgegangen. Sie muss den Tatsachen ins Auge blicken. Das Schiff wird morgen ohne sie ablegen. Sie hockt hier im Finstern. „Wie Jona im Bauch des Walfischs", fällt ihr plötzlich ein. Ist die Situation nicht lächerlich? Aber ihr ist nicht nach Lachen zumute. Etwas komfortabler als in einem Fisch ist es hier immerhin. Hat ihr Gott einen Boten geschickt, den Hafenvogt statt des Walfischs? Oder ist sie nur wegen ihrer eigenen grenzenlosen Dummheit hier hineingeraten? Dass ein Hafen bewacht ist gegen frem-

de Eindringlinge, das hätte sie sich denken müssen. Egal, warum sie hier sitzt, sie sitzt im Fischbauch, und der Weg führt zwangsläufig zu König Chlothar. Diese königlichen Bediensteten werden sie dem Herrscher ausliefern. Sie hat sich der offiziellen Werbung des Königs widersetzt. Das ist keine Kleinigkeit. Der König läuft Gefahr, das Gesicht zu verlieren. Wenn sie sich ihm nicht unterwirft, gibt es nur die Todesstrafe. Ist sie bereit zu sterben? Sollte es Gottes Wille und Plan sein, dass sie die Königin der Franken wird, das Weib dieses mörderischen Herrschers? Gott ist groß. Seine Pläne kann man nicht entschlüsseln. Er hat sie schon aus Scithingi gerettet, um sie dann jahrelang in Athies herumsitzen zu lassen ohne eine Aussicht, wie ihr Leben weitergehen sollte. Ist die Werbung Chlothars die Antwort auf ihre Fragen? Radegunde schläft kaum in dieser Nacht, und schuld daran ist nicht nur das unbequeme Quartier.
Es wird Morgen, ein schmaler Lichtstreif scheint unter ihrer Zellentür durch. Ein Knecht gibt ihr einen Teller mit Brot, sie isst. Dann hört sie laute Stimmen vor dem Haus. Eine erkennt sie. Das ist Rüdiger. Scheinbar war er ihnen dicht auf den Fersen, als der Bote des Hafenvogts ihn traf. Man holt die Gefangenen aus ihren Zellen. Unvermittelt brüllt Rüdiger Radegunde an: „Was hast du dir dabei gedacht? Willst du uns alle umbringen?“ Radegunde schaut ihn verständnislos an, dann begreift sie. Der König hätte das Verschwinden der Gefangenen, die er zur Frau nehmen wollte, drakonisch bestraft. Ihr ist zum Heulen, ihre Mundwinkel zittern. Sie hat Adelind und die Mädchen in Lebensgefahr gebracht. Sie rafft ihre Gedanken zusammen. „Verzeih mir, Rüdiger“, sagt sie, „daran habe ich nicht gedacht.“ „Du undankbare, verzogene Göre! Du meinst doch nicht, damit hat sich das erledigt?“ Grimmig schaut er auf seine Gefangene. Nein, die Braut des Königs kann er jetzt nicht einfach züchtigen. Er muss ein Exempel statuieren. Er wendet sich an den Hafenvogt. „Ich brauche eine Peitsche.“ Der nickt und gibt einem der Wächter ein Zeichen. Dieser holt aus dem Pferdestall eine Peitsche herbei. Rüdiger befiehlt

seinen beiden berittenen Knechten: „Bindet die beiden Kerle an die Pfosten da drüben und runter mit den Klamotten." Seile haben sie dabei zum Anbinden der Pferde. Die holen sie jetzt. Radegunde will dazwischengehen: „Die beiden haben keine Schuld, ich habe ihnen befohlen!" „Das ist sonnenklar", antwortet Rüdiger scharf, „die Schläge hättest eigentlich du verdient. Sieh genau hin." Claudius und der Junge werden von den Knechten an die Pfosten gefesselt, die Oberkleider zieht man ihnen herunter, mit bloßem Rücken stehen sie da. „Kümmert Euch um meine Gefangene", bittet Rüdiger den Havenvogt, während er zur Peitsche greift. Zuerst nimmt er sich Claudius vor. Gut gezielt und mit Kraft zählt er ihm zehn Peitschenhiebe auf den Rücken. Als ihn der erste Schlag trifft, zuckt Claudius zusammen und schreit kurz auf. Dann beißt er die Zähne zusammen. Radegunde sieht, wie sich bei jedem Schlag ein blutiger Striemen über den Rücken zieht, wie die Haut aufplatzt. Beim achten und neunten Schlag bäumt sich Claudius auf, dann wimmert er. Nun kommt der Junge an die Reihe. Radegunde hat versucht, sich wegzudrehen, die Hände vors Gesicht zu schlagen, aber der Hafenvogt hält sie fest und zwingt sie, alles anzusehen. Radegunde schaut hin, und bei jedem Schlag ist es, als würde er sie selbst treffen. Wie kann sie das je wiedergutmachen? Ausgerechnet Claudius muss ihre dumme und eigensüchtige Flucht ausbaden! Claudius, dem sie von Anfang an vertraut hat, und er ihr! Nur deswegen waren sie überhaupt bis in den Hafen gekommen, ohne dass er sie verriet. Sie hat ihn verraten! Sie hat nur an sich gedacht und sein Vertrauen missbraucht. Und während sie sieht und hört und spürt, wie ein Streich nach dem anderen fällt, springt ihr ein Bibelwort in den Sinn, das Prophetenwort vom Gottesknecht: „*Fürwahr, er trug unsre Krankheit und lud auf sich unsre Schmerzen. Wir aber hielten ihn für den, der geplagt und von Gott geschlagen und gemartert wäre. Aber er ist um unsrer Missetat willen verwundet und um unsrer Sünde willen zerschlagen. Die Strafe liegt auf ihm, auf dass wir Frieden hätten, und durch seine Wunden sind wir geheilt.*" So körperlich hat sie diesen Vers noch nie empfun-

den. Sie möchte schreien. Und sie versteht: Die körperlichen Schmerzen sind furchtbar. Genauso schlimm aber ist Claudius in seinem Stolz getroffen. Was kann sie für ihn tun, für ihn und den Jungen? Sich einfach zu entschuldigen, das verbietet sich von selbst. Wird ihr Claudius je wieder trauen?
„So, das reicht", sagt Rüdiger, als er fertig ist mit der Prozedur. „Ich muss sie ja noch nach Athies bekommen." Er reicht dem Hafenvogt seine Peitsche zurück. Dann werden die beiden losgebunden. Sie sollen sich anziehen. „Ihr reitet zusammen auf einem Pferd", befiehlt ihnen Rüdiger kurz. „Das von Claudius bekommt die Dame hier." Er weist auf Radegunde. Sie sitzen auf, aber unendlich langsam, unter sichtlichen Schmerzen. Der Rücken ihrer Kleider bekommt blutige Flecken. „Ich stehe in Eurer Schuld, Vogt", ruft Herr Rüdiger, „nehmt dieses Pferd, es ist gut und schnell", und damit gibt er dem Hafenvogt die Zügel von Radegundes Tier. Der Hafenvogt nickt zufrieden und grüßt zurück. Das Einfangen einer königlichen Braut steht nicht in seinem amtlichen Gebührenkatalog. Sie können beide von Glück reden, dass das Unternehmen der Gefangenen nicht gelungen ist. Rüdiger hat es eilig. Er treibt seinen kleinen Trupp vorwärts, Schmerzen des Rückens oder der Seele interessieren ihn nicht. Er reitet auch nachts, er kennt das Gelände, und es ist fast Vollmond. Am nächsten Morgen sind sie beim Gütchen Montes. Kurz zuvor hat Radegunde ihr Pferd neben das der beiden Geschlagenen gelenkt und Claudius angesprochen. Aber er hat nicht geantwortet. Schief hängt er auf seinem Tier. „Alles muss ihm wehtun", denkt Radegunde, und laut sagt sie: „Claudius, bitte hör zu. Ich werde alles tun, um das wiedergutzumachen. Das verspreche ich." Aber er reagiert nicht. Was soll er auch sagen? Sich freuen? Sie auslachen?
In Athies wird Radegunde in ihr Zimmer eingeschlossen. Hier wird sie bleiben, bis die königlichen Werber sie holen, erklärt ihr Rüdiger. Sie sträubt sich. Sie bittet Adelind, die etwas zu Essen bringt: „Ich muss doch zu Claudius, ich muss seine Wunden versorgen!" „Nach allem, was passiert ist, glaubst du doch nicht, dass wir dich vom Gut lassen? Um Claudius und

um den Jungen kümmere ich mich. Er will dich auch gar nicht sehen." Da sitzt sie, tatenlos, mit schlechtem Gewissen. Eintönig schleichen die Tage. Drei Tage denkt sie darüber nach, was schiefgelaufen ist bei der Flucht, über ihre eigene Dummheit und vor allem über die Schmerzen und die Demütigung, die sie ihren Begleitern zugefügt hat. Dann kommt sie wieder auf den Grund ihrer Flucht. Nun gibt es keinen Ausweg mehr, sie wird vor König Chlothar treten müssen. Aber wie? Er hat öffentlich seine Vermählung mit ihr angekündigt, hat Vorbereitungen getroffen und die Großen des Reiches zu Gast geladen. Sie hat sich seinem Willen widersetzt. Die Flucht ist misslungen. Sie ist ihm ausgeliefert. Entweder zwingt er sie in die Ehe, als Sieger, als König. Oder das Schwert wird sie treffen, sobald sie ihm unter die Augen tritt. Sie hofft inständig, dass die zweite dieser Möglichkeiten Wirklichkeit wird. Alles wäre mit einem Schlag der Waffe zu Ende. Sie wird rein sein und unbefleckt und die Herrlichkeit Gottes schauen.

Nach zwei Wochen kommen die königlichen Abgesandten. Man hat ihnen gesagt, die Braut sei eine gute Reiterin, und man müsse auf Fluchtversuche gefasst sein. Also reiten sie schnell. Nach drei Tagen sind sie in Vitry. Die Hofmeisterin Ingunds nimmt Radegunde in Empfang. „In zwei Stunden ist die königliche Audienz", teilt sie knapp mit. Sie nimmt das bäuerliche, durch die tagelangen Ritte mitgenommene Kleid wahr, die Hosen, die zerbrechlich scheinende Figur. Dieses Mädchen, das eben gewagt hat, dem König zu trotzen, begehrt nicht auf, scheint nicht verzweifelt, sondern klar, beherrscht und entschlossen. Dazu ist sie von einem unbewussten Liebreiz. Mit Staunen nimmt die Hofdame wahr, wie die bäurische Reiterin ohne Übergang in die Rolle der Königin fällt. Aber sie hat keine Zeit nachzudenken, ob das nun angeboren sei oder Erziehung. Sie legt Radegunde Gewänder vor, die sie tragen soll. Die lehnt alles ab. Untergewand und Kleid in reinem, weißem Leinen, das will sie tragen, einen weißen Mantel und weiße Wickelstrümpfe, Weiß, die Farbe der Unschuld. Die Hofmeisterin prüft die Vorräte und Truhen, schafft Entspre-

chendes herbei. Inzwischen ist heißes Wasser gerichtet, Radegunde nimmt ein Bad, mehr will sie für ihre Schönheit nicht tun. Am längsten braucht sie zum Trocknen des Haares, das sie mit Tüchern massiert. Die Zügel haben Striemen auf den Händen hinterlassen. „Etwas Zitrone wird helfen", sagt Radegunde. Die Hofmeisterin kommt mit einer kleinen gelben Frucht zurück. Das Aroma der Schale reibt sich die Eingefangene auf die Schläfen, das belebt. Dann führt man sie in einen anderen Teil des Gebäudes, durch Gänge und über Treppen.
In der Tür des großen Empfangssaales erscheint Radegunde. Zwölf Herren, die Großen des Reiches, sind stehend versammelt. Auf erhöhtem Thron sitzt Chlothar. Sie geht durch den Raum auf ihn zu – eine zierliche, weiße Gestalt. In Wellen fällt ihr das goldblonde Haar bis über die Hüften hinunter – offenes Haar, das Privileg der Jungfrau, gehalten von dem Stirnband mit den verschlungenen, barbarischen goldenen Mustern. Sie schreitet mit erhobenem Haupt, ohne es zu wissen. Sie ist gewohnt, so zu gehen. Drei Schritte vor dem König sinkt sie aufs linke Knie und senkt den Kopf. Nie hat sie bisher so gekniet, vor keinem Menschen. Sie ahmt den Kniefall der Großen des Reiches nach, wenn sie dem König huldigen. Jeder hier im Saal weiß, wer sie ist. Jeder weiß, dass sie den Zorn des Königs herausgefordert hat. Jeder hat ihren Auftritt gesehen. König Chlothar schickt sie alle hinaus, die großen Männer seines Reiches. Sie ist allein mit dem Herrscher der Franken.
„Erhebt Euch, Radegunde", hört sie seine Stimme vom Thron her. Diese Stimme scheint sachlich, drückt nichts aus. Sie befolgt die Aufforderung und steht gerade, den Blick irgendwo auf den Gürtel des Königs gerichtet. Nur nicht in seine Augen schauen. „Ihr habt Euch meinen Boten entziehen wollen, Ihr wart auf dem Weg ins Ausland, Ihr wolltet konspirieren! Ihr habt es gewagt, gegen den Befehl des Königs zu handeln!", hört sie die Stimme vom Thron, schleppend, grollend, mit einem gefährlichen Unterton. „Ihr wisst, dass ein solches Verbrechen mit dem Tode bestraft wird. Habt Ihr dagegen etwas

vorzubringen? Sprecht!" Lange hat Radegunde über die Antwort auf diesen Vorwurf nachdenken können, nun überfliegt sie in einem Augenblick noch einmal all ihre Gedanken. Ohne die Haltung zu ändern, spricht sie in die Stille des Raumes: „Mein Herr und König, bitte vergebt einer armen Waise, die ohne väterlichen Rat ist, die unbedachte Flucht." Sie schaut zu ihm auf. In seinem Gesicht kann sie nichts lesen. Da fährt sie fort: „Zu sehr war ich überrascht von Eurer Aufforderung, vor Euch zu erscheinen, um Eure Frau zu werden." Wieder macht sie eine Pause. „Ich bin Euch zu Dank verpflichtet. Ihr habt mich viele Jahre in Athies ernähren und erziehen lassen. Wenn nun meine Befehlsverweigerung die Todesstrafe verdient hat, dann bitte ich Euch als Eure Gefangene und Tochter eines Königs, erschlagt mich selbst, jetzt und hier. Gott sei mir gnädig." Noch immer steht sie Auge in Auge mit ihm. Da erscheint das spöttische Lächeln in seinem Gesicht, das sie schon kennt. „Als reine, unbefleckte Jungfrau willst du vor Gott treten? Das könnte dir so passen." Sein Tonfall wird lauernd: „Hattet Ihr vergessen, dass wir Euren Bruder bei uns zu Gast haben?" „Bertarich!", schießt es Radegunde durch den Kopf. Auch ihn hatte sie verraten, als sie sich selbst retten wollte. Ehe sie etwas antworten kann, fährt der König fort: „Sagen wir mal so: Radegunde, Ihr seid frei. Man wird Euch Eure Habseligkeiten wieder aushändigen, und Ihr könnt gehen, wohin Ihr wollt. Selbstverständlich wird Euer Bruder weiter unser Gefangener bleiben." Der König macht eine Pause. „Oder Ihr werdet in vierzehn Tagen, zum vorgesehenen Termin, meine Frau." Sie sieht ihn an, er erwartet jetzt ihre Entscheidung. Sie weiß, dass sie diesen Gedanken immer weggedrängt hat: Was würde sie tun, wenn die Flucht gelänge? Nun hat sie die Wahl. Wenn sie jetzt geht, wird sie mittellos sein und ohne Schutz. Ihre Gedanken fliegen. Geht sie ins Ausland, gilt sie als Verräterin, und mit ihr Bertarich. Man wird ihn umbringen. Soll sie sich als Magd verdingen? Wenn sie Glück hat, findet sie irgendeinen Mann, der sie heiratet. Dieser König da vor ihr ist gefährlich. Aber er ist reich und mächtig. An seiner Seite

wird sie das Leben führen, das sie aus ihrer Kindheit kennt. Das Reich wird ihr zu Füßen liegen. Sie müsste das genau bedenken. Doch sie hat keine Zeit. Die Augen des Königs ruhen abwartend auf ihr. Sie strafft ihre Haltung. „Mein Herr und König, ich werde bleiben", so sagt sie. Nun ist es entschieden. Sie hat sich ihm unterworfen. „Ich bin entzückt über Eure Zustimmung", antwortet König Chlothar. Sein Lächeln ist etwas zu selbstgefällig, findet sie.
Am Abend wird Radegunde an die königliche Tafel geladen. Sie hat einen Ehrenplatz in der Nähe des Königs. Dieser begrüßt freundlich die Anwesenden, dann fährt er in jovialem Ton fort: „Wir begrüßen heute unter uns Königin Radegunde aus Thüringen." Und zu der Angesprochenen hin: „Ich bitte Euch, verzeiht, dass wir Euch an Eurer kleinen Schiffsreise hindern mussten. Aber vielleicht wäre das Boot gekentert, und so viel Schönheit kann man doch nicht einfach in den rauen Wogen der See untergehen lassen." Er wartet das höfliche Lachen seiner Gefolgsleute ab, dann fährt er fort: „Übrigens erinnert Ihr Euch vielleicht, dass ich Euch schon einmal das Leben retten durfte. Mein lieber verstorbener Bruder Theuderich, der große Krieger, wollte Euch schon bei unserem ersten Zusammentreffen aus dieser Welt schaffen. Man soll Verstorbenen nichts Übles nachreden, aber ihr müsst gestehen, meine Herren, er war ein Banause." Er lächelt fröhlich in die Runde. „Das also war der Streit damals im Zelt", denkt Radegunde. „Aber Chlothars Bemerkung ist nicht nur unpassend, sie ist frivol und herabsetzend." Sie beschließt, es bei einem holdseligen Lächeln zu belassen.

KÖNIGIN AUF DEM FRÄNKISCHEN THRON

Wie ging sie bei den treuen Dienern, den Gefolgsleuten und den Großen des Reiches umher, durch deren beruhigende Worte sie den Sinn des Herrschers besänftigte, bis der Zorn des Königs, der ein Todesurteil bewirkt hatte, schwand, und der Freispruch folgte?

Venantius Fortunatus, *Vita sanctae Radegundis*, 10.

HOCHZEIT

Die Zeit bis zum festgesetzten Tag für die Hochzeit eilt dahin. Die Vorbereitung des Festes, Einladung, Rangfolge, Tischordnung, Speis und Trank, für all dies muss sie nicht sorgen. Chlothars Hofstaat hat schon viele große Hoffeste vorbereitet, alles greift ineinander wie in einem kunstfertig gebauten Räderwerk. Radegunde werden täglich neue Menschen vorgestellt: Die Großen des Reiches, edle Herren und mächtige Bischöfe, trifft sie im Königssaal. Von den Scharen der Bediensteten des Hofes muss sie vorerst nicht jeden Namen kennen, aber natürlich alle Herren und Damen, die wichtige Ämter bekleiden. Glücklicherweise hat sie ein Auge für Gesichter, konnte sich schon immer Namen gut merken. Schon als kleines Mädchen war sie gewohnt, immer neue Menschen zu treffen. Allerdings fällt es ihr schwer, das Fränkisch einiger Edler aus der Provence oder Aquitanien zu verstehen. Da fällt sie wie von ungefähr ins Latein, was ihr den Ruf von Gelehrtheit einbringt.

„Mein Herr und König", wendet sie sich eines Tages an Chlothar, „leider ist es mir nicht vergönnt, den Segen meiner Eltern zur Ehe zu erflehen. Wollt Ihr mir bitte gnädig erlauben, Eure Mutter um ihren Segen zu bitten." Radegunde hatte an eine Reise gedacht, noch ein paar Tage dem Hofgetriebe zu entrinnen, in klarer Luft und offener Landschaft die Gedanken und Gefühle zu ordnen. Doch die Antwort des Königs durchkreuzt ihr Vorhaben: „Diesen Gedanken hatte ich auch schon. Morgen wird meine Mutter hier eintreffen."

Am nächsten Tag trifft sie Chlothilde. Die hochgewachsene, rüstige Greisin sitzt auf einem etwas erhöhten, thronartigen Sessel. Die Junge fällt vor ihr aufs Knie. „Ehrwürdige Königinmutter, erlaubt einer armen Waise, Euch zu nahen. Ich bin Radegunde, Bertachars Tochter." Chlothilde weist auf einen Schemel zu ihrer Rechten und schickt die Dienerschaft hinaus. Die Damen wechseln höfliche Worte über die Freude, einander zu begegnen, die bevorstehende Hochzeit, den Stand der Vorbereitungen. Dann sagt Radegunde: „Es hat mich mit großer Traurigkeit erfüllt, vom Tod der beiden Kinder zu erfahren, die Euch anvertraut waren." Lange lässt Chlothilde die Augen auf ihr ruhen. Unter der Schale aus Liebreiz und Entschlossenheit sieht sie noch immer das zu Tode erschrockene Kind. Sie erinnert sich, die Junge da hat noch einen Bruder, einen Thronfolger wie ihre eigenen Enkel. Er kam mit ihr aus der Schlacht, in der das Thüringerreich unterging.

Radegunde weiß, wer ihr Gegenüber ist. Diese Königin, vom Volk hochverehrt, gewohnt, den Blick zu verschleiern und ihre Seele zu verbergen, hat einst König Chlodwig dazu bewogen, das Christentum anzunehmen, den katholischen Glauben. Mit ihm ließen sich viele Edle der Franken taufen. Seither bekennen Franken und Römer im Reich denselben Glauben.

„Du hast in deinem jungen Leben schon viel gesehen", durchbricht Chlothildes Stimme die entstandene Stille. „Tu, was an dir liegt, den Frieden zwischen den königlichen Brüdern zu erhalten. Die beiden Enkel, die ich aufzog, sind dem Bruderzwist zum Opfer gefallen. Chlothar hat sie mit eigener Hand erschlagen. Er hatte Gründe dafür, es selbst zu tun. Ein Gefolgsmann, der zwei Könige getötet hat, tötet er nicht auch leicht noch einen dritten? Bete für seine Seele." Chlothilde sieht bekümmert aus. „Sei ihm und dem Land eine gute Königin. Sei seinen Kindern eine Mutter." Da spricht die Junge den Zweifel aus, die Frage, die an ihr nagt: „Aber sie haben ja noch eine zweite Mutter, Königin Arnegunde. Ist ihnen die Schwester Ingunds nicht näher als ich?" Chlothilde ist überrascht. „Man hat es dir nicht gesagt? Arnegunde ist in Paris. Das hat sie sich als Exil gewählt: die Hauptstadt des Frankenreiches, aber in Childeberts Machtbereich. Chlothar hat zugestimmt. Sie genießt den Rang einer Königin. Sie hat Vermögen wie eine Königin. Ihr offizieller Titel lautet: Unsere liebe Schwester." Radegunde senkt die Augen. Sie ist erleichtert. Arnegunde hat den Königshof verlassen. „Was ist mit Chilperich, ihrem Sohn?", will Radegunde wissen. „Er ist vorläufig bei sei-

ner Mutter. Chlothar wird ihn sicher in zwei, drei Jahren direkt am Hof erziehen wollen, zusammen mit seinen Brüdern."
Still blickt Radegunde auf die Ältere, die fortfährt: „Eins will ich dir noch ans Herz legen: Fördere die Kirche, sie ist ein mächtiges Band für die Einheit des Reiches. In den großen Städten leben Familien, deren Vorväter römische Senatoren waren, heute sind ihre Söhne mächtige Bischöfe." Aus Amalabergas Erzählungen zur römischen Geschichte hat Radegunde eine ungefähre Ahnung davon, was ein römischer Senat sein kann – eine Art Kronrat des Kaisers, denkt sie. Sie nickt. „Gern werde ich Eurem Rat folgen, edle Königin." Damit verabschiedet sie sich. Die ständige Gefahr eines Bruderkrieges drückt ihr aufs Herz. Sie wird sich nie daran gewöhnen können. Dennoch verlässt sie die Ältere mit Erleichterung. Sie wird Chlothars unumstrittene Königin sein.
Sie lernt Ingunds Kinder kennen, da ist Gunthar, der erprobte Kämpfer, der schon Weib und Kind sein Eigen nennt, dazu der schneidige Childerich, weiter Charibert und Guntram, der fünfjährige Sigibert und die kleine Chlodoswinth, die von ihrer Amme herbeigetragen wird. Arnechilde hat sie schon in Athies kennengelernt. Charibert ist ein hübscher Bursche, man sagt ihm Frauengeschichten nach. Radegunde verbietet sich den Gedanken, er schlage wohl nach dem Vater. Sigibert weigert sich, sie zu grüßen. „Genau so alt war Bertachar, als unsere Mutter starb", denkt sie, beugt sich zu ihm und singt ihm das kleine, italische Tanzlied vor. Wenigstens ein schüchternes Lächeln kann sie ihm abgewinnen.
Einen Tag vor der Zeremonie der Vermählung lässt König Chlothar sie zu sich rufen. Sie wählt sorgsam edle, aber nicht zu reiche Kleider, steht vor ihm in einem nicht sehr großen Audienzraum. „Morgen werdet Ihr die Königin der Franken sein", beginnt Chlothar. „Leider hatte ich keine Gelegenheit, mit Euren Verwandten über Eure Mitgift und Unsere Morgengabe zu verhandeln. Da wird dieses hier genügen müssen." Er nimmt ein Pergament zur Hand. „Unser Schreiber hat eine Aufstellung vorbereitet, die ich mit Euch durchgehen will."

Er legt das Dokument auf den Tisch zurück. Sie entziffert die kunstvoll verschlungenen Lettern. Es handelt sich um eine Liste der Güter und Privilegien, über die sie, Radegunde, als Königin verfügen wird. „Mein König", sagt sie, „Ihr überrascht mich. Darf ich Euch bitten, so gütig zu sein, mir den Inhalt zu erläutern?" „Mit Vergnügen", erwidert der König heiter, lässt sich in einem Sessel nieder und weist auf einen Sitzplatz gegenüber. „Die Königin der Franken ist eine reiche und mächtige Frau, und das Volk erwartet, sie glänzen zu sehen. Sie hat eigene Güter, einen eigenen Hort, eigenen Hofstaat, nicht zu vergessen die Geleittruppe. Wir wollen einige Unserer Güter Euch widmen, dazu einen kleinen Bestand aus Unserem Hort. Damit seid Ihr in der Lage, Eure laufenden Ausgaben zu bestreiten, und Ihr habt genügend Spielraum für die üblichen Zuwendungen und Geschenke." Er zählt die Güter auf, die ihr gehören werden. Sie freut sich, einen bekannten Namen zu hören: Athies. Athies, der Ort, der ihr Heimat geworden ist, wird ihr gehören! Ferner ein Gut nahe Poitiers, der Bischofsstadt in Aquitanien, etliche andere Orte, dazu Saix ... Die Liste der Namen ist beeindruckend, ebenso die Ausstattung des Hortes mit Edelmetall und kostbaren Gewändern, die Abordnung einer Schutztruppe. Ihren Hofstaat wird sie selbst bestimmen können. „Ich schlage vor, Ihr behaltet vorerst Ingunds Dienerschaft, bis Ihr die Muße findet, Damen und Herren nach Eurem Willen zu berufen", schließt König Chlothar.
Radegunde hat gelernt, den Wert von Gütern und Dingen zu überblicken, aber diese Aufzählung scheint ihr unermesslich. Sie wird reich sein, unglaublich reich. „Mein König", sagt sie, „Eure Freigebigkeit und Güte überwältigen und beschämen mich." „Königin, es liegt mir fern, Euch zu beschämen. Das launische Kriegsglück hat Euch in unser Land geführt. Nun ist die Zeit gekommen, Euch in die Ehren einzusetzen, die Eurem Rang entsprechen. Lasst mir die Freude, Euch einige Dinge zu einer angemessenen Ausstattung zu übereignen." Radegunde hört die kleine, bewusst ironische Galanterie heraus. Sie schaut ihn an. Er meint ganz im Ernst, was er sagt,

das liest sie in seinen Augen. Er will sie als unangefochtene, starke und reiche Königin an seiner Seite. Er will sie? Er will den Thüringer Spross seines Blutes, das ist der Handel!

„Mein König", beginnt sie, „damals, in Scithingi, als ich Euch zum ersten Mal sah, in diesem Zelt am Abend der Schlacht ..."

„Ich erinnere mich genau", fällt er ein. „Es war einer dieser hässlichen Tage im Leben eines Kriegers. Seit dem frühen Morgen hatten wir einen Angriff nach dem anderen vorgetragen, es war ein fürchterliches Hauen. Am Abend hatten wir gesiegt, Scithingi war eingenommen, aber es hatte Mühe gekostet und Kraft und viele gute Männer. Wir waren todmüde, erschöpft und in Sorge. Wir hatten Herminafrid nicht gefunden. Wir mussten damit rechnen, dass er einen Rückzug unternommen hatte und plante, uns wieder anzugreifen, vielleicht mit nachgerückten Hilfstruppen. Zwar hatten unsere Späher gemeldet, seine Reserven seien aufgebraucht, aber sicher konnten wir nicht sein. Wir waren dabei, das Lager gegen unverhoffte Attacken zu sichern. Die Leute murrten, weil sie nicht genug Beute gemacht hatten, und wir mussten Wege finden, die Plünderung in den nächsten Tagen fortzusetzen, ohne die Truppe zu gefährden. Eine Lagemeldung nach der anderen kam herein. Dann hieß es, zwei Kinder seien in der Burg gefunden worden. Theuderich brüllte seinen Offizier an, was er mit zwei Kindern solle, er hätte jetzt andere Sorgen. Der Mann bestand darauf, Euch vorzuführen. Und mitten in diesem Räderwerk der Kriegsmaschine, zwischen den abgekämpften, verschwitzten Männern, die noch blutverschmiert waren von der Schlacht, standest plötzlich du, kühl, klar und unnahbar wie ein Engel des Herrn und doch einfach ein blondlockiges Kind, das man hätte auf seinen Händen hinaustragen mögen." Er blickt sie an, kann nichts lesen in ihren Augen. Radegunde versucht, die schrecklichen Bilder nicht wieder aufsteigen zu lassen. „Natürlich war das nur der erste Moment der Überraschung", fährt er fort. „Dann verwandelte sich die Erscheinung in eine kleine Thüringerin, die Latein sprach wie einer unserer alten Schreiber und um ihr Le-

ben kämpfte. Du bist eine kluge und mutige Frau. Ich will dich als meine Königin.“ Er schaut auf sie, es ist still im Raum. Ob er ihr jetzt sagen soll, wie schön sie geworden ist? Blöder Gedanke, so plump wird er nicht sein. Da hört er sie sagen: „Ich musste meinen Bruder schützen, den Thronfolger. Ich habe es ihm geschworen. Wir haben einander geschworen in Scithingi.“ „Ein Versprechen unter Kindern, das ist eine schöne Geste. Ihr hättet nicht zu schwören brauchen, ihr seid vom selben königlichen Stamm, schon darum müsst ihr einander Hilfe und Schutz gewähren.“ Er ahnt, worauf sie hinauswill, versucht, den Gang des Gespräches abzulenken. „Wollt Ihr den König der Franken ebenso lieben und schützen, wollt Ihr das versprechen?“ Ihre Antwort kommt ohne Zögern: „Mein Herr und König, morgen werde ich mit Euch das Ehegelübde sprechen und Eure Königin sein. Da Ihr es wünscht, kann ich es Euch heute schon zusagen: Ja, ich will.“ Und leiser setzt sie hinzu: „Mit Gottes Hilfe.“
Aber da steht sie noch immer vor ihr, die Frage, die sie nicht ruhen lässt, seit er um sie warb. Sie zwingt sich zu Ruhe und Freundlichkeit. „Mein Herr und König, morgen werde ich Eure Gemahlin, und dann wird es mit Gottes Hilfe geschehen, dass ich Euch einen Erben gebäre.“ „Das will ich doch hoffen. Einen König der Franken und der Thüringer.“ Der Tonfall des Königs ist gewollt fröhlich. „Und dann bedürft Ihr Bertarichs nicht mehr.“ Jetzt hat sie es ausgesprochen. Vor ihm, der ohne zu zögern Thronfolger erschlägt, wenn sie ihm gefährlich werden. Chlothar schaut sie an. Prüfend. Sekunden verrinnen. Sie hält dem Blick stand. „Solange du mir eine gute Königin sein wirst“, er spricht den Satz langsam und sehr deutlich, „wird deinem Bruder nichts geschehen.“ „Es ist wie der Spruch der Sphinx in der griechischen Sage, die Amalaberga erzählt hat“, denkt Radegunde, „vieldeutig und unheilvoll.“ Sie weiß, mehr wird sie ihm nicht abringen. Er nimmt sie wieder als Geisel. Ihr Leben und das ihres Bruders liegen in seiner Hand seit der ersten Begegnung in Scithingi, bis dass der Tod sie scheidet. „So sei es“, sagt sie laut, „das kommt nicht in die Aufzeich-

nungen." Es ist eine Feststellung. „Nein, das kommt nicht in die Aufzeichnungen", bestätigt der König.
Am nächsten Morgen wird Radegunde von mehreren Dienerinnen gebadet und geschmückt. Sie trägt kunstvoll geschmiedete Gürtel und Gewandspangen, bestickte Wickelstrümpfe und Kleider mit erhabener Goldstickerei. Zum ersten Mal wird ihr Haar mit vielen Nadeln zur Frisur der verheirateten Frau aufgesteckt und mit einem rotgoldenen Schleier bedeckt.
Als sie in den Thronsaal tritt, kommt ihr der König entgegen, ergreift mit einem Kompliment ihre Hand und führt sie zur Mitte. Die Großen des Reiches sind versammelt, wichtige Herzöge und Grafen, mehrere Bischöfe. Ein sehr junger Adliger kommt ihr bekannt vor, sie eilt drei Schritte auf ihn zu: „Bertarich, mein lieber Bruder, wie lange habe ich Euch vermisst!" Sie fasst ihn bei den Schultern und küsst ihn zeremoniell auf die Wangen. Dann fällt für einen Moment das höfische Lächeln von ihren Zügen, warm und freundlich schaut sie ihn an: „Zwischen uns beiden wird sich nie etwas ändern. Das sollst du immer wissen." Auch der König begrüßt ihn: „Unser lieber Bruder." Bertarich deutet gegenüber beiden eine Verbeugung an und reiht sich in den Kreis der Zeugen ein, vor denen die Ehe geschlossen werden soll. Mancher der Herren sinnt, wie jung doch diese Königin der Thüringer im Vergleich zu der verstorbenen Landesherrin sei. Nur Bischof Medardus aus Noyon, der Chlothar schon als Knaben kannte, denkt: „Ingund war bei der Hochzeit fast noch ein Kind."
Der König und Radegunde treten in den Kreis. Der Erste Cancellarius erklärt, der König und seine künftige Königin seien erschienen, um einander das Jawort zu geben. Sie, die Herren im Kreis, hätten die Ehre, hierzu als Zeugen anwesend zu sein. Er spricht das Ehegelübde, das schon Chlothars Eltern einander gaben, die Brautleute sprechen es nach, erst der König, dann Radegunde. Dem Rang nach gratulieren dann die Herren mit Kniefall dem Königspaar. Es ist zugleich die Huldigung für die neue fränkische Königin. Bertarich belässt

es bei einer höflichen Verbeugung. Der Cancellarius siegelt im Beisein aller die Urkunde. Dann begibt man sich zur Tafel. Dieses Festmahl ist unvergleichlich, Radegunde kann die Fülle und Pracht kaum überschauen. Sie thront auf erhöhtem Sitz neben dem König. Die Tafeln biegen sich unter der Last der feinsten Braten und Gerichte. Vieles scheint Radegunde unbekannt. Das Fleisch ist fein geschnitten, dazu werden raffiniert gewürzte Soßen gereicht und delikate Brote. Knusprige Teigmäntel umhüllen Gebilde aus zartem Geflügel oder feinen Gemüsen. Gern würde sie mehr von all diesen Herrlichkeiten kosten – allein das Fassungsvermögen ihres Magens ist nach wenigen Gängen erschöpft. Auch bei den edlen Weinen, die aus dem ganzen Land herbeigeschafft wurden, hält sie sich zurück, und sie beobachtet, dass auch König Chlothar dem Getränk nur wenig zuspricht. Nachdem einige der Großen des Reichs Hochrufe auf das königliche Paar ausgebracht haben, endet das Mahl.

Eine erlesene Gesellschaft aus Damen und Herren geleitet das frisch vermählte Paar zum Brautgemach. Radegunde weiß: Dies sind die Zeugen des ehelichen Beilagers. Diese Damen und Herren werden zugleich ihre, Radegundes, Jungfernschaft beurkunden. Zu ihrer Überraschung bleibt der König in der geöffneten Tür des Zimmers stehen, wendet sich zu dem kleinen Gefolge um und spricht die Versammlung an: „Edle Damen und Herren, Wir danken euch für euer treues Geleit zu Unserer Kammer. Wie ihr recht wohl sehen könnt, hat hier alles seine Richtigkeit. Wollt nun geruhen, uns eine angenehme Nacht zu wünschen. Unser Cancellarius wird sich in seine Räume verfügen und dort nach empfangener Botschaft des glücklichen Vollzuges alles richtig besiegeln. Natürlich werden Wir Zeugnisse und Beweise vorzulegen wissen, wie es der Brauch ist. Eine recht gute und geruhsame Nacht wünschen Wir euch." Die Verblüffung des Gefolges ist vollkommen, Verlegenheit, wie dieser Fall zu lösen sei, droht sich breitzumachen. Da spricht der Cancellarius: „Unserem Herrn und König und der Königin eine gute und angenehme Nacht!" Damit ver-

beugt er sich tief und förmlich und schreitet der Kanzlei zu. Die übrigen Damen und Herren tun es ihm nach, verlassen das Paar und verfügen sich in ihre Gemächer.
Der König führt Radegunde in den prächtig geschmückten Raum und schließt hinter sich die Tür. „Wie lange habe ich mir diesen Augenblick erträumt, mein Kind", sagt er, und seine Stimme ist weich. „Das lasse ich mir doch nicht durch die Schreiber verderben." Er geht auf sie zu, steht vor ihr und betrachtet ihr Gesicht, das scheu ist und erwartungsvoll. „Ich hatte dich ganz vergessen, bis ich dich in Athies sah mit Arnechilde." Er streicht ihr eine goldene Locke aus der Stirn, die sich gelöst hat. „Nein, er ist nicht alt, er ist sehr männlich", denkt es in Radegunde. Sie spürt, wie er ihre Augenlider küsst. Dann geschieht nichts. Sie öffnet die Augen und sieht ihn lächeln. „Ich fürchte, ich habe deine Dienerinnen weggeschickt. Nun werde ich dir wohl behilflich sein müssen, wenn du gestattest." Er löst den goldgewirkten Schleier von ihrem Haar, die Spangen des kostbaren Mantels, das lange Seidenkleid. Als sie im Leinenhemd vor ihm steht, nimmt er die Nadeln aus ihrer aufgetürmten Frisur. Es gelingt nicht gleich, aber dann umhüllt ihr Haar sie schöner als jeder Mantel. Als das Hemd fällt, trägt er sie auf das Bett, liebkost ihre Brüste, küsst sie – erst zart, tastend, dann ungestüm, und sie erwidert seine Küsse. Sie fühlt Verlangen in sich aufsteigen, Begierde. Er nimmt sie sacht. Er ist ein erfahrener Liebhaber. Erst als er spürt, dass sie seinem Rhythmus antwortet, lässt er seiner Leidenschaft freien Lauf. Sie gibt sich ihm hin, sie werden eins in der Lust. Später hält er sie in den Armen, vorsichtig, zärtlich. Dieses Glück ist noch zerbrechlich. In dieser Nacht erkennen sie einander: Chlothar und Radegunde.
Am nächsten Morgen befiehlt Chlothar einem der Zeugen, die „Botschaft des glücklichen Vollzuges" sowie die blutbefleckten Laken als „Zeugnisse und Beweise" dem Cancellarius zu übermitteln. Das königliche Paar unterzieht sich einer umfänglichen Ankleideprozedur für die kirchliche Zeremonie. Die Kleider für die feierliche Prozession und die festliche Messe

sind noch prunkvoller als am Tage zuvor. Das Volk drängt sich in den Gassen und auf dem Platz vor der Kirche und muss durch Chlothars Leibgarde von dem königlichen Brautzug zurückgehalten werden. Aber die Mühe derer, die schon seit dem frühen Morgen dort ausgeharrt und einen vorderen Platz ergattert haben, wird belohnt: Sie sehen einen leutseligen König und eine junge, schöne und stahlende Königin. Das Hochzeitspaar und das gesamte Gefolge tragen pupurne Gewänder, kostbaren Schmuck aus Gold und edlen Steinen. Schneider, Stickerinnen und Goldschmiede haben so manches Stück zu Ehren dieses Tages geschaffen, Händler brachten Seide aus dem fernen Konstantinopel.
Bischof Medardus segnet die königliche Ehe in einer feierlichen Messe. Sieben Tage lang wird dieses frohe Ereignis gefeiert. Die Königin bezaubert die hohen Gäste durch ihre Jugend, ihre Zuwendung, ihre Schönheit. Radegunde sieht jeden Tag neue Gesichter, nimmt Glückwünsche entgegen, hört Schmeicheleien und Familienschicksale geduldig an, sagt Freundlichkeiten, rettet sich in Floskeln, nickt, grüßt und antwortet auf Fragen. In den Nächten wirbt Chlothar um sie mit der Zärtlichkeit eines frisch Verliebten.
Die Jugend übt sich in Waffenspielen. Vergnügt oder höflich interessiert schaut die Braut dem Treiben zu, je nach der Klasse der Darbietungen. Überrascht stellt sie fest, dass die fränkischen Kämpfer etliche kleine Ausweichmanöver und schnelle Bewegungen beherrschen, die sie aus Thüringen nicht kennt. Dafür fehlen einige der besonders sehenswerten Finten Meister Irings, mit denen er jeden Gegner verblüffte und auf dem falschen Bein stehen ließ. Sie fragt Chlothars Sohn Charibert danach, ihren Altersgenossen. „Das haben wir schon immer so gemacht“, erhält sie zur Auskunft. „Ist das vielleicht römisch?“, fragt sie zurück. „Das kann ich dir nicht sagen. Mag sein.“
Die Künste der fränkischen Küche entzücken Radegunde immer aufs Neue. Sie genießt die Braten und Ragouts, die unzähligen Arten von Fisch und Meeresfrüchten, die Eierspeisen

und Gemüsetörtchen, die duftenden Desserts. Es gibt Musik und Gesang von Spielleuten. Dichter tragen Balladen, Tragödien und Huldigungen vor.
Unter den Töchtern der Großen findet sie bei den Festlichkeiten drei, vier neue Dienerinnen, die sich auf die Arbeit bei der jungen Königin freuen und mit Fröhlichkeit bei der Sache sind. Dafür werden sich einige der bereits betagten Damen zur Ruhe setzen dürfen. Die Hofmeisterin, die schon staunend die Verwandlung des reitenden Bauernmädchens in eine Königin erlebte, ist die Zuverlässigkeit in Person und der Königin zugetan. Radegunde behält sie. Von ihr werden die jungen Damen in ihre Aufgaben eingewiesen.
Irgendwo läuft ihr Bertarich in den Weg, sechzehnjährig, durchtrainiert, mit sonnengebräuntem Gesicht und dem federnden Schritt seines Vaters. Sie suchen einen ruhigen Winkel, finden ihn in den Gemächern der Königin. Sie reden. Er ist still und nachdenklich, liest das Glück der Schwester in ihren Augen. „Liebst du ihn?" „Ja", sagt sie. Und nach einer kurzen Pause: „Ja, doch. Er liebt mich. Manchmal fühle ich mich in seinen Armen sicher." Sie liest den Vorwurf des Vergessens in seinem Gesicht und senkt den Blick. Dann hebt sie die Augen von ihren Händen. „Du musst nichts von ihm befürchten." Sie weiß, dass sie lügt. Und sein skeptischer Blick sagt ihr, dass er ihr nicht glaubt. In seiner Stimme ist eine Mischung aus Spott und Mitleid, als er sagt: „Du musst dich selbst belügen, um mit ihm leben zu können." Sie wechselt das Thema. „Wie ist es dir ergangen?" Er erzählt, gleich nach Ingunds Tod habe der König ihn vom Hof weg in ein Gut südlich der Loire geschickt. „Er will uns trennen", denkt Radegunde. Bertarich fährt fort: „Dort gibt es ein schönes Gestüt. Sie züchten vor allem große Pferde für die schwere Reiterei. Aber ich will auch die leichte Thüringer Rasse haben. Sie sind einfach wendiger." „Bist du glücklich?" „Bei den Pferden bin ich glücklich." Radegunde lächelt. Das ist ihr Bruder Bertarich, darin hat er sich nicht verändert.
Jedes Fest hat einmal ein Ende, auch dieses. Die Gäste sind abgereist, der Hof rüstet sich, in die Hauptstadt Soissons zu

ziehen. In die Vorbereitungen hinein sagt Radegunde zu König Chlothar: „Schon immer habe ich mich gefragt, was aus meinen Freunden geworden ist, den Kindern des Thüringer Hofes. Und aus Irmtrud, meiner Amme. Lange hatte ich das vergessen, aber als ich Bertarich sah, dachte ich wieder daran." „Thüringer Reminiszenzen?" Der König lächelt etwas angespannt. „Ich wüsste nur gern, ob sie noch leben." „Woher sollte ich das wissen? – Da fällt mir ein, Herr Ortwin in Arcy hat sich eine thüringische Frau mitgebracht. Das ist nicht weit von Soissons. Also gedulde dich. Wenn es dir so wichtig ist, kannst du sie gelegentlich fragen, ob sie etwas erfahren hat."

KÖNIGIN IN SOISSONS

Die Vorbereitungen sind abgeschlossen, der Hofstaat bricht auf. Radegunde hat darauf bestanden, bei schönem Wetter den König zu Pferd zu begleiten. Im Wagen zu sitzen, in schlechter Luft, und viele Stunden durchgerüttelt zu werden, das ist eine grässliche Vorstellung seit ihrer Reise von der Unstrut ins Frankenland – wie ein zusammengeschnürtes Beutestück, denkt sie. Man hat sogar ein Thüringer Pferd für sie gefunden, Radegunde tätschelt froh seinen Hals, seine Nüstern. Der Wagenzug des Hofes umfasst etliche Gespanne, sie kommen nicht schnell voran. Viermal rasten sie unterwegs in kleineren Königsgütern. König und Königin reiten gemeinsam, lange sind sie Seite an Seite, reden, bewundern die Sonne in den Bäumen, atmen die würzige Luft der Wälder, lassen die Pferde galoppieren, wenn eine offene Wiese dazu einlädt. Golden leuchtet der September. Über den Stoppelfeldern brennt noch immer heiß die Sonne, es duftet nach Erde und Korn. Chlothar genießt es sichtlich, den Reichtum seiner Provinzen vor der Königin auszubreiten, die alles mit frischen Augen sieht. Er legt ihr sein Land zu Füßen, weiß zu allem, was zu be-

staunen ist, noch eine Geschichte zu erzählen. Oft plaudern sie mit Herren aus dem Gefolge. Radegunde erfährt Geschichten aus ihrem Leben, woher sie kommen, welche Kriegszüge sie bestanden haben. Wann war der Herrscher je so gut aufgelegt und gesprächig? So fragen sich seine Leute. Es muss lange her sein. Am Rande ihres Weges läuft das Volk zusammen, Bauern und Gesinde bestaunen den höfischen Zug, jubeln dem König zu. Besondere Bewunderung und Verehrung genießt aber stets die jugendliche Königin.
Sie nähern sich Soissons, der Stadt, die schon Chlodwig zu seiner Hauptstadt wählte. Gehöfte, Wohnhäuser und Werkstätten in Holz und Fachwerk säumen ihren Weg, Gassen zweigen ab, in denen sich Menschen und Gespanne drängen. Rauchsäulen von Holzfeuer steigen auf aus den Küchen und Werkstätten. Hinter diesen Vororten erhebt sich schwer und Schutz verheißend die jahrhundertealte römische Stadtmauer. Sie passieren das Tor mit seinem gedeckten Wehrgang, und nun sieht Radegunde mit eigenen Augen, was Amalaberga so oft geschildert hat und was Chlothar ihr auf dem langen Ritt ankündigte: eine Stadt mit Villen aus Stein, Straßen, die mit Steinplatten gepflastert sind. Ein Triumphbogen wölbt sich über ihren Weg. Radegunde fühlt sich wie im Märchen. Ob jetzt gleich Elefanten, Tiger und schwarze Menschen aus einer der Gassen heraustreten werden? Nein, exotische Tiere sieht sie nicht, aber jubelnde Menschen säumen die Straßen und Gassen, bewundern den prachtvollen Hochzeitszug und die junge Königin hoch zu Ross, so wie umgekehrt die Königin ihre Stadt bestaunt. Sie halten vor dem Palast des Königs. Unter Hochrufen betritt sie mit dem König ihre Residenz.
Das Leben in der Königsstadt ist völlig anders, als Radegunde es bisher kannte. Eigentlich ist es nie wirklich still. Die Geräusche von Wind und Regen, die Stimmen der Vögel vernimmt sie kaum, weil stets irgendwo ein Wagenrad auf der Straße rumpelt, ein Bauer mit Rufen sein Gespann antreibt, die Schritte von Passanten in den Gassen hallen. Hinter dem Gebäude übt ihre Leibwache, Kommandos schmettern über den Hof.

Sie lernt ihre Gemächer kennen, die steinernen Wände sind mit Kalk verputzt und mit Girlandenmustern bemalt. Man erklärt ihr, im Fußboden und unter den Bänken würde im Winter heiße Luft von einem Feuer her entlang geleitet. Das mache die Kälte erträglicher. „Welch ein Luxus", denkt die Königin. Einer der Höfe ist mit Säulen und einem Brunnen geschmückt. Mit kleinem Gefolge erkundet sie die Stadt und ihre Sehenswürdigkeiten. Mit ihren in Athies mitfühlend gewordenen Augen sieht sie aber auch den Bettler mit dem zertrümmerten Fuß, wie er sich mühsam an Krücken dahinschleppt, die blinde Frau, die an der Schwelle der Kirche um Almosen bittet.

Im Palast kehrt Alltag ein. Die Tage der Königin sind ausgefüllt. Ihre erste Sorge gilt Chlothars Kindern. Sie weiß, wie es schmerzt, die Mutter zu verlieren. Sie erinnert sich, wie Bertarich sich an sie schmiegte auf der langen Reise ins ferne Land. Sie nimmt eine Spindel zur Hand und setzt sich zu Arnechilde. Sie sitzen beieinander, drehen die Fäden, ein Wort ergibt das andere. Die Frau lauscht dem Mädchen, vernimmt dessen Kümmernisse und Freuden. Sigibert erzählt sie die Märchen, die sie einst von ihrer Mutter hörte, und sie lässt die kleine Chlodoswinth auf ihren Knien reiten. Ja, sie will diesen Kindern eine Mutter sein.

Die Königin befiehlt den Kämmerer zu sich, lässt sich unterrichten über die Güter, die Chlothar ihr zugeeignet hat, die Erträge, die Rückstände, schafft sich einen Überblick über ihren Schatz an Gold und Geschmeide. Geht mit ihren Damen die Truhen und Gewänder durch. Dann sagt sie dem König: „Ich würde gern Claudius, den Knecht, aus Athies kommen lassen. Er soll für mich die Güter inspizieren." „Was willst du mit ihm? Die Herren müssen dir doch Rechnung legen." „Da ich mit Euch reise, will ich Claudius auf meine eigenen Güter schicken, um nach dem Rechten zu sehen." „Du vertraust ihm? Er ist ein Knecht, was soll er mehr sehen als die Herren und als der Kämmerer?" „Er ist ein guter Landwirt. Seine Eltern hatten ein Landgut in Burgund. Er ist Römer." „Ein Römer aus Burgund? Wenigstens wird er keine eigene Politik machen

wollen. Du kannst es ja mit ihm versuchen." „Und außerdem will ich einen Jungen aus Athies holen. Ich denke, er würde sich gut machen in der Waffenschmiede." Chlothar schaut sie fragend an. „Er ist ein netter Junge." Der König ahnt, da steckt mehr dahinter, aber ist das wichtig? „Wenn es dir Freude macht!", antwortet er leichthin.
Als Rüdiger zur Jahresabrechnung erscheint, bringt er Claudius mit und den Jungen. Die drei werden von der Königin empfangen und neigen die Knie. „Erhebt Euch, Rüdiger, ich muss mit Euch reden", die Königin hält sich nicht lange beim Zeremoniellen auf. Dem verblüfften Verwalter erklärt sie, er solle in Athies ein Haus bauen lassen, dort und dort, soundso groß, die und die Betten sollten hineingestellt werden, ordentliche Betten. „Wann könnt Ihr damit fertig sein?" „Bevor der Winter kommt, könnten wir noch Holz schlagen. Das muss wenigstens ein paar Monate trocknen. Im März ist Frühjahrsbestellung, im Juni, nach der Heuernte und vor dem Getreide, könnten wir bauen." „Gut, dann ist das Haus im Sommer fertig. Dann will ich, dass dort die Kranken und Gebrechlichen aus dem ganzen Gut hingebracht und gepflegt werden." „Wer soll das tun? Adelind hat mit dem Gut und den Mägden zu tun." „Das habe ich mir schon überlegt. Bestimmt findet sie auf den Höfen und Vorwerken zwei, drei geeignete junge Mädchen, denen sie das übertragen kann. Die Mädchen lernen von Adelind Heilkunde, und den Kranken wird geholfen. Adelind hat natürlich immer das letzte Wort." „Adelind muss sich um Haus und Garten kümmern." „Eure Kinder sind inzwischen fast groß und kommen allein zurecht. Die Kinderfrau wird ihr helfen. Das haben wir früher, im Burgundenkrieg, auch schon so gemacht. Ich übernehme natürlich alle Kosten." „Und wie sollen wir ohne Claudius auskommen?" „Der Sohn des Verwalters von Montes hat sich doch ganz gut angestellt, der wird das schon schaffen, wenn du ein Auge auf ihn hast. Und der Junge hier", fährt sie fort, „der soll als Waffenschmied ausgebildet werden. Ich habe schon mit dem Meister der Werkstatt gesprochen." Sie verabschiedet Rüdi-

ger mit Grüßen an Frau und Töchter. Dann wendet sie sich zu Claudius und dem Jungen: „Ich habe nicht vergessen, dass Ihr für meinen Fehler geschlagen worden seid. Ihr beide seid vom heutigen Tag an freie Männer. Hier sind die Urkunden, die euch das bestätigen." Sie wendet sich an den Jungen: „Du bist doch schon immer dem Hufschmied zur Hand gegangen. Hier kannst du Waffen schmieden lernen. Du musst mir nicht danken." Es klingt wie ein Befehl. Eine Reaktion wartet sie nicht ab, sie winkt einen Diener herbei, der den Jungen in die Schmiede bringen soll. Zu Claudius sagt sie: „Lass dir den Winter über vom Kämmerer die Aufzeichnungen der Güter erklären. Im Frühjahr bekommst du zwei Krieger aus meiner Geleittruppe und wirst meine Höfe der Reihe nach besuchen."
„Herrin", antwortet er, „meint Ihr, dass Ihr mir das anvertrauen könnt?" Sie liest in seinen Augen die umgekehrte Frage, ob er ihr trauen kann nach den Ereignissen ihrer Flucht. Nein, um Verzeihung bitten wird die Königin ihn nicht. „Claudius", sagt sie, und sie versucht ihrer Stimme den Klang zu geben wie damals in Athies, wenn sie über Sensen und Saatgut sprachen, „ich habe dir immer vertraut."
Herr Ortwin von Arcy erscheint zum Bericht beim König und hat befehlsgemäß seine Frau bei sich. Sie stammt von einem Gut bei Treffurt. „Nein, die Kinder der Hofleute kannte ich nicht. Ich kann nicht sagen, was aus ihnen geworden ist", erklärt sie der Königin. „Aber auf dem Zug nach Frankenland hörte ich dies und das in den Lagern. Es wurde erzählt, die alte Kinderfrau der Könige hätte ihren Gatten und Sohn am Tor von Scithingi erschlagen gesehen. Da hätte sie einem Mann von ihrer Bewachung das Schwert von der Seite gerissen und ihm den Arm fast abgeschlagen. Daraufhin hätte der zweite ihr seine Waffe in die Brust gerannt. Sie war sofort tot." Die Geschehnisse vom Tag der Schlacht hat die Königin nicht vergessen, aber sie sind tief in ihre Seele gesunken. Nun tritt dieses neue Schreckensbild vor ihr inneres Auge. „Mann und Sohn hat sie verloren. All die königlichen Kinder hat sie geliebt, meinen Vater und seine Brüder, Bertarich und mich.

Und hat sie verloren", so schießt es ihr durch den Kopf. Zu der Frau vor ihr sagt sie, und sie sagt es auf Thüringisch: „Hab Dank für deinen Bericht. Nun habe ich wenigstens Gewissheit." Sie bleiben bei der Sprache ihrer Väter, die beide lange vermisst haben. Die Königin erfährt, noch einige fränkische Edle hätten Thüringer Damen zur Frau genommen, im Norden, bei Ciply und Villy und an einigen anderen Orten.
Am Ende der Audienz treten die beiden Frauen an einen der Fensterbogen, die nach Westen weisen. „Seht nur, in welch herrlichem Rot die Sonne heute untergeht", sagt die Königin. Die andere erschrickt: „Wir haben noch zwei, drei Stunden zu reiten!" Die Königin beruhigt sie: „Die Sonne steht ja noch hoch." Freundlich verabschiedet sie die Frau von Arcy. „Dieses Himmelsrot ist einzigartig", denkt sie. „Welche Farbenpracht die Herbstnebel manchmal entfalten! Sicher wird es morgen früh sehr kalt werden." Dann zieht sie sich zurück, um zu beten. Den Schmerz um Irmtrud kann sie mit niemandem sonst teilen.
Am nächsten Morgen geht die Sonne ebenso farbenprächtig auf. Es wird Mittag, und am Himmel hält sich ein zarter Nebel in Rosa. Dabei bleibt es. Wenn es regnet, haben die Pfützen rötliche Ränder. Die Sonne verliert ihre Kraft wie vor fünf Jahren. Der Winter kommt früh und wird hart.
Geistliche predigen: „Schon zum zweiten Mal schickt Gott uns ein Zeichen am Himmel. Dieses Mal ist es schon rot wie Blut. Betet, fastet, kehrt um und tut Gutes. Das Gericht Gottes ist nah." Selbst ernannte Prediger auf den Straßen drohen mit einem ganzen Aufgebot der furchtbarsten Gottesstrafen. Nun schon die Vierte Posaune der Offenbarung des Johannes erschollen ist und sich Sonne, Mond und Sterne verfinstert haben, wird die Fünfte Posaune bringen: einen fallenden Stern vom Himmel und Heuschrecken und Skorpione. Das Volk weiß nicht, was es glauben soll, ist verängstigt.
Auch Radegunde ist in Sorge. Will Gott dieses Land immer weiter strafen? Wenn sie, die Königin, sich barmherzig zeigt, muss dann nicht auch Gott barmherzig sein? Sie ist reich, sie

kann wenigstens den Ärmsten helfen. Regelmäßig lädt sie die Bedürftigen der Stadt in den Palast. Sie werden gewaschen. Sie erhalten Kleider. Dann sitzen sie an ordentlichen Tischen und bekommen eine gute Mahlzeit. Die Königin hat ihre Damen angewiesen, diese Speisung vorzunehmen, zusätzliches Gesinde dafür zu werben. Sie erscheint selbst, kontrolliert, ob alles seine Richtigkeit hat, versorgt sogar eiternde Wunden. Die Wohltätigkeit der Königin spricht sich wie ein Lauffeuer herum, man erzählt sich wahre Wundergeschichten. Diese Königin hat Gott gesandt, sie ist ein Segen für das Frankenland!
Auch Chlothar vernimmt das Lob der Königin. Er hatte ihr die Anbiederung mit dem Pöbel ausreden, ja, verbieten wollen. Sie erwiderte, es mache ihr Freude. Nun stellt sich heraus: Die Ausgaben sind gut angelegtes Geld. Sie bringen auch ihm, dem König, die Liebe und Verehrung des Volkes ein.

HEERZUG NACH SPANIEN

Ein paar Monate sind seit der Hochzeit ins Land gegangen. Im Palast herrscht die Ruhe des Winters. Man isst, trinkt, vertreibt sich die Zeit beim Brettspiel, lauscht dem Gesang der Spielleute. Seine Nächte widmet der König seiner schönen Gemahlin. Er erwartet die Ankündigung eines frohen Ereignisses. Von Monat zu Monat wartet die Königin, zählt die Tage, hofft, bangt. Sie muss ihm ein Kind gebären. Nur nicht die Schande tragen, unfruchtbar zu sein. Das wäre ein Grund, sie zu verstoßen. Oder er wird sie bezichtigen, ihm den Thüringer Erben vorzuenthalten, sie töten, um eine Neue zu nehmen. „O Gott“, bittet sie, „schenk mir eine Tochter.“
Der Frühling kommt spät. Der rote Schleier am Himmel will nicht weichen. Das Königspaar mit Gefolge bricht auf zur Reise auf die Königshöfe. Der König hält Gericht. Die Königin

setzt fort, was sie in Soissons begann: ihre Sorge um Kranke und Bedürftige.
In Tournai, der alten Hauptstadt seines Vaters, zeigt ihr Chlothar stolz seine Waffenschmieden. Die Stadt war früher eine römische Garnison, seither werden hier Waffen gefertigt. Dann führt er sie vor die Mauern. Vor ihr erhebt sich ein Hügel. Ganz ohne Zweifel ein Thüringer Fürstengrab. „Hier liegt mein Großvater Childerich begraben. Schade, dass ich ihn nicht mehr kennengelernt habe. Meine Großmutter Basina hat ihm dieses Grab errichten lassen." „Deine Großmutter Basina? Das ist meine Urgroßmutter"; antwortet Radegunde. „Childerich war einige Zeit in Thüringen im Exil, und als der erste Bisin, mein Urgroßvater, starb, folgte Basina Childerich ins Frankenland. Also, dieses Grab hat sie ihm bauen lassen. Es ist ja riesengroß! Liegen hier auch getötete Pferde?" Radegunde schaut auf den weitläufigen, kreisförmigen Graben, der den Hügel umgibt. „Ja, ich glaube, hier liegen etliche Pferde", mutmaßt Chlothar. „Gibt es noch mehr solche Gräber im Frankenland?" „Ich kenne nur dieses." „Es ist größer als alle, die ich bisher gesehen habe. Und mitten im Frankenland! Wirklich erstaunlich!" Dieses Grab ist ein Stück ihrer gemeinsamen Geschichte.
Boten Childeberts kommen mit einem kleinen, kriegerischen Gefolge und werden mit großen Ehren empfangen. Ihr Führer erscheint vor dem König und den Großen des Reiches. „Euer königlicher Bruder, der die Küstengebiete am Atlantischen Meer beherrscht", so beginnt er, „lässt Euch mitteilen: Er will gegen die Westgoten in Spanien ziehen. Immer wieder fallen gotische Herren zu Raubzügen in die fruchtbaren Täler an der Aude und Garonne ein. Ihre Frechheit ist nicht mehr hinzunehmen. Der Bischof von Tarbes hat den König schon mehrfach angefleht. Wenn man die Räuber gewähren lässt, ist die Bischofsstadt in Gefahr, ja vielleicht sogar das herrliche Tolosa, die alte Hauptstadt. Unser Herr und König Childebert bittet Euch in brüderlicher Freundschaft um Eure Unterstützung." Chlothar befiehlt den Marschall und den Heermeister

zu sich, lädt weitere Herren dazu, um zu beraten. Der letzte Kriegszug ist Jahre her, die Kassen sind voll, die Waffenkammern ebenfalls. Sie werden mit Childebert ziehen.
Die Nachricht vom bevorstehenden Krieg bringt Chlothar der Königin selbst. Er ist beschwingt. Endlich wird es wieder ein Abenteuer geben nach dem ewigen Herumsitzen, so denkt er. Aber wie wird sie es aufnehmen? Die Königin empfängt ihn gefasst. Sie hat die Neuigkeit schon gehört. Sie hat Gegenargumente gesichtet. Wenn sie richtig rechnet, war ihre Mutter eine Cousine des jetzigen Westgotenkönigs. Leider reicht das nicht aus als Grund für ein Bündnis, das den Eintritt Chlothars in den Krieg verhindern könnte. Da steht er vor ihr, gut gelaunt. „Wir ziehen gegen die Goten in Spanien!" „Herr, wie soll ich all die Zeit ohne Euch sein? Jeden Tag werde ich Euch vermissen und um Euer Leben fürchten." „Das ist das Los der Frauen", antwortet er fröhlich. „Wir wollen in der Zeit bis zum Abschied einander noch viel Liebe schenken, und wenn ich zurückkehre, präsentiert Ihr mir meinen Sohn." Er sieht den Schrecken in ihren Augen, sieht, wie ängstlich besorgt sie um ihn ist. Aber es ist mehr, es ist der Schrecken von Scithingi, der in ihren Augen steht. „Herr, so viele gute Männer wird es Euch wieder kosten, so viele trauernde Witwen und arme Waisen." „So schlimm wird es nicht werden. Die Goten sind feige. Mein Vater hat sie aus halb Gallien vertrieben. Nun werden wir vollenden, was er begonnen hat. Wir werden ihnen Saragossa nehmen, wir werfen sie ins Meer." Radegunde weiß, die Kämpfe Chlodwigs mit den Westgoten waren verlustreich, voller Rückschläge und dauerten Jahrzehnte. „Denkt an das rote Zeichen am Himmel. Man sagt, es kündigt das Weltgericht an. Wollt Ihr nicht Abstand nehmen vom Kriegszug und Buße tun?" „Wenn der rote Himmel ein Zeichen Gottes ist, dann tun wir genau das Richtige. Wir tun ein gottgefälliges Werk, wenn wir das arianische Ketzerpack vernichten. Gott wird mit uns sein." „Ihr vergesst, dass ich einst auch eine arianische Ketzerin war." „Gut, dass du mich daran erinnerst. Wenn du von den Thüringern schon keine Mitgift bekommen

hast, dann will ich doch sehen, ob ich sie dir jetzt nicht von den Goten holen kann." Mit dieser wundervollen Idee wendet sich der König zum Gehen.
Die fränkischen Heere ziehen nach Süden. Sie überqueren die Pyrenäen und stehen vor Saragossa, sie zingeln es ein. Die Stadt widersetzt sich. Die Belagerung beginnnt.
Auch die Königin zieht mit dem Hof südwärts, residiert auf einem Königsgut bei Poitiers. Hier ist sie dem Heer um etliche Tagereisen näher als in Soissons, Nachrichten und Boten haben kürzere Wege. Chlothar hat ihr Vollmachten als Regentin gegeben. Sie lenkt die Geschicke des Landes, versichert sich des Rates und der Zustimmung der Großen am Hof. Der rote Schleier beraubt die Sonne ihrer Kraft, die Ernte ist gering. Wieder kündigt sich eine Hungersnot an. Claudius kommt und erstattet Bericht von den Gütern. Es sieht nicht gut aus, aber nicht so katastrophal wie vor sechs Jahren in Athies. Die Königin lässt sich von Claudius und dem Kämmerer Schätzungen vorlegen und ordnet an, ihren eigenen Gütern einen Teil der Abgaben zu erlassen. Ein Zehntel der Summe soll direkt auf den Gütern für die Unterstützung der Ärmsten verwendet werden. „*Was ihr getan habt einem dieser Geringsten, das habt ihr mir getan*", daran will sie sich halten. Möge der König des Himmels ihre Gabe gnädig ansehen. Möge Gott dem Volk und seinem König gnädig sein, so betet sie.
Das Heer liegt vor Saragossa, Wochen, ja, es werden Monate. Es gibt keinen Weg in die Stadt. Aber woher nehmen die Goten die Mittel, um so lange durchzuhalten? Schließlich scheint Bewegung in die Lage zu kommen. Späher berichten von Personen, die sich auf den Mauern zeigen. Sie trügen ein Zeichen auf einer Stange herum. Treiben sie Zauber? Oder schwenken sie die königlichen Farben der Goten? Wollen sie Boten schicken, über Frieden zu verhandeln?
Childebert will Gewissheit. Er schickt einen Stoßtrupp vor, Gefangene zu machen, von denen man etwas erfahren kann. Tatsächlich kommen sie mit einem einfachen Mann zurück, einem Schuhmacher, wie er sagt. Die Könige lassen ihn vor-

führen. „Sie tragen das Gewand des heiligen Vincentius über die Mauern und durch alle Straßen der Stadt. Der König hat Buße und Fasten angeordnet. Die Frauen haben schwarze Kleider angelegt und folgen nackten Fußes und mit Wehklagen dem heiligen Gewand." „Und was soll der Mummenschanz?", fragt Childebert zurück. „Erst kam das rote Zeichen am Himmel, und es regnete blutroten Regen. Dann kam ein fremdes Heer und belagert die Stadt. Und nun sagen auch noch fremde Händler, dass in der Kaiserstadt Konstantinopel eine Seuche ausgebrochen ist. Zweihundert Menschen sind schon gestorben. Sie bekommen Beulen, die sich schwarz verfärben, und sind nach wenigen Tagen tot. Auch in den Hafenstädten am Mittelländischen Meer, durch die die Schiffsleute kamen, war die Seuche schon, man nennt sie den Schwarzen Tod. Da sprach der König: ‚Zeichen am Himmel, fremde Heere und noch dazu eine tödliche Seuche, das sind die Vorzeichen des Jüngsten Gerichts.' Und er befahl Fasten und Bußprozessionen, um Gott um Vergebung und Gnade zu bitten." „Fremde Händler haben die Neuigkeiten von der Seuche in Konstantinopel gebracht, sagst du? Wie sollen die in die Stadt gelangt sein? Wir halten alle Zugänge besetzt." „Nachts über den Ebro. Mit kleinen, flachen Booten." „Das kann nicht sein." „Doch, ich habe selbst gesehen, wie sie Ware auf dem Markt feilgehalten haben. Natürlich sind die Preise unerschwinglich. Die haben ein gutes Geschäft gemacht, aber sie sind auch tollkühn. Sich durch Eure Posten zu mogeln, da gehört schon was dazu!". „Und die Kaufleute haben die Toten selbst gesehen?" „Das weiß ich nicht, aber der König hat die Bittprozession befohlen."

Die Könige beraten sich, holen einen heilkundigen Priester dazu. „Hast du schon einmal etwas von einer Seuche gehört, die Schwarzer Tod heißt? Die Leute bekommen eitrige Beulen, verfärben sich schwarz und sterben nach wenigen Tagen." „Nein, Ihr Herren, ich habe schon Menschen gesehen, die die Blattern gehabt hatten. Die hatten Narben auf der ganzen Haut, aber sie hatten keine großen Geschwüre, und dass sich bei Blattern die Haut schwarz färbt, habe ich noch nie gehört. Nein, ich weiß nicht, welche Krankheit das sein kann. Und es sind viele Menschen, die daran sterben, sagt Ihr?" „Wir wissen das alles nur vom Hörensagen. Aber die Kaufleute sollen gesagt haben, jeder, der krank wird, stirbt nach kurzer Zeit." „Das muss eine ganz neue Geißel Gottes sein. Vielleicht haben diejenigen recht, die sagen, das Weltgericht steht vor der Tür. Wir haben schon manche Seuchen erlebt, Blattern und Typhus und andere. Jedes Mal waren viele Tote zu beklagen. Aber was Ihr hier berichtet, hört sich an wie eine ganz besonders heimtückische Krankheit. Wenn Kaufleute in der Stadt sind, die selbst die Toten gesehen haben, haben sie die Seuche vielleicht mitgebracht. Lasst uns hoffen und beten, dass es nicht so ist oder dass Gott, der Herr, sich durch die Buße der Stadt und die Fürsprache des heiligen Vincentius hat gnädig stimmen lassen."

„Hoffen wir, dass Gott und Sankt Vincentius die Stadt beschützen", bekräftigt Chlothar. Childebert hält es nicht auf seinem Stuhl, er wird laut: „Das ist nicht dein Ernst und wenn ja, dann bitte widerrufe es! Du weißt nicht, was du sagst. Seit Monaten belagern wir diese Stadt, sie widersetzt sich, und jetzt willst du den Schutz eines mächtigen Heiligen auf sie herabrufen?"

„Lieber Bruder", erwidert Chlothar, „in der Stadt ist eine Seuche, oder zumindest kann sie da sein, die niemand kennt und die furchtbar ist. Lass uns abziehen, ehe sie in unserem Lager ausbricht." „Das kannst du nicht ernst meinen." „Doch, es ist mein voller Ernst." Da mischt sich der Priester ein: „Hochedle Könige, erlaubt mir eine Bemerkung: Ich glaube, König Chlothar hat recht. Wenn in der Stadt die Seuche ist, dann müsst Ihr das Heer abziehen. Und wenn die Stadt einen so mächtigen Heiligen hat, dass er die Seuche abwenden kann, dann müsst Ihr die Truppe erst recht abziehen. Er wird die Stadt auch gegen uns schützen."

Sie rufen die Heerführer zusammen und erklären, gegen Sankt Vincentius, den großen Heiligen, könnten sie nicht kämpfen. Sie erteilen Befehl, die Belagerung abzubrechen und nach

Hause zu ziehen. Da sie große Teile Spaniens eingenommen haben, kehren sie mit reicher Beute zurück. Das Frankenreich hat ein Jahr mit Wetterunbilden, Missernten und Entbehrungen erlebt. Umso sehnlicher werden die Männer zu Hause erwartet.

Radegunde hat angstvoll auf Nachrichten aus Spanien gewartet. Noch kein Jahr ist sie Chlothars Weib, und schon zog er in diesen langen Krieg. Er kann in Hinterhalte geraten, in offener Feldschlacht erschlagen werden. Vor ihrem inneren Auge geistern die Bilder, wie Knappen ihren Vater in den Hof trugen, blass, blutverkrustet, tot. Und sie stand dort zwischen den betroffen blickenden Kämpen und fühlte sich so allein und klein und ratlos wie noch nie in ihrem Leben. Doch das ist noch nicht alles. Unbestimmte Nachrichten von den Häfen am Mittelländischen Meer erreichen die königlichen Kanzleien. Viele Todesopfer soll dort eine unbekannte neue Krankheit fordern. Saragossa, das Chlothar und Childebert einnehmen wollen, liegt nicht am Meer, aber Boote kommen den Ebro herauf, bringen Früchte und Waren in die Stadt. Was, wenn die Seuche dort um sich griffe, gar im Heerlager Chlothars ausbräche? Die Nachricht von der bevorstehenden Rückkehr der Könige bringt die Erlösung aus langer Ungewissheit. Radegunde empfängt den König und die Führer seines Heeres in Poitiers, der Bischofsstadt in Aquitanien. Drei Tage lang gibt es Festessen, Spiel und Zerstreuung für die Kämpfer, die aus dem Krieg zurückkehren. Der König erteilt seinen Herren Aufträge für ihre Männer und Güter, dann nehmen sie Urlaub und reiten davon in froher Erwartung, heim zu den Ihren. Der rote Schleier am Himmel ist in den letzten Wochen dünner geworden und vergeht nun ganz. Es gibt Hoffnung, dass im Frühling Felder und Gärten sprießen werden. Die Angst vor der neuen Krankheit tragen die Männer mit sich.

WARTEN AUF DEN THRONERBEN

„Lasst uns so schnell wie möglich nach Norden, in die alten Stammresidenzen, ziehen." Der König treibt zur Eile. Chlothar sitzt in einem Sessel des Empfangszimmers in Poitiers und schaut auf seine Königin, die er im halben Gegenlicht vor dem Fensterbogen stehen sieht. Er misst sie mit Blicken. Auf dem Heerzug hat er mit etlichen Weibern das Lager geteilt, dünnen und drallen, spröden und willigen. „Sie ist ein Juwel", denkt er, „mit ihrer stets gleichbleibenden Schönheit, Freundlichkeit und Umsicht." Wenn sie nicht außerdem noch so schrecklich gescheit wäre! Und wenn sie ihm doch endlich den Erben schenken wollte. „Noch ist nichts verloren", redet er sich selbst zu. „Von der Hochzeit bis zum Ausbruch des Krieges war es kaum ein Jahr. Sie wird mir den Sohn gebären." Er erzählt, was er von der neuen Seuche weiß. „Mein König, Ihr kommt meinem dringenden Wunsch zuvor", stimmt sie zu. „Lasst uns so schnell wie möglich nach Norden reisen." Bei Wintereinbruch erreichen sie Soissons.

Das Gleichmaß der Tage in der Hauptstadt tut Radegunde gut nach dem Wanderleben des Hofes, dem Druck der Verantwortung während des Krieges. Mit Arnechilde schlägt sie die Leier. Mit Sigibert misst sie sich im Brettspiel. Seine gut überlegten Züge bringen sie mehr als einmal in brenzlige Situationen. Aus Paris, von Arnegunde, lässt Chlothar seinen Sohn Chilperich kommen, er will ihn hier, abseits der großen Stadt, in Sicherheit wissen vor der grassierenden Krankheit. Chilperich ist ein drahtiges, flinkes Bürschchen, ein Jahr älter als Sigibert, hat stets ein munteres Lächeln im Gesicht, reimt vor sich hin und zeichnet sehr schön. Beim Waffenunterricht ist er ein Draufgänger. Da ihm alles zufliegt, ihm oft ein guter Streich gelingt, erwartet er Lob und Beifall. Wenn er gegen einen der großen Brüder verliert, behauptet er, sein Gegner habe gemogelt oder verbotene Kniffe angewandt. Die Brüder nennen ihn Aufschneider und Spielverderber. Dann wird er

wütend. Sein Vater liebt es sehr, dieses begabte, eigenwillige Kind. Oft ist es an der Königin, sein überschäumendes Temperament zu zügeln. Aber die Mutter kann Radegunde ihm nicht ersetzen. Oft trumpft er sogar auf: „Du bist nicht meine Mutter, du hast mir nichts zu sagen." Sie spürt, der Junge gibt ihr Schuld daran, das Arnegunde vom Hof verjagt wurde. Sie ahnt, wie sehr ihn diese Zurücksetzung kränken muss. Sie wird ihm so viel Zuneigung schenken wie möglich. Wenn er einen Menschen hätte, dem er vertrauen kann, wäre viel gewonnen, denkt sie. Vielleicht kann sie ihm später einmal erklären, was sich in Wirklichkeit zugetragen hat.
Wenn sie doch nur endlich dem König ein eigenes Kind schenken könnte! Sie versucht es inzwischen mit verschiedenen Kräutern, die die Fruchtbarkeit befördern sollen. Sie liebt es, in heißen, entspannenden Bädern zu ruhen und sich in betörende Düfte zu hüllen, ehe sie zum König geht: Veilchen und Limone, Rose und Lavendel. Dann liegt sie in seinen Armen, schmiegt sich in seine Liebkosungen und genießt es, ihn mit ihren Küssen, mit ihrem Streicheln wieder und wieder zu reizen, bis er in sie dringt, ihren Schoß ganz ausfüllt, sich in sie ergießt. Sie sind eins in diesen Stunden, sie empfängt den Mann mit all ihren Sinnen und hofft, ihr Körper möge ein Kind empfangen.
Jeden Tag aber horcht sie hinaus ins Land, verfolgt genau die Nachrichten, die Händler und Boten bringen. Wie ein drohender Feind scheint die neue Krankheit näher zu rücken. Nach und nach spricht sich herum, der Kaiser habe wegen der Hungersnot viel Getreide im Ausland gekauft. Mit den Schiffen sei die Krankheit nach Konstantinopel gekommen. Und in Arles, der alten Metropole an der Mündung der Rhone, seien nur wenige Menschen der Seuche entkommen. Die Stadt sei entvölkert. Es ist, als wandere der Schwarze Tod die Flüsse entlang, zuerst die Rhone. Als Radegunde von den ersten betroffenen Städten an der Saône erfährt, bittet sie den König, mit dem Hof weiter nach Norden, nach Arras, zu gehen. Sein Leben und das seiner Kinder muss geschützt werden. Sie will dem

grauenvollen Sterben so weit wie möglich entfliehen. Chlothar stimmt zu: „Ich denke, die Händler und Reisenden tragen die Krankheit an den Flüssen entlang. Lass uns nach Norden ziehen." Aus Clermont hört man, die Stadt sei durch inständiges Gebet von Bischof Gallus vor der Krankheit bewahrt worden. Er hatte Märkte und andere Lustbarkeiten verboten, die Mauern geschlossen und Buße angeordnet. Der König tut desgleichen. Er lässt die Stadttore schließen und Bittprozessionen abhalten, denen wundertätige Reliquien vorangetragen werden. Andernorts, so wird berichtet, habe man an einem Sonntag dreihundert Särge in der Kirche gezählt, Grabsteine und Särge, sogar Bretter werden knapp, man legt mehrere Menschen in ein Grab. Die Seuche grassiert an der Loire, zuletzt in Nantes, dann scheint ihre Kraft gebrochen.

Monate vergehen, Radegunde lauscht weiter auf jede Kunde über die Verbreitung der Krankheit. Aus welcher Gegend werden die nächsten Hiobsbotschaften über verwaiste Gehöfte und entvölkerte Sädte eintreffen? Wann muss sie noch mehr tun, um die Gefahr von der Familie des Königs abzuwenden? Die schlimmen Nachrichten bleiben aus. Zuerst ist man noch unsicher, ob man dem Frieden trauen darf. Dann aber bricht sich die Erleichterung Bahn. Messen für die Verstorbenen werden gelesen und Dankgottesdienste abgehalten. In der Stadt gibt es ein großes Volksfest mit Spiel und Gesang und gutem Essen. Der König hat den Bürgern großzügig feines Brot und reichlich Wein gespendet. König und Königin erscheinen mit Gefolge auf dem Hauptmarkt, sitzen dort unter einem Baldachin und schauen den Reigentänzen der Jugend mit ihren komplizierten Schrittfolgen zu. Auch am Königshof scheint es, als müsse man alle versäumten Feierlichkeiten in kurzer Zeit nachholen. Radegunde steht im Mittelpunkt der Feste. Sie meistert das mit der Liebenswürdigkeit ihrer Mutter und der von Amalaberga anerzogenen Ausdauer. Sie genießt die Unbeschwertheit nach der langen Zeit der drückenden Sorge. Zu den Hoffesten ist auch Bertachar pflichtgemäß erschienen. Radegunde trifft ihn im zweiten Hof des Palastes. Lange haben sich die Geschwister nicht gesehen, nun schließt sie ihn in die Arme. Allerdings haben sich die Größenverhältnisse etwas geändert seit ihren Kindertagen. Sie liegt in seinen Armen und geht ihm nur bis zur Schulter. Sie wünscht sich, diese Umarmung möge nie ein Ende haben. Niemand sonst ist ihr so nah, niemandem kann sie sich so anvertrauen wie ihm. „Du bist aber groß geworden", sagt sie scherzhaft, wie man ein Kind begrüßt. Sie sprechen Thüringisch, die Sprache der Kindheit. Sie tritt einen Schritt zurück und misst ihn von Kopf bis Fuß mit den Augen. „Du ziehst dich aber noch um vor der Feier?", fragt sie ihn. „Das ist doch in Ordnung so. Ich habe nichts anderes", antwortet er. Er trägt die Tracht des Landadels. Über die Einkünfte des Bruders hat sich Radegunde nie Gedanken gemacht. Aber er besitzt kein Gut, er ist nur ein guter Pferdezüchter auf einem der Güter des Königs. „Verzeih, ich hätte daran denken müssen", erwidert sie, „ich werde dir etwas herüberschicken. Du sollst dich neben Chlothars Söhnen nicht verstecken müssen." Sie wartet keine Antwort ab und sucht ihre Kämmerin. Die ist schon mit den Vorbereitungen für das morgige Fest beschäftigt. „Bitte unterbrich das für einen Augenblick", weist die Königin sie an. „Bitte suche drei Garnituren Gewänder und Prunkwaffen für einen Mann in dieser Größe heraus." Mit der Hand zeigt sie die Größe des Bruders. „Jetzt sofort?" „Ja, jetzt sofort." Die Frau geht voran in die Kleiderkammer, die Königin folgt ihr. Gemeinsam suchen sie die Kleidungsstücke aus, Radegunde wählt Stücke von solidem Reichtum: eine Ausstattung für die Jagd, eine fürs Gelage und eine besonders reiche für offizielle Anlässe. Dann gehen sie zu einem besonderen Raum mit schweren Türen. Die Königin öffnet ihn mit einem komplizierten Schlüssel. Hier bewahrt sie einen Teil ihres Hortes auf, edle Gefäße, Spangen und Armreifen, aber auch einige Waffen, Dinge, die sie für den Bedarf des Hofes oder für Geschenke an verdienstvolle Große des Reiches benötigt. Sie wählt einige Stücke aus. Dann greift sie noch zu einem besonderen Schwert mit einem kunstvollen Gehänge und reicht alles der Kämmerin. Sorgsam wird das

Gewölbe wieder verschlossen. „Schickt das alles jetzt gleich zu meinem Bruder hinüber", ordnet sie an.
Bertarich ist nicht begeistert, als zwei Dienerinnen der Königin bei ihm erscheinen und einen Haufen Textilien mit schönen Grüßen von der Schwester bei ihm abladen. Er ruft die beiden zurück. Sie sollen den Kram wieder mitnehmen. „Nein, Herr, das ist ein Geschenk der Königin, und sie lässt bestellen, Ihr sollt das auf gar keinen Fall ausschlagen und Ihr sollt unbedingt heute Nachmittag in dieser Garderobe erscheinen", teilt ihm die ältere der beiden mit, eine schnippische Schönheit mit lachenden Augen und Grübchen am Kinn. Damit sind die Botinnen aus dem Zimmer. Was soll er mit dem Plunder? Er trägt ordentliche, haltbare Sachen, die zu ihm passen, und basta. Aber fügt er sich dem Willen der Schwester nicht, gibt das Ärger zwischen ihnen beiden, und das wird Chlothar nicht verborgen bleiben. Der König wartet ja nur darauf, einen Keil zwischen ihn und Radegunde zu treiben, er wird die Situation ausnutzen. Missmutig zwängt er sich in die Garderobe für das Festessen. Etwas steif geht er hinüber in den Festsaal, die weichen Kleider sind ungewohnt. Und erst diese weibische Stickerei! Blicke von Festgästen bleiben auf ihm haften. Genau das hatte er vermeiden wollen. Charibert kommt auf ihn zu. Früher, als sie noch unter der Fuchtel des Waffenmeisters standen, haben sie manche Klinge miteinander gekreuzt. „Na, hast du deinem Herzen mal einen Stoß gegeben und etwas tiefer in den Kleiderkorb gegriffen?", spöttelt er. „Radegunde hat es befohlen", antwortet Bertarich. „Ja, was tut man nicht alles für die Frauen." Charibert grinst. Seine Weibergeschichten gehören zum Hofklatsch. Bertarich grinst zurück. Chilperich mustert ein wenig neidisch Bertarichs kostbares Schwertgehänge. „Vornehm, vornehm", bemerkt er, „mein Vater muss dich ziemlich gut bezahlen." Chlothar sieht, wie seine Söhne mit Bertarich plaudern, die reiche Ausstattung des Thüringers fällt ihm ins Auge. „Mit seinem Aufzug stellt er die ganze Hofgesellschaft in den Schatten, und das Schwertgehänge kommt mir bekannt vor", bemerkt er mit einem Heben der

Augenbrauen. Der Waffenmeister ist dem Blick des Königs gefolgt. „Ist das nicht das Probestück, das der Meister aus Athies angefertigt hat? Das muss man Herrn Rüdiger lassen, er kennt seine Leute gut. Niemand von uns hätte dem Bürschchen eine solche Fertigkeit zugetraut. Aber er hat das Talent dieses Jungen gesehen und ihn mit hergebracht." Der König lächelt versonnen: „Ich glaube, da hatte die Königin die Hände im Spiel." Abends fragt er Radegunde nach dem Auftritt ihres Bruders. „Ich habe ihm ein paar Kleinigkeiten geschenkt. Er sah ausgesprochen schäbig aus. So sollte ein König nicht in Gesellschaft gehen", stellt sie fest. „Er ist ein Gefangener!", wird sie vom König korrigiert. „Mag sein, dass er ein Gefangener ist, aber er ist ein König und mein Bruder." Chlothar lässt es dabei bewenden. Mag sie ihre Freude haben. Aber dieser eingebildete Thüringerbengel ist ihm ein Dorn im Auge.
Das Osterfest kommt heran. Die Hofdamen reichen der Königin einen Mantel ganz aus edelstem weißem Leinen. Am unteren Ende ziert eine schwere, gestickte Goldborte den Umhang. Kreuze sind in die Kante eingearbeitet – Symbole Christi und des christlichen Königtums. Zwei Dienerinnen legen der Königin das große, rechteckige Tuch als Mantel um, schließen die Fibeln auf den Schultern. Ihre Frauen sind entzückt. Dieses Weiß kleidet sie immer so gut. Und zum Osterfest, dessen Farbe das reine Weiß ist, ist dieser Mantel so passend. Und das Gold ist ganz besonders prächtig. So sagen sie. Die Königin trägt den Mantel zur Prozession und bei der Messe. Als sie in der Kirche zu ihrem Platz geht, schaut sie auf ihre Füße, um die Stufen nicht zu verfehlen. Da stolpert sie fast über die Borte mit den Kreuzen. „Nein, es kann nicht gut sein, wenn die Stickerei mit dem Kreuz Christi den Staub des Bodens berührt", denkt sie. „Für das edle Tuch muss es eine bessere Verwendung geben." Nachdem der Priester den Schlusssegen gesprochen hat, lässt sie die Spangen des Mantels lösen und befiehlt zwei ihrer Damen, das weiße Tuch als königliche Gabe auf den Altar des Herrn zu legen. Von nun an opfert sie oft prächtige weiße Mäntel, um die Altäre der Kirchen zu schmücken, die sie besucht.

Auch gehört es zu den Gewohnheiten der Königin, mit Bischöfen oder gelehrten Geistlichen unter ihren Gästen lange Gespräche zu führen, ihren Betrachtungen zu lauschen, sogar theologische Fragen zu erörtern. „Sie ist ein wenig reifer geworden seit der Hochzeit, aber ist sie nicht noch immer von betörender Jugend und Anmut?", denkt Chlothar, der sie aus der Entfernung beobachtet, wie sie mit einer Abordnung aus der Bischofsstadt Angers plaudert. Die Königin ist populär, ganz ohne Frage. Die Verehrung des Volkes gilt nicht nur ihr, sondern auch dem König. „Wenn der Preis dafür ist, dass sie den Kirchen Geschenke macht und auf ihren Gütern die armen Schlucker versorgt, dann soll sie das in Gottes Namen tun", denkt er und schließt einen Stoßseufzer an: „Wenn sie nur die Versorgung der armen Teufel ihrer Dienerschaft überlassen wollte und nicht selbst Hand anlegen müsste!"
Radegunde empfängt Claudius. Er erzählt von seiner Reise durchs Land: von herrenlosen Bauernhöfen, von Städten, die zwei Drittel ihrer Bürger an den Schwarzen Tod verloren haben. Sie spürt seine Erschütterung, sieht das Grauen in seinen Augen. Von den Gütern der Königin weiß er aber auch viel Gutes zu berichten. Sie gratuliert sich zu der Idee, ihn mit der Überwachung ihres Besitzes beauftragt zu haben. Nun melden die Verwalter aus allen Teilen des Landes wieder steigende Erträge. Dem Schatz der Königin fließen mehr Abgaben zu, als sie erwartet hatte, obwohl weiterhin ein Zehntel der fälligen Summe in den Gütern verbleibt. „Denk immer daran, wie es nach dem Hagelschlag in Athies war. Die am meisten gelitten haben, waren die Schwangeren und die Kinder. Das soll nie wieder passieren. Und die Alten, die ihr Leben lang gearbeitet haben, sollen ihr Gnadenbrot haben. „Ja, Herrin, so soll es sein. Als meine Familie im Krieg umkam, als ich meine Heimat verlassen musste und ein Gefangener war, da habe ich das Elend am eigenen Leib erfahren."
Aber heute hat Claudius noch ein anderes Anliegen: „Herrin, ich will ein Weib nehmen. Ich habe Gerlind gefragt und ihren Vater. Er ist einverstanden." Er hat um die zweite Tochter von

Rüdiger in Athies angehalten. Allmählich wird es wohl einsam um Mutter Adelind, denkt Radegunde. „Gerlind ist ein fröhliches und fleißiges Mädchen. Du hast eine gute Wahl getroffen", so stimmt sie zu. „Gern würde ich sie unter meine Damen aufnehmen, dann seid ihr hier in Soissons zusammen."
„Herrin, Ihr seid sehr gütig. Diese Nachricht wird sie glücklich machen. Sie wird Euch eine gute Dienerin werden. Die Hochzeit soll im Sommer sein."
Der Hof nimmt seine Reisen wieder auf, der König plant, seine Güter östlich der Somme zu besuchen. Eine der Burgen liegt kaum einen halben Tagesritt von Le Crotoy. „Mein König", bittet Radegunde, „in der Burg Le Crotoy lebt meine alte Freundin Adelgund, die Tochter von Rüdiger von Athies. Seit ihrer Hochzeit habe ich sie nicht mehr gesehen. Gestattet mir, dass ich sie besuche, während Ihr hier Euren Geschäften nachgeht. Ich nehme ein paar Männer meiner Garde mit." Der König ist an diesem Tage guter Laune, die Sonne scheint blass durch dünne Wolkenschleier. Sie reiten Seite an Seite, haben den freien Blick auf die See. Radegunde sieht hier das Meer zum ersten Mal. Das Meer, über das sie einst entkommen wollte. Staunend blickt sie auf die unendliche, schimmernde Fläche von Wasser, aus der Brecher um Brecher heranrollt. Weit hinten am Horizont hebt sie sich in einem leichten Bogen vom Himmel ab. „Diese Weite", denkt sie. „Das Meer ist gewaltig", spricht sie den Gedanken ihrer Freundin Adelgund aus. „Ja, es ist gewaltig, und es ist jeden Tag anders, es hat andere Farben, die Muster der Wellen ändern sich und das Sonnenlicht auf dem Wasser", antwortet Chlothar. „Liebe Königin", fährt er gut gelaunt fort, „ich werde Euch begleiten auf dem Ritt nach Le Crotoy über den Küstenpfad. Der Ort ist zwar kein Königsgut, aber die Burg liegt an der Mündung der Somme und ist ein wichtiger Posten an der Küste. Ich möchte die Gelegenheit nutzen, die Anlagen zu besichtigen. Ich schicke gleich Boten zum Burgherrn, übermorgen wollen wir ihn besuchen."
Zwei Tage später werden König und Königin mit kleinem Gefolge in Le Crotoy willkommen geheißen. Die Herren zeigen

dem König die Wälle, die starken Dächer der Gebäude, die Schanzgräben und schweren Tore. Es ist ein schöner Frühlingstag, klar und kühl. Aber die Sonne sendet wärmende Strahlen. Adelgund bringt ihre zwei kleinen, braunlockigen Sprösslinge der Kinderfrau. Dann läuft sie mit Radegunde auf schmalen Pfaden hinunter zum Meer. Unten erstreckt sich ein breiter Streifen aus nassem Sand und Kies bis zu dem Saum, wo die Wellen das Land berühren. „Es ist gerade Ebbe", stellt Adelgund fest. „Der Rhythmus geht einem in Fleisch und Blut über, wenn man den Elementen von Wind und Wogen Tag und Nacht ausgesetzt ist." Radegunde steht auf dem feuchten Sand und blickt auf einen Strom, der nach Norden hin in die breite Wasserfläche übergeht. „Ist das Meer so gewaltig, wie du gemeint hast?", fragt Radegunde die Freundin. „Ja, es ist gewaltig, und ganz besonders eindrucksvoll sind die Gezeiten in ihrem ewigen Rhythmus. Hör mal auf das Geräusch der brechenden Wellen auf dem Strand. Eben klangen sie noch ruhig und gleichmäßig. Jetzt beginnt die Flut aufzulaufen. Jede Welle schlägt ein wenig höher auf das Land, und auch der Ton hat sich geändert." „Ja, ich kann es hören, die Brandung klingt härter, und man hört, dass die Wellen gegen das Land anrollen, ein tiefes Grollen liegt darunter. Hier also fließt die Somme ins Meer. Als wir früher bei unseren Ausflügen von Athies den Strom entlangliefen, murmelten im Sommer nur winzig kleine Wellen ans Ufer, und wenn im Frühling die Schmelzwasser aus den Bergen kamen, war der Fluss reißend und laut, aber das ist nichts gegen diesen Anblick. Es ist großartig." „Ist der Bogen dort hinten der Rand der Weltscheibe?", fragt sie bald darauf ihre kundige Begleiterin und weist auf den Horizont. „Nein, dahinter liegt Britannien. Es ist gar nicht sehr weit dorthin. Wenn der Wind gut steht, braucht ein Kaufmannsschiff einen Tag, um hinüberzukommen. Schau, da draußen kommt ein Schiff herein. Lass uns zusehen, wie es vorbeifährt", schlägt Adelgund vor.

Rasch wird das Schiff größer und biegt in die Flussmündung ein. „Das ist aber ziemlich schnell, als triebe es stromab. Dabei fährt es doch gegen die Strömung des Flusses", stellt Radegunde fest, die oft die Schiffe auf der Somme beobachtet hat. „Schau doch mal aufs Wasser", erwidert Adelgund, „die Flut läuft auf, das Meerwasser schießt in die Mündung des Stromes und trägt das Schiff mit sich." Radegunde sieht die kleinen Wellen landeinwärts laufen. „Das also meinte der Schiffsführer damals im Hafen. Er sagte, gegen die auflaufende Flut könne er nicht stromab fahren." Erst jetzt wird Radegunde klar: Die ewigen Gezeiten des Meeres haben ihre Flucht vereitelt. Sie erzählt der Freundin diese Geschichte. „Wie kommst du mit dem König zurecht? Früher warst du so wütend auf ihn, dass ich dachte, du könntest ihm jederzeit jede beliebige Waffe in den Leib rennen, wenn du ihn einmal treffen würdest." Sie lächelt fragend. Sie hat bewusst übertrieben, aber sie ist in Sorge um die Freundin, das kann man in ihren Augen lesen. „Er liebt mich." „Du bist seine fünfte Frau. Wie erträgst du das?" „Er will mich als seine einzige Frau. Arnegunde hat er nach Paris geschickt. Er überschüttet mich mit Reichtum. Ich kann damit tun, was ich will. Ich versuche, den armen Teufeln zu helfen, denen sonst niemand hilft." Adelgund versteht sie. Radegunde hat ihr von all dem Elend erzählt, das sie auf dem Zug ins Frankenland gesehen hat. Nun kann sie es mildern. „Ich denke manchmal, Gott wird vielleicht dem König etwas von seinen Untaten verzeihen, wenn ich mit seinen Reichtümern Gutes tue." „Und wie geht es deinem Bruder?" „Ich sehe ihn nicht oft. Der König versucht, uns möglichst zu trennen. Eigentlich sind wir wie Geiseln. Wenn in Thüringen ein Tumult ausbrechen sollte, ist Bertarichs Leben in Gefahr. Erfüllt einer von uns beiden die Erwartungen des Königs nicht, wird es für den anderen gefährlich. Wenn ich mit dem König zusammen bin, wenn ich in seinen Armen liege, liebe ich ihn. Aber immer fühle ich mich in Gefahr."

Adelgund hat einen Blick zurück zur Burg geworfen. Den Pfad herunter nähert sich eine Gestalt. „Schau, da kommt der König", unterbricht sie die Freundin. Adelgund verneigt sich höfisch elegant. „Ihr Damen", spricht König Chlothar die beiden

Frauen an, „die Besichtigung der Burg haben wir abgeschlossen. Aber Euch fesselt der Anblick des Meeres, wie ich sehe.“ „Ja“, antwortet die Königin, „ich habe noch nie so direkt am Strand gestanden. Es ist wunderbar.“ „Meine Liebe, schaut hinaus, seht Ihr die Wolke dort? Der Wind frischt auf, es wird Sturm geben. Verkühlt Euch nicht“, entgegnet der König und legt der Königin einen kostbaren, weichen Mantel um die Schultern. Sie spürt die Zärtlichkeit in dieser Geste. Als sie zur Burg hinaufsteigen, bleibt der König hinter Radegunde, vor dem Tor reicht er ihr den Arm. Er behält recht. In der Nacht zieht ein Sturm auf, der an den Wänden rüttelt. Unten tobt das Meer gegen die Ufer. Aber das Ganze ist nur von kurzer Dauer. Am nächsten Morgen weht nur noch eine straffe Brise, die See ist noch weiß von Gischt. Der König und sein Gefolge reiten zurück zum Königsgut.

Die nächste Station des königlichen Hofstaats liegt nicht weit von Athies, und Radegunde bittet den König, ihr den Abstecher auf ihr Gut zu gestatten. Mit drei Berittenen trifft sie dort ein. Adelind empfängt sie in der Villa, und die Königin fühlt sich viele Jahre zurückversetzt, als sie und ihr Bruder nach der langen Irrfahrt aus Thüringen von dieser Mutter umsorgt wurden. Mit den Augen verfolgt sie die Zackenmuster aus rotem Stein in den grauen Wänden, die sie als Kind so bestaunt hat. Adelind setzt ihr die kleinen Küchlein vor, die sie so sehr mag. Sie reden über dies und das. Adelind ist sichtlich befangen gegenüber der Landesmutter. In welcher Erinnerung wird die Königin die Ereignisse ihrer Flucht und Gefangennahme behalten haben? Da sagt Radegunde: „Erinnerst du dich, was ich dir von meiner thüringischen Kinderfrau erzählt habe?“. Adelind nickt. „Ja, sie war Euch wie eine Mutter.“ „Sie ist tot. Sie hat Mann und Sohn tot auf dem Hof von Scithingi liegen sehen. Da hat sie die Wache provoziert, und die Männer haben sie sofort erschlagen.“ Adelind sieht Tränen in den Augen der Königin glitzern. Sie erinnert sich, wie lange es dauerte, bis dieses Mädchen ruhig durchschlafen konnte und nicht mehrmals nachts schreiend aufschreckte. Sie wechselt das Thema:

„Wollen wir nicht hinübergehen?" „Ja, natürlich", erwidert die Königin, „das ist ja der Hauptgrund meines Kommens."
In dem Haus, in dem die Siechen des Gutes versorgt werden, arbeiten drei Mädchen unter der Anleitung Adelinds. Radegundes Blick fällt auf die junge Frau, die gerade den Verband am Fuß eines alten Mannes wechselt. Sie erkennt sie an den Augen, den goldenen Pünktchen, die im Grau der Iris funkeln. Die Helferin verbeugt sich: „Herrin, Ihr habt mich damals gerettet, nun versuche ich hier zu tun, was ich kann." Die Königin erinnert sich daran, wie sie dieses Kind aus der elendesten Hütte des Dorfes zur Verpflegung ins Gut tragen musste, weil es zu schwach war zu gehen. Radegunde lässt sich von ihr erklären, wie sie die Bandagen anlegt, sieht, wie sorgsam sie arbeitet und lobt sie. Die Junge errötet. „Herrin, nächsten Monat will ich Samuel heiraten, der damals das Kreuz trug." „Gott schütze Eure Ehe", erwidert die Königin, zieht einen Ring vom Finger und reicht ihn der Braut als Andenken. Die Junge knickst und verbeugt sich verlegen, aber fröhlich. Dann legt Radegunde selbst Hand an, fragt Adelind nach den Salben, die sie verwendet, und nach der Verpflegung. „Adelind", sagt sie, „ich habe so viel bei dir gelernt, und du warst immer für mich da." Auf dem Rückweg zum Gutshaus fällt der Königin ein: „Bei Euch wird es doch auch bald eine Hochzeit geben?" „Ja, Gerlind und Claudius wollen heiraten. In acht Wochen ist es so weit." „Ich freue mich sehr, die beiden werden sicher ein gutes Paar. Ich will Gerlind in meinem Gefolge haben, eine Vertraute aus der Jugendzeit." Nun werden Adelinds Augen nass. „Es wird einsam hier, wenn die Kinder gehen. Aber ich bin froh, sie bei Euch zu wissen", sagt sie. Die Königin lächelt. „Gib das der Braut für ihren wichtigsten Tag." Und damit reicht sie ihr zwei Spangen und einen Stirnreif. „Und das ist für dich, damit die Mutter nicht so sehr von der Braut absticht. Nimm den Gürtel und die Kette. Nein, bedanke dich nicht. Ich habe dir so viel zu danken."

Auch auf den Gütern des Königs, in die sie kommt, versorgt sie Arme und Kranke, so wie sie es schon in Soissons getan hat. Nicht immer lässt sich das mit ihren höfischen Pflichten vereinbaren. Zuweilen gelingt es ihr nicht, sich rechtzeitig wieder in höfische Kleider zu hüllen und mit Juwelen zu schmücken, dann erscheint sie zu spät zur Tafel, oder sie verlässt das festliche Mahl unter einem Vorwand, um zu ihren Schützlingen zu eilen.

Chlothar ist ungehalten. Soll sie zu den armen Schluckern gehen, aber alles mit Maßen. So kann sie ihn an der Tafel nicht sitzen lassen. Das ist gegen jede Etikette. Überhaupt weiß sie die Freuden des Mahles nicht gebührend zu schätzen. Wochenlang hält sie Fastenzeiten mit einer Ernsthaftigkeit, die einen Eremiten in den Schatten stellen würde! Er lässt das Beste vom Besten aus dem ganzen Land auftischen, und sie nippt allenfalls davon! Und all die herrlichen Weine, die sie wochenlang gar nicht anrührt! Diese Frömmlerin mit ihrer Entschuldigung, es sei gerade das Fasten vor Ostern! Man sehe doch nur diese Hirschmedaillons und die Wildschweinkeule, die Wachteln und Truthühner nicht zu vergessen! Diese guten Gaben Gottes nicht zu würdigen, das ist Sünde. Davon ist er felsenfest überzeugt.

Radegunde ist aus Athies die einfache Landküche gewohnt. Natürlich gab es Fleisch, aber nicht jeden Tag und nicht in solchen Massen. Wie oft hat sie mit den Kräutern aus Adelinds Garten einem schlichten Gericht eine neue Nuance gegeben. Wein hat sie immer nur wenig getrunken, das Gelage war Sache der Männer, die dann merkwürdig lustig wurden. Sie will sich nicht berauschen. Überall am Hof lauern Fallen, und in Chlothars Nähe muss sie auf Stimmungsumschwünge und Attacken gefasst sein. Wenn sie von der Festtafel des Königs aufsteht, fühlt sie sich nach dem siebten Gang wie eine gestopfte Gans. In solchem Überfluss zu leben, das ist Sünde! Auch wenn sie wohl weiß, dass dies das Leben ist, das einem König ziemt. Sie lässt sich neuerdings in der Fastenzeit eigene Schüsseln mit Gemüsen bringen, lässt sich statt der

schweren Torten zum Nachtisch einfaches, leichtes Gebäck aus Brotteig servieren, fantasievoll geformt und zu Zöpfen geflochten. Das karge Essen hilft ihr, sich in Kontemplation zu üben, in die Stille zu finden. Seit sie in Athies mit Pater Antonius die Bibeltexte der Passion meditierte, ist ihr das zu einem Bedürfnis geworden. Wenn ihre Damen sie so finden, ins Gebet vertieft, spötteln sie, der König habe wohl eine Nonne geheiratet.
Eines Tages platzt ihm der Kragen. Als sie wieder einmal zu spät zu Tisch erscheint, weil sie am Bett einer Mutter von vier Kindern gestanden hatte, die mit dem Tod rang, beugt er sich zu ihr hinüber und zitiert lächelnd: „*Ihr habt allezeit Arme bei euch, und wenn ihr wollt, könnt ihr ihnen Gutes tun; mich aber habt ihr nicht allezeit.*" Radegunde ist entgeistert. Mit diesen Worten hat Jesus in Bethanien seinen Kreuzestod angekündigt! Das kann Chlothar nicht machen! Das ist Blasphemie! Natürlich haben die Tischgäste ihr verspätetes Kommen bemerkt, Augen sind auf sie gerichtet. Sie räuspert sich, richtet mit zittrigen Händen an ihrem Teller und dem Tischtuch herum. Dann wendet sie sich lächelnd zum König: „Wie mahnt uns unser Herr Jesus Christus? ‚*Seht zu, dass ihr nicht einen von diesen Kleinen verachtet. Denn ich sage euch: Ihre Engel im Himmel sehen allezeit das Angesicht meines Vaters im Himmel.*' Ist es nicht eine hübsche Vorstellung, dass die Engel dieser Armen allezeit Eure Freigebigkeit und Güte vor Gott preisen?" „Vor allem würde ich gern allezeit Euer Angesicht in meiner Nähe sehen. Ich bin Euch zu außerordentlichem Dank verbunden, dass Ihr mir gegenwärtig diesen Vorzug gewährt." Er sagt das mit einem Lächeln, das seine Worte noch schneidender macht.
Dann wird sein Blick ernst, er wechselt den Tonfall: „Injuriosus ist gestorben." „Der Bischof von Tours?", fragt die Königin zurück. „Ja", antwortet er. „Ein Nachfolger muss eingesetzt werden. Ich bin noch im Zweifel, wie ich das regeln will. Ich will dazu Euren Rat hören." War er darum so ungehalten wegen meiner Verspätung?, denkt Radegunde. „Gleich nach der Tafel?", schlägt sie vor. Chlothars „Ja" klingt wie ein Befehl.

Gemeinsam gehen sie hinüber in den kleinen Audienzraum. Mit einer Handbewegung lädt er sie ein, auf einem Sessel ihm gegenüber Platz zu nehmen. „Also, Injuriosus ist tot“, beginnt der König das Gespräch. „Ja, ich erinnere mich“, antwortet Radegunde, „vor ein paar Jahren war er der einzige Bischof, der seine Unterschrift nicht unter Eure Forderung gesetzt hat, nach der die Kirchen ein Drittel ihrer Einkünfte an den Staatsschatz abführen sollen.“ „So ist es, und er tat das mit der Begründung: ‚*Wenn du Gott nehmen willst, was sein ist, so wird der Herr dir bald das Reich nehmen, denn du sollst von den Armen, die du versorgen solltest, nicht auch noch deinen Schatz füllen. Das ist Unrecht.*‘ Allerdings glaube ich, dass das nur fromme Worte waren. Er hat sich wenig um die Armen gekümmert. Ich habe damals nachgegeben, weil ich die Unterschriften der anderen Bischöfe schon alle hatte, und natürlich wollte ich den heiligen Martin von Tours ehren. Ich habe nicht übel Lust, dem Privileg von Tours jetzt ein Ende zu setzen.“
„Grundsätzlich sehe ich zwei Wege“, antwortet die Königin. „Entweder Ihr nehmt dem Bistum und der Stadt das Privileg. Dann habt Ihr das Gold, aber es gibt Unmut in der Stadt, Eure Position wird geschwächt und Ihr müsst bei der Besetzung des Bischofsstuhles einen Kandidaten der örtlichen Geistlichkeit akzeptieren. Das birgt gewisse Risiken. Oder Ihr bestätigt das Privileg und setzt einen engen Vertrauten ein. Die Bürger der Stadt und die Geistlichen werden Eure Güte preisen und der Bischof wird die Gelder in Eurem Sinne verwenden.“
Der König lächelt. „Eine nette Beschreibung der Alternativen.“ Sein Ton wird geschäftsmäßig. „Ich hatte Injuriosus im Zusammenhang mit dem Privileg aufgetragen, das Geld, das bei den Kirchen von Tours verbleibt, für die Armenpflege einzusetzen. Aber ich habe begründeten Verdacht, dass es in den Kirchenschatz geflossen ist.“ „Umso wichtiger wäre es, einen Bischof einzusetzen, der nach Eurem damaligen Befehl handelt. Dann dient das Geld der Kirchen von Tours einem mildtätigen Zweck, so wie einst zu Zeiten, als der heilige Martin Bischof war.“ „Und die Armenpflege belastet den Staatsschatz

nicht", ergänzt der König, „das ist eine kluge Lösung. – Wen würdest du vorschlagen?" Chlothar ist bewusst in den informellen Ton gefallen. „Ich weiß nicht recht", antwortet Radegunde, „unter den Großen in Eurem engeren Umkreis fällt mir nur Baudin ein. Vor Kurzem ist seine Frau gestorben. Er würde die Voraussetzungen erfüllen." „Baudin? Er ist meine rechte Hand! Niemand kennt den Hof und unsere wirtschaftlichen Verhältnisse so wie er. Wie soll ich ohne den auskommen?" „Es war einfach eine Idee", antwortet die Königin, „ich könnte ihn mir gut als Bischof vorstellen. Und Tours mit der Martinsbasilika ist das größte und wichtigste Heiligtum der Franken." „Jaja, das ist schon wahr", fällt ihr Chlothar ins Wort. „Das Wort des Bischofs von Tours hat Gewicht im Reich." Er springt auf, geht einige Schritte durch den Raum. „Hab Dank für deinen Rat. Ich werde ihn noch einmal bedenken." Und schon wieder mit einem galanten Lächeln ergänzt er: „Auf Eure Staatskunst ist noch stets Verlass gewesen."
„Ach, übrigens", setzt der König hinzu, „habe ich dir schon einmal erzählt, wie mich der heilige Martin einmal gerettet hat? Nein? Also, das war vor vielleicht acht Jahren." Er setzt sich wieder Radegunde gegenüber. „Childebert und Theudebert, meine lieben Verwandten, hatten sich verbündet und wollten gegen mich zu Felde ziehen. Sie boten ihre Heere auf, und ich konnte in der Eile nur eine kleine Truppe zusammenrufen. In offener Feldschlacht wäre ich ihnen hoffnungslos unterlegen gewesen. Ich zog mit meinen Leuten in die dichten Wälder der Forêt de la Brotonne an der Seine. Dort verschanzten wir uns, gruben Gräben, bauten Verhaue, um uns zu schützen. Mein Plan war, aus dem Hinterhalt die Übermacht vielleicht langsam aufzureiben. Trotzdem war unsere Lage verzweifelt. Sie belagerten uns, dann kam der Tag, an dem sie unsere Stellungen angreifen wollten. Doch am Morgen dieses Tages brach über der Hauptmacht ihrer Heere ein fürchterliches Unwetter los, wie wir es seit vielen Jahren nicht erlebt hatten. Es blitzte und donnerte, ein Hagelsturm zerriss die Zelte und verletzte Menschen und Pferde schwer. Sie warfen sich vorn-

über auf den Boden, mitten in die Hagelkörner, die da schon lagen, und versuchten, sich mit ihren Schilden zu schützen. Sie fürchteten, von den Blitzen getroffen zu werden. Es gab Tote. Ihre Pferde mussten sie in einem Umkreis von dreißig Stadien zusammensuchen, viele fanden sie gar nicht wieder. Wir, in unserem Wald, merkten von dem Unwetter überhaupt nichts, hörten nur von fern das Donnergrollen. Bei uns war alles still, es hat nicht einmal geregnet. Am nächsten Tag haben Childebert und Theudebert uns Boten geschickt und um Frieden und Bündnis gebeten. Dann zogen sie heim. Unsere Mutter Chlothilde hat in der Nacht vor der Schlacht in Tours an Martins Grab gekniet und gebetet", schließt der König seinen Bericht. „Lasst den Kirchen von Tours ihr Privileg", erwidert lächelnd die Königin.
Der König trägt Baudin das Amt des Bischofs von Tours an. Der ist überrascht. Er hat Familie, er hat noch kleine Kinder. Er bittet um Bedenkzeit, stimmt schließlich zu. Einige Wochen später besteigt er den Bischofsstuhl von Tours. Seine erste Amtshandlung ist es, das von seinem Vorgänger in den Kassen aufgehäufte Gold den Armen der Stadt zu spenden. Bald genießt er den Ruf großer Heiligkeit.

In seinem Schlafgemach widmet sich das königliche Paar weiter der Zeugung des Erben. War es zu Anfang der Reiz des Neuen, der sie beglückte, so gelingt nun oft eine neue Tiefe der Vereinigung, der Hingabe. Und doch liegt über allem der Schatten, dass die Frucht der Liebe ausbleibt. Radegunde spürt, ihr läuft die Zeit davon. Bald wird sie zu alt sein, das erste Mal zu gebären. Chlothar liest den Gedanken in ihren Augen, wird ungeduldig. Wenn er mit den Herren dem Wein reichlich zugesprochen hat, lässt er sie seine Begierde und all die unerfüllten Wünsche spüren. Er nimmt sie ungezügelt, hart, brutal. Sie wehrt sich, lässt es geschehen. Flüchtet sich auf den stillen Ort. Kniet dann irgendwo im Gang, schluchzend, verletzt, hadert mit Gott: Was sie denn noch tun müsse, um endlich ein Leben in sich wachsen zu fühlen, einem kleinen Menschlein das Leben zu schenken, ein eigenes Kind auf den Knien zu halten, dem König seinen Wunsch zu erfüllen. Und andererseits: Dieser kleine König, würde er sie nicht täglich in Furcht um das Leben ihres Bruders versetzen? Dienerinnen finden sie, schlotternd, durchgefroren, kaum wieder zu erwärmen. Sie hört sich die Vorwürfe Chlothars an, sie wolle sich wohl den Tod holen, und um schwanger zu werden, sei das wohl auch nicht die richtige Methode. Am Morgen nach solchen Auftritten macht er ihr Geschenke, müht sich, ihr ein Lächeln zu entlocken.

CLAUDIUS UND AGNES

Claudius hat Gerlind nach Soissons geholt. Er hat ein Haus nicht weit von der Kirche gekauft. Er zeigt es seiner Frau. „Das Haus ist schön und bequem. Und die Küche mit dem Kamin, so etwas Luxuriöses!", freut sich Gerlind. Hier wird sie gern leben, mit Claudius Kinder haben. Sie meldet sich am Königshof. Radegunde begrüßt sie mit offenen Armen: „Wie geht es dir hier in der Stadt?" „Ach, unser Haus ist wunderbar, aber mir fehlen die offenen Felder und Wiesen und der Bach vor der Tür." „Ich bin sicher, du wirst dich schnell einleben", lächelt die Königin, und dann gönnt sie sich einige Minuten, um mit Gerlind Erinnerungen an ihre gemeinsame Zeit in Athies auszutauschen. Die Freundin erweist sich als flink und warmherzig. Sie gleicht ihrer Mutter und erinnert die Königin an die erste Zeit auf dem Gut an der Somme, als Adelind ihr die Freude am Leben zurückgab.
Bald ist Gerlind schwanger, und sie gebiert ein Mädchen. Agnes soll es heißen. Claudius hat darauf bestanden, die Tochter nach seiner Mutter zu nennen. Die Königin besucht die junge Familie in ihrem Haus. Sie wiegt das kleine Bündel im Arm. Gerlind ist Mutter, sie riecht nach frischer Milch. Rade-

gunde freut sich mit ihr. Aber sie kämpft gegen ein Schluchzen, das aus dem Bauch hochsteigt. Wann endlich wird sie ein eigenes Kind wiegen? Für einige Zeit kann Gerlind nun ihre Verpflichtungen am Hof nicht wahrnehmen. Manchmal trifft Radegunde sie mit der kleinen Tochter. Agnes hat die großen braunen Augen ihrer Mutter, aber das bedachtsamere Temperament ihres Vaters. Als Gerlind die Kleine einer Kinderfrau anvertrauen kann und zurückkehrt in den Kreis der Dienerinnen, schaut ihr die Königin ins Gesicht und weiß: Die Glückliche trägt wieder ein Kind.
Der Tag der Niederkunft rückt näher, Gerlind zieht sich in ihr Haus in der Stadt zurück. Eines Morgens wird die Königin im Ankleidezimmer von aufgeregten Damen empfangen. Sie müsse sofort zu Gerlind gehen, Claudius habe in der Nacht Boten geschickt, aber keine der Frauen habe sie von der Seite des Königs wegrufen wollen. Sie wirft sich in eine der schlichteren Roben und eilt in Begleitung zweier Dienerinnen zum Haus der Freundin. Sie tritt ein, schaut in das stille, verzweifelte Gesicht von Claudius und weiß, was geschehen ist. Sie setzt sich auf einen Schemel am Bett der Freundin, schaut in das blasse Gesicht. Sie greift ihre Hand, schmal und weiß und kalt. Plötzlich ist ihr wie vor vielen Jahren, als sie am Bett der Mutter stand und sich verabschieden sollte, für immer, als sie sich verlassen fühlte wie noch nie in ihrem kleinen Leben. Sie verscheucht die Erinnerung. Hier sind Claudius und die kleine Agnes die Leidtragenden. Ihnen muss jetzt geholfen werden. Sie steht auf, fragt ihn, was vorgefallen ist. „Zwei gute Hebammen haben die ganze Nacht bei ihr zugebracht. Das Kind hat falsch gelegen, sagen sie. Sie haben zu zweit alles Menschenmögliche versucht, aber es ist nicht gelungen. Auch das Kind haben sie nicht retten können. Herrin, wenn ihr da gewesen wäret …“, er spricht den Satz nicht zu Ende. „Ach, Claudius“, sagt sie, „ich hätte wohl genauso wenig ausrichten können.“ Sie fragt die beiden Frauen mit den rot geweinten Gesichtern, die in eine tiefe Verbeugung sinken. Eine von ihnen schneuzt sich vernehmlich. „Wir sind noch hiergeblieben, bis die Köni-

gin eintreffen würde", sagt die andere. „Wir wollten den Mann so nicht allein lassen." Die Königin gibt den beiden den üblichen Lohn. Sie setzt sich, schaut auf Claudius, fühlt seine Verlorenheit. „Was machst du jetzt? Werdet ihr zurechtkommen?" „Ich weiß noch nicht, wie. Ich denke, ich werde mich erst einmal um Agnes kümmern. Vielleicht bringe ich sie zu Adelind." „Ich glaube, Adelind wäre sehr froh, die Kleine um sich zu haben, und es gibt keine bessere Mutter. Du kannst das ja mit der Inspektion von Athies verbinden.", pflichtet ihm die Königin bei. „Wenn sie groß genug ist, würde ich sie gern mit den jungen Mädchen am Hof aufziehen. Überlege es dir, und frag Adelind, ob sie das gutheißt."

Jahre gehen ins Land. Der Wunsch nach einem Kind bleibt Radegunde versagt. Auch Sigibert, Chlothars jüngster Sohn, ist aus ihrer Fürsorge herausgewachsen. Er tut sich schon als guter Schwertkämpfer hervor. Mit umso größerer Anteilnahme wendet sich die Königin den Ärmsten zu, die ihr begegnen. Der Ruf ihrer Freundlichkeit und Zuwendung eilt ihr voraus. Kranke vertrauen darauf, von ihr geheilt zu werden, Elende erhoffen Brot und Kleidung und guten Zuspruch. Hier kann die Königin mit ihren Reichtümern Gutes tun. Wenn sie helfen kann, ist Radegunde froh.

Eines Tages erstattet Claudius wieder einmal Bericht von ihren Gütern südlich der Loire. „Was sind deine nächsten Pläne?", fragt die Königin. „Nächsten Monat will ich wieder nach Athies gehen", antwortet er. „Agnes wird bald acht Jahre alt. Sie ist schon ein verständiges kleines Mädchen. Ich freue mich auf sie." „Es wird Zeit, sie am Hof zu erziehen. Willst du sie mit zurückbringen?" „Ich werde Adelind fragen." Sechs Wochen später ist Claudius von der Reise in den Norden zurück. Stolz, aber auch ein bisschen beklommen präsentiert er seine Tochter der Königin: „Adelind meint, so etwas wie die feine Erziehung am Hof könnte sie ihr nicht bieten." „Sie sieht aus wie Adelgund, damals, als ich sie zum ersten Mal traf", denkt Radegunde, „wie schön, wieder eine Freundin um sich zu haben." Und dann blitzt eine Idee in ihr auf: „Sie ist noch klein, eher eine Tochter wird sie mir sein!" Dieses unerwartete Geschenk will sie ergreifen: „Ach, Claudius, eine Mutter wie Adelind ist durch nichts zu ersetzen, aber ich werde auf sie achtgeben. Und wenn du hier bist, hat sie ja dich." Und zu Agnes sagt sie: „Es wird dir bestimmt gefallen. Du lernst morgen ganz nette Mädchen bei uns kennen." Erstaunlich rasch fügt sich Agnes in das Hofleben und den Unterricht der Töchter der Großen ein. Adelind hat sie gut vorbereitet.

Unterdessen hört man Erfreuliches aus dem Ostreich: Die Franken haben viel Land im Südosten dazugewonnen. Chlothars Neffe Theudebert, der Sohn Theuderichs, hat eine günstige politische Konstellation ausgenutzt. Die Provence, die Pässe über die Alpen und Raetien hat er besetzt, ist sogar bis zum Po vorgedrungen.

Bruder Childebert, der Herrscher über die Küsten des Atlantiks, hat zwei Töchter, aber keinen männlichen Erben. Darum hat er das Bündnis mit Theudebert erneuert, er hat den Neffen adoptiert. Chlothars Teil in der Mitte des Reiches liegt wie ein Keil zwischen den beiden Verbündeten. Chlothars Söhne Chram und Guntram herrschen als Unterkönige in den südlichen Gebieten. Sein eigener Hof zieht auf seinen Reisen nicht mehr so weit im Land umher. In der Mitte des Reiches herrscht Frieden. Von Unruhe hört man nur aus Burgund und der Provence.

Da bringen Boten die Nachricht, dass Chlothilde gestorben ist, die Mutter der Könige. Mit großem Gefolge machen sich Chlothar und Radegunde auf den Weg nach Paris, Childeberts Hauptstadt. An der Seite ihres Vaters Chlodwig bestatten sie nun auch die Mutter – am Hochaltar der Kirche St. Peter, die sie selbst hat bauen lassen. Das Gepränge bei diesem Begräbnis ist noch größer als das zur Beisetzung des Vaters. Drei Königshöfe suchen einander in den Schatten zu stellen. Childebert und Chlothar sind gekommen, die wetteifernden Brüder, dazu Neffe Theudebert aus Reims. Gemeinsam stehen sie am Sarg der Frau, die all ihre Energie und Willens-

kraft für die Einheit des Reiches eingesetzt hat. Alle Herrscher dieses Reiches an einem Ort, um den Sarg eines gemeinsam betrauerten Menschen versammelt zu sehen, ist das nicht ein großes und starkes Zeichen? Auch der Bischof, der die Feier leitet, erwähnt dieses Vermächtnis der Verstorbenen. Doch der Schein trügt, jeder von ihnen erstrebt die alleinige Herrschaft über das ganze Frankenland, die Einigung des Reiches unter seiner Krone.
Zum letzten Mal sieht man die Herren der drei Teilreiche so einmütig zusammen. Wenig später stirbt Theudebert, und sein Sohn Theudobald folgt ihm auf den Thron des Ostreiches. Childebert hat seinen Adoptivsohn und Erben überlebt.

BERTARICH

Von Paris aus zieht Chlothars Hofgesellschaft nach Süden, um die dortigen Königsgüter zu inspizieren. Dazu gehört auch das Gestüt, auf dem Bertarich lebt. Der Thüringer lässt es sich nicht nehmen, auf dem Platz vor der Burg die schönsten Pferde dem König selbst vorzuführen, verschiedene Gangarten, rasche Wendungen, ein paar Sprünge über Hindernisse. Bertarich ist in seinem Element, Chlothar ebenso. Für den nächsten Morgen verabreden sie auszureiten, nur sie beide allein. Abends sieht der König Bertachar und Radegunde aus dem Burgtor hinausgehen, hinüber zu den Pferdekoppeln. Wie von ungefähr folgt er ihnen in einigem Abstand, fällt in Schlenderschritt wie die beiden vor ihm. Wie sie so nebeneinander hergehen, erkennt er ihre Ähnlichkeit, sie haben dieselbe Statur, dieselbe Art, sich zu bewegen, er männlicher, sie etwas weicher. Sie sind in gleichen Schritt gefallen. Sie reden. Sie fallen ins heimatliche Thüringisch.
„Weißt du noch", erinnert sich Bertarich, „wie einmal der Boden vor dem Pferdestall völlig durchgeweicht war, überall war

Schlamm. Ich wollte in den Stall, musste dort durchlaufen, und plötzlich steckte mein linker Schuh hinter mir im Matsch. Ich stand auf einem Fuß, kam nicht vor und nicht zurück, und Vater musste mich retten. Ich habe mich an seinem Hals festgehalten, und er hat mich mit seinen starken Armen herumgeschwenkt." Radegunde lacht: „Wie ein Storch hast du auf einem Bein gestanden und mit den Armen geschlagen. Es war urkomisch." Dann fragt sie: „Und, was macht die Liebe? Hast du schon ein Mädchen, das du heiraten willst?" „Ach, weißt du", antwortet Bertarich gedehnt, „ich bin lieber mit den Pferden unterwegs." „Wie Onkel Baderich seinerzeit? Das kannst du doch nicht ernst meinen. Na, erzähl schon." Von der Seite wirft Bertarich einen Blick auf die Schwester. „Was willst du? Ich bin König, und ich bin Gefangener. Eine Königstochter kommt nicht infrage, und eine aus dem Volk eigentlich auch nicht. Und dann müsste noch König Chlothar seine Zustimmung erteilen. Das wird er wohl nicht tun. Und außerdem will ich nicht noch mehr kleine Thüringerkönige in die Welt setzen, die ständig auf der Hut sein und fürchten müssen, von einem lieben Verwandten aus der Welt geschafft zu werden, weil sie nicht ins machtpolitische Kalkül passen."
Radegunde horcht auf, schaut ihn von der Seite an. Ungeduld schwingt in den Worten des Bruders. „Aber du bist doch zufrieden mit deinem Leben bei den Pferden?", versucht sie eine Frage. „Ach weißt du, dieses Leben auf dem Lande ist ja gesund und erholsam, aber hier, im Frankenreich, werde ich als Pferdeknecht versauern. Ich bin ein König, und ich finde es unwürdig, so zu leben." Radegunde erschrickt. Sie liebt ihren Bruder über alles. Schon immer hatte sie gefürchtet, dass der Stolz der Thüringerkönige ihn zu unbedachten Dingen treiben könnte. Wenn sie ehrlich ist, hatte sie auch ein wenig gehofft, dass er sich nicht für immer so kleinmachen lassen würde. „Was heißt: ‚Hier, im Frankenreich?' Du kannst hier nicht weg!" Schrecken klingt in ihrer Stimme. Erst als sie es ausspricht, wird ihr klar, was ihr Bruder eben in den Raum gestellt hat. „Ich werde Amalafrid suchen. Er muss in Italien sein, die ganze Fa-

milie ist damals dorthin geflohen. Sicher haben Amalabergas Verwandte dafür gesorgt, dass er eine gute Stellung bekommt. Wahrscheinlich ist er kaiserlicher Offizier oder sogar Statthalter. Er schuldet uns noch die Hälfte vom Hort der Thüringer. Er muss mir helfen. Dann bin ich wenigstens kein Gefangener mehr." Radegunde hört Bertachars Wortschwall an. Er scheint schon lange an diesem Plan zu grübeln. „Ist dir klar, was du da sagst? Du wirst nicht weit kommen, nicht mal durchs halbe Frankenreich, dann fassen dich Chlothars Leute und bringen dich um. Aber was gäbe ich darum, etwas von Amalafrid zu hören! Seit vielen Jahren haben wir keine Nachricht mehr von ihm und den anderen. Irgendwann gab es mal ein Gerücht, sie wären nach Konstantinopel gegangen. Vielleicht ist er in Jerusalem oder in Ägypten. Wer weiß, ob er noch lebt. Willst du in diese Ungewissheit ziehen?" Sie erinnert sich, was sie nach ihrer Flucht dachte, als sie vor Chlothar stand und er ihr die Freiheit bot: Mittellos und ohne königlichen Schutz, wie weit kannn man kommen? „Ich werde als Pilger reisen, nach Rom. Und unterwegs ziehe ich Erkundigungen ein." Das hat er also auch schon bedacht, denkt Radegunde stumpf. „Bist du denn wahnsinnig? Für Chlothar ist das Verrat! Er tötet dich, das ist sicher! Wie soll ich denn ohne dich weiterleben?" Diesen Hilferuf will sie so nicht stehen lassen, darum fügt sie noch an: „Du bist der König der Thüringer, du bist mein Oberhaupt!" Stumm geht Bertarich neben ihr her, seine Schritte werden länger, als wollte er davonlaufen. Sie hält mit. „Es ist die einzige Möglichkeit, ich habe es hin und her bedacht. Ich kann so nicht länger leben", hört Radegunde ihn sagen. Ihre Gedanken eilen. „Ich werde dir Reovalis aus meiner Leibgarde als Aufpasser schicken. Der ist treu und verschwiegen. Ich könnte sagen, hier wimmelt es von Banditen", spricht sie auf ihn ein, „aber der König wird schnell herausfinden, dass das nicht stimmt und dass etwas faul ist. Und das wäre dann auch dein Ende. Ich kann dich nicht schützen." „In Wirklichkeit fürchtest du dich doch nur selbst vor dem König", erwidert da der Bruder. Verständnislos schaut Radegunde ihn an. Dann schüttelt

sie langsam den Kopf. „Ich habe keine Angst vor dem Tod. Ich habe viel nachgedacht und viel gebetet. Wenn Chlothar mich umbringt, werde ich bei Gott in seiner Herrlichkeit sein." Sie lächelt, ein wenig traurig und hilflos sieht sie aus, aber sie ist sehr klar und bestimmt, findet Bertachar. So hat er sie schon früher gesehen, in Athies, wenn sie versuchte, ihm Mut zu machen, obwohl ihr selbst das Herz schwer war. Da fällt ihm ihr kindisches Versprechen wieder ein, damals auf dem Schlachtfeld. „Verzeih", sagt er, „ich hatte unseren Schwur vergessen. Ich werde dich nicht in Gefahr bringen." Wortlos gehen sie nebeneinanderher. Es ist noch nicht alles gesagt, das spüren sie, aber der Faden des Gespräches ist gerissen.
Chlothar kommt näher und hört sie reden. Sie sprechen Thüringisch, das er nur brockenweise versteht. Haben sie etwas zu verbergen? Zetteln sie gar etwas an? Chlothar beschließt, dieser Familienidylle ein Ende zu machen. „Ach, hier seid Ihr!", ruft er im Ton der Überraschung. „Ich hatte Euch vermisst und Euch gesucht!" Radegunde wendet sich um. „Macht Euch keine Sorgen, mein König", lächelt sie, „mir kann nichts geschehen, mein Bruder ist bei mir." Dann setzt sie hinzu: „Ist es nicht verblüffend? Früher habe ich ihn beschützen müssen, heute schützt er mich. So ändern sich die Zeiten." „Du schützt ihn noch immer", denkt Chlothar grimmig, während er vorschlägt, den Spaziergang zu dritt fortzusetzen. Am nächsten Morgen steht Bertarich mit zwei Pferden vor der Tür des Hauptgebäudes der Burg. Für den König hat er ein edles Tier der schwereren französischen Rasse ausgewählt, für sich eines der kleineren Thüringer Pferde, die seit einiger Zeit hier auch gehalten werden. König Chlothar grüßt ihn leutselig und schwingt sich in den Sattel. Sie verlassen die Burg. Bertarich hat eine schöne Strecke zum Galoppieren ausgesucht. Es könnte eine Lust sein, so zu reiten in der Frische des Morgens. Tautropfen funkeln im Sonnenlicht wie Diamanten. Bertarich und sein Pferd fliegen über die grasige Ebene, Pferd und Mensch scheinen wie aus einem Guss. Doch in seinem Kopf rumoren noch die Gedanken vom Abend zuvor. Chlothar

treibt sein Pferd an, um an diesem Gegner dranzubleiben. Bertarich spürt, er darf den Bogen nicht überspannen, er darf Chlothar nicht zu sehr reizen. Nur wenig verlangsamt er das Tempo, der König überholt ihn kurz vor dem Ende der Strecke. Trotzdem ist Chlothar verstimmt. Natürlich hat er bemerkt, dass Bertarich ihm den Sieg geschenkt hat. Seine Morgenlust ist verflogen. Unter artigen Gesprächen über unterschiedliche Rassen, über Futter und die Größe der Koppeln kehren sie zur Burg zurück.
Radegunde ist sicher, ihr Bruder hat sein Vorhaben nicht aufgegeben. Zu sehr kränkt ihn die fortdauernde Gefangenschaft. Den Vorarbeiter des Gestüts kennt sie als guten Mann. Ihm trägt sie auf, wenn sein Herr einmal auf eine Jagd oder Wallfahrt ausreiten werde, solle er es ihr sofort mitteilen. Sie habe Sorge um ihn, denn es gebe neidische Menschen, die ihm nach dem Leben trachteten. Sie würde Leute schicken, ihn zu schützen. Ihr Geschenk will der ehrliche Mann erst ausschlagen, doch als sie ihm sagt, wie wichtig ihr die Sache ist, nimmt er es doch.
Nur wenige Wochen später erscheint er bei ihr, Bertarich hat sich in Pilgerkleidung auf den Weg gemacht. Sie entlohnt den Mann für seine Mühe und schickt Reovalis mit zwei Leuten hinter dem Pilger her: „Findet ihn, bringt ihn an einen Pilgerort und betet mit ihm am Heiligtum, dann kauft in einem nahen Gestüt zwei gute Pferde und bringt ihn zurück auf sein Gut. Wenn Euch jemand fragt, sagt Ihr, Bertarich hatte von mir den Auftrag, Pferde zu erhandeln, Ihr bringt die Kaufsumme. Nehmt für Euch selbst Wechselpferde mit, denn die Pferde von den königlichen Gütern könnt Ihr nicht nutzen. Schützt sein Leben. Die Mission ist streng geheim." Nach zwei Wochen ist Reovalis mit seinen Männern zurück. „Bertarich ist wieder im Gestüt, auf dem zwei schöne neue Pferde grasen", berichtet er. Der königliche Bruder habe verstanden: Die Häscher des Königs hätten noch schneller sein können.

EIN ATTENTAT

Der König mit seinem Gefolge nimmt Quartier in der Nähe von Compiègne. Er reitet mit seinen Herren zur Jagd. Früher als erwartet, kehren die Jäger zurück. Es wird unruhig im Palast. Die Königin hört Rufe, Befehle, aufgeregtes Durcheinander. Sie eilt in den Hof. Da liegt auf einem Mantel Gundolf aus der Wachtruppe des Königs, tot, eine Wunde in der Brust, offenbar von einem Schwert getroffen. Zwei andere Begleiter des Königs halten einen Fremden in ihrer Mitte fest.
In Radegunde steigen wieder die alten Bilder hoch: ihr Vater erschlagen im Burghof, blutverkrustet, mit grauem Gesicht, still und tot. Sie zwingt sich zurück in die Gegenwart. Man erzählt ihr, sie seien im Wald ausgeschwärmt, Gundolf auf dem linken Flügel. Der habe Fremde gesehen und Alarm gerufen, dann sei er auch schon in einen Kampf verwickelt gewesen. Der Rest der Truppe sei sofort zu ihm hin geritten, habe ihn aber nur noch tot bergen und einen der Angreifer überwältigen können. Zwei seien auf Pferden geflohen.
Der Gefangene wird vernommen. Ein Mann aus der Leibwache erkennt ihn, hat ihn beim Kriegszug nach Spanien unter den Männern König Childeberts gesehen. Scheinbar waren auch die beiden anderen Childeberts Leute. Die Erklärungen des Delinquenten, welcher Zweck ihn und seine Begleiter in diesen Wald geführt hätte, klingen nicht sehr plausibel. Alles sieht nach einem geplanten Angriff auf die Person des Königs aus.
Der König hat die Befragung gar nicht angehört. „Wenn ich mir anschaue, wie der Angriff gelaufen ist", sagt er, „was das für Leute waren, gute Kämpen, in Friedenszeiten bis an die Zähne bewaffnet, drei Tagesritte innerhalb unseres Gebiets, muss das ein Attentat gewesen sein. Einer meiner besten Leute ist tot. Da kann es nichts anderes geben als die Todesstrafe. Childebert kann froh sein, wenn ich ihm nicht gleich mit meinen Leuten einen Besuch abstatte." Radegunde hat

ihm zugehört. „Natürlich hat der Mann Strafe verdient", sagt sie laut. Ihre Gedanken laufen schnell. Ist es klug, die Todesstrafe auszusprechen? Damit bewertet man die Tat als Mordversuch Childeberts an Chlothar. Angriff auf den König, das ist Grund zu Krieg, Krieg unter Brüdern. Selbst wenn Chlothar jetzt nicht losschlägt, sondern die fällige Todesstrafe für Childeberts Mann verhängt, wird Childebert das als Herausforderung nehmen und seinerseits den Krieg erklären. Sollen jetzt Franken gegen Franken kämpfen?

Chlothar beschließt, das Todesurteil nicht sofort zu fällen, sondern ein paar Tage verstreichen zu lassen und seinen Kronrat anzuhören. Schließlich geht es um eine Auseinandersetzung mit Childebert, da ist es gut, sich von den wichtigsten Gefolgsleuten die Zustimmung zu sichern, die Männer hinter sich zu bringen und gegen den Feind aufzustacheln.

Radegunde zeigt sich erleichtert: Dies sei eine weise Entscheidung voll politischer Klugheit, pflichtet sie ihm bei. In ihrem Inneren tobt es. Können diese königlichen Brüder denn nie Frieden halten? Muss das so sein, dass ihre gegenseitigen hinterhältigen Angriffe mehr Gefahr bergen als ein äußerer Feind? Einen solch sinnlosen Krieg wird sie verhindern, wenn irgend möglich. Einen Tag bedenkt sie ihren Plan, dann geht sie ans Werk. Wie zufällig trifft sie die Großen des Reiches, Chlothars Berater, hie und da im Palast. Oft hat es ihr schon Vergnügen bereitet, mit dem Cancellarius verwickelte juristische Konstellationen durchzuspielen. Nun fragt sie ihn: „Hat man denn bei dem Gefangenen irgendwelche Briefe oder Befehle gefunden? Kann man ihm den Anschlag nachweisen? Muss man nicht davon ausgehen, dass er zufällig im Wald war und mit dem Gundolf Streit hatte? Muss man dann nicht das Wergeld fordern? Für einen Leibwächter des Königs sind das ja immerhin sechshundert Solidi. Dafür muss seine Familie ein kleines Landgut verkaufen. Damit wäre Gundolfs Familie versorgt." „Grundsätzlich ist das richtig, Königin, und man könnte so tun", antwortet der Alte. „Aber der König kann auch die Todesstrafe aussprechen." Zum Heermeister spricht sie:

„Der Krieg in Spanien ist noch nicht sehr lange zu Ende, und seither hat der Schwarze Tod so viele Männer verschlungen – alte wie junge. Wäre es da gut, in einen Krieg zu ziehen?" Pater Urbanus fragt sie: „Da Gott gnädig das Leben unseres Herrn und Königs geschützt hat, sollte da der König nicht auch gnädig sein?"
Der anberaumte Gerichtstag kommt heran. Der König ist bei ruhiger Überlegung zu dem Schluss gekommen, dass ein Krieg mit Childebert jetzt völlig unnütz wäre. Aber er hat selbst die Todesstrafe gefordert. Das bringt ihn in Zugzwang. Der Kronrat tritt zusammen. Vorsichtig wägen sie Argumente, drehen sie hin und her, am Ende raten sie, eine Entscheidung, die einer Kriegserklärung gegenüber dem hochedlen Herrn Bruder gleichkäme, doch eher nicht zu erwägen. Der König lässt sich überzeugen und verurteilt den Angeklagten zur Zahlung des fälligen Wergelds. Nach der festgesetzten Frist kommen Boten aus Childeberts Land mit der geforderten Summe. Der Mann kann gehen. Die Könige tauschen Geschenke aus und erneuern ihr Bündnis. Der Krieg unter Brüdern ist abgewendet. „Meine Liebe", nimmt Chlothar die Königin beiseite, „natürlich habe ich gesehen, wie du Ränke geschmiedet hast. Solange du das in meinem Sinne tust, kann ich es dir durchgehen lassen. Lass dir nie einfallen, deine Kniffe gegen mich einzusetzen! Nie!" Radegunde hat einen Sieg errungen, aber ihr ist unwohl. Inständig hofft sie, der König möge nie erfahren, wohin Bertarich vor Kurzem eigentlich reisen wollte.
„Habe ich dir schon einmal von Theuderichs Attentat auf mich erzählt?", fragt Chlothar in ihre Gedanken hinein. Die Erinnerung scheint ihn zu erheitern. „Nein? Es war auf dem Thüringer Feldzug, kurz bevor wir wieder Richtung Heimat abrückten. Theuderich hatte mich eingeladen, wir wollten zusammen den Sieg feiern, so sagte er. Aber ich war misstrauisch. Ich wusste doch, dass er nicht sehr froh war, von der Beute nur einen kleineren Teil zu kriegen, weil er das eroberte Land bekam. Auch die Sache mit dir und deinem Bruder schwelte noch zwischen uns. Er lud mich also ein, und ich nahm einige

meiner Großen mit, gut bewaffnet versteht sich. Auf dem Weg zum Saal sah ich, wie sich ein Vorhang bewegte, und einer der Herzöge sah Männerfüße unter dem Wandbehang. Da gingen wir hin, schlugen die Gardinen zurück, und was fanden wir? Eine nette, kleine Auswahl der besten Männer aus Theuderichs Leibwache. Merkwürdigerweise hatten sie zum Fest die Waffen dabei. Die waren sehr erschrocken, uns so plötzlich zu sehen, und bei uns war das Gelächter groß. Wäre ich allein gekommen, hätte ich wohl den nächsten Tag nicht erlebt. Da siehst du es: Man muss einfach in jedem Moment auf der Hut sein." „Und wie ist es ausgegangen? Habt ihr dann Theuderich herausgefordert?", fragt die Königin. „Natürlich nicht. Wir haben an dem Abend ziemlich lange alte Geschichten erzählt und ziemlich viele Krüge geleert. Am Ende hat er mir für den erlittenen Schrecken eine schwere Silberschale aufgedrängt. Am nächsten Morgen habe ich seinen Sohn Theudebert gerufen und das Ding wieder an den Vater zurückgeschickt. Es hätte mich nur ewig an diesen traurigen Abend erinnert." „Du hast recht", erwidert die Königin und denkt an die Ereignisse der letzten Wochen. „Man kann nie genug auf der Hut sein."

KRIEG IM OSTEN

Wie so oft hört man ein Rumoren irgendwo an den Grenzen. Im Osten ist es dieses Mal. Theudobald, der Sohn des Heldenkönigs Theudebert und Theuderichs Enkel, hat schon mit elf Jahren das Reich geerbt. Seine Jugend gereicht ihm nicht zum Nachteil, der Ruhm des Vaters wirft ein helles Licht auch auf den Sohn. Aber er kränkelt. Rätselhafte Attacken von Fieber und Lähmungen machten sich bemerkbar und verschwanden wieder. Neuerdings scheint sich die Lähmung weiter auszubreiten, das linke Bein ist schwach geworden. Seine Krankheit schwächt nun auch das Reich. Aus dem Gebiet der Sachsen

und Thüringer hört man verworrene Gerüchte von Angriffsplänen auf das Frankenreich.
Chlothar beobachtet genau, was im Ostreich geschieht, hält Kontakte zu den Herren an den Grenzen. Von Theudobalds Königshof in Reims erreichen ihn die Nachrichten mit schnellen Reitern in nur einem Tag.
Auch Radegunde schaut nach Osten. Sie weiß, dass der Bestand des Reiches dort auf dem Spiel steht, zumindest der Bestand seiner Grenzen. Und sie kennt die Spiele der Macht. Wenn Theudobald nicht überraschend gesund wird, wird Chlothar nach Osten ziehen. Er wird sein Heer und das des Ostreiches gemeinsam führen. Er wird Sachsen und Thüringer schlagen. Er wird das große Reich von Reims unter seine Herrschaft bringen. Die Herren zwischen Werra und Mosel werden ihn auf den Schild heben. Aber wenn Chlothar gegen die Thüringer Krieg führen will, wird er keinen Thüringerkönig im Rücken der Truppe dulden. Selbst wenn er nicht mit dem Feind konspiriert, ist er ein Symbol der Thüringer Herrschaft, in ihm lebt das Blut seiner königlichen Ahnen fort. Wie kann sie Bertarich warnen? Sein Leben ist in Gefahr.
Sie ruft Reovalis und erteilt ihm den Auftrag. „Nein, ich gebe Euch keine Briefe an meinen Bruder. Wenn Leute des Königs sie fänden, könnten sie mutmaßen, ich wollte ihn ins Ausland schicken, damit er von dort aus zu den Thüringern stößt. Nehmt diese Gewandspange mit dem Adler. Er kennt sie, sie ist eines der wenigen Stücke, die mir aus der Heimat geblieben sind. Sagt ihm: ‚Der König wird Krieg gegen Thüringen führen. Dein Leben ist in Gefahr. Flieh nach Britannien, oder begib dich in den Schutz der Kirche.'" Der Hauptmann wiederholt den Auftrag. „Gut so. Ihr begleitet ihn bis zu dem Hafen, den er wählt und sorgt dafür, dass er auf ein Schiff kommt, oder aber zu einem Kloster seiner Wahl. Handelt nach seinen Befehlen." Die Boten finden Bertarich im Haupthaus des Gutes. Der Hauptmann erklärt seinen Auftrag: „Hochedler Herr, wir sollen Euer Leben schützen. Flieht nach Britannien, oder begebt Euch in den Schutz der Kirche." Bertarich lässt

seinen Blick schweifen über die weitläufigen Wiesengründe, auf denen edle Pferde grasen. Dann antwortet er: „Sagt der Königin, ich will nicht den Rest meines Lebens im Kloster oder im Exil verbringen und trotz allem noch einen Anschlag Chlothars befürchten müssen. Reitet zurück. Ihr habt Euren Auftrag erfüllt." „Hoher Herr, Euer Leben ist in Gefahr, wir sollen Euch schützen." „Reitet heim. Ich will hierbleiben. Ich will kein Flüchtender sein." Er sieht, wie der Hauptmann der Truppe zögert. „Reitet heim! Das ist ein Befehl!" Der Hauptmann kehrt um. Er erstattet der Königin Bericht, die ihm freundlich dankt. Im Inneren ist Radegunde aufgebracht. Was denkt sich dieser Bengel von Bruder? Soll sie ihre halbe Garde hinschicken und ihn an geheimem Ort festsetzen? Das wäre aussichtslos, die Späher des Königs haben Augen und Ohren überall. Sie muss nachdenken. Schließlich steht ihr eigenes Leben mit auf dem Spiel.

Die Nachrichten verdichten sich: Theudobald ist jetzt von den Hüften abwärts gelähmt. Seine Ärzte fürchten eine weitere Verschlechterung seines Zustands. Seine Frau Walderada könnte bei seinem Ableben zwar das Reich als Regentin verwalten, aber auch sie ist noch sehr jung, und sie haben keine Kinder. Die Sachsen rufen Männer zu den Waffen gegen das Frankenreich, die Thüringer Herren tun es ebenso. Chlothar rüstet zum Krieg.

Radegunde eilt zum König, findet ihn in Planungen mit seinen Heerleuten, steht vor ihm in der Geste des Flehens. „Mein König und Herr, ich bitte Euch in aller Demut, schont mein Volk. Hat es nicht genug gelitten? Sind nicht Tausende erschlagen?" Vor ihren Augen sieht sie wieder all die Toten auf dem Schachtfeld, darüber die Raben und die Plünderer. Der König strahlt in falscher Liebenswürdigkeit: „Seid unbesorgt, meine Liebe. Das Volk der Franken ist nicht in Gefahr, wenn wir rechtzeitig handeln." „Herr, Ihr wisst, das Volk der Franken ist auch mein Volk geworden seit vielen Jahren, und doch spreche ich jetzt vom Volk meiner Väter und dem Land meiner Kindheit." Sie hat sich aufgerichtet, begegnet ihm jetzt auf Augenhöhe. Seine Antwort klingt, als schildere er die Lage seinen Heerführern: „Wir haben sie wohl zu lange geschont. Mehr als zwanzig Jahre ließen wir ihnen den Frieden. Nun werden sie übermütig. Eine ganze Generation junger Männer haben sie seither erziehen können. Womöglich träumen sie ja von Höherem. Wollen wieder ein Reich haben, ein Königreich!" Höhnisch klingt sein letzter Satz im Raum nach. Da ist es, das Todesurteil! Sie muss Bertarichs Leben schützen. Er schaut sie an, sieht in ihren Augen, wie sich der Schreck zu einem Entschluss verdichtet. Er schlägt einen versöhnlicheren Ton an: „Meine Liebe, es geht gar nicht in erster Linie um die Thüringer. Du kennst die Regeln. Am gefährlichsten sind unklare Machtverhältnisse. Sie verführen alle möglichen Leute zu irgendwelchen Abenteuern. Bete für mich, dass es mir gelingt, das Ostreich zu kontrollieren und Stärke zu zeigen, dann kommen wir vielleicht mit ein paar Grenzgeplänkeln davon." Sie weiß: Er wiegelt ab. Er wird sich dieses große Teilreich sichern. Er wird dafür jeden Krieg führen, der ihm notwendig erscheint. Er wird keine unsicheren Kandidaten in seinem Rücken dulden, und Bertarich zählt er dazu. „Herr", sagt sie, „Ich werde Gott um Weisheit bitten für Euch in dieser schweren Zeit."

Sie denkt einen Moment nach, dann schickt sie alle hinaus, sinkt aufs Knie. So hat sie nur ein einziges Mal vor ihm gekniet, in Vitry, in Erwartung des Todes durch das Schwert. „Herr, gedenkt des Versprechens, das Ihr mir gabt, damals vor unserer Hochzeit." „Was verspricht man schon alles, wenn man ein Weib gewinnen will. Und – seid Ihr denn noch meine gute Königin?" „Herr, lasst Gnade walten! Bertarich ist mir das Liebste, was ich habe auf dieser Welt nach Euch. Er ist mir vertraut von klein auf, der Einzige meiner Familie, der mir geblieben ist. Ich habe ihn in meinen Armen gehalten in Scithingi und auf dem langen Zug ins Frankenland. Reißt mir dieses Kind nicht vom Herzen!" „Königin, Euer Bruder ist längst Eurer Sorge entwachsen. Wenn Ihr mir ein eigenes Kind geboren hättet, müsstet Ihr an ihn Euer Herz nicht so hängen." „Herr, wie gern

hätte ich Euch den Knaben geboren, den König der Thüringer und der Franken. Gott ist mein Zeuge. Wie oft habe ich zu ihm gefleht! Herr, verzeiht mir!" Er hat sich halb abgewendet. Gewollt obenhin sagt er: „Vielleicht hast du mir ja auch den Erben vorenthalten, du mit deinen Heilkünsten und deinem frommen Getue."
Da hat er ihn ausgesprochen, den finstersten Verdacht. Es ist wie ein Schlag mit der nackten Hand ins Gesicht. Sie ist langsam aufgestanden. Als er ihre Augen sieht, bereut er, was er gesagt hat. „Herr", sagt sie, und sie sagt es sehr ruhig, „Ihr wisst, dass das nicht wahr ist." Keine Schnörkel mehr, keine Floskeln. Im tiefsten Grund ihrer Seele weiß sie, dass sie ihn verloren hat. Vor ihr steht der, der den Krieg um das Reich kämpft. Mit allen Mitteln. Der Kindermörder. Der Königsmörder. Wie Herminafrid. Wie Theuderich. Kein Zweifel, sein Plan ist gefasst. Die Würfel sind gefallen. Er will in den Krieg ziehen. Er wird den Thüringern keinen König lassen als sich selbst. Kein Bitten würde ihn umstimmen. Sie selbst ist in Gefahr. Ihr Leben hängt am seidenen Faden wie damals in dem Zelt in Scithingi. Da steht sie, die Königin, und sagt im Ton einer sachlichen Feststellung: „Mein Bruder ist der letzte König der Thüringer. Ihr wisst, dass er unschuldig ist. Ich bin seine einzige Verwandte. Ihr wisst, was das bedeutet." Er hat mit allem Möglichen gerechnet, das hier hat er nicht erwartet. Seine Königin, die Fromme, die Mildtätige, spricht von Blutrache. Mit einem Schlag seines Schwertes könnte er sie und das Problem jetzt aus der Welt schaffen. Aber genau darum liebt er sie: Immer hält sie Überraschungen bereit. Man kann nicht wissen, was sie als Nächstes tun wird. „Sie weiß nicht, wie sehr sie jetzt dem trotzigen, kleinen Mädchen gleicht, damals im Zelt", schießt es ihm durch den Kopf. „Geh mir aus den Augen", sagt er. „Geh!" Der drohende Ton kann das Zittern in seiner Stimme nicht überdecken.

Radegunde hat keine Zeit zu verlieren. Für den Fall eines Angriffs auf die Königin gibt es vorbereitete Pläne, ihre Truppe

arbeitet schnell und präzise. Reovalis schickt sie mit fünf Reitern zu Bertarich. Sie sollen sein Leben schützen. Notfalls sollen sie den Anschlag der königlichen Mordgesellen mit Waffengewalt verhindern. „Es geht um den Bestand des Reiches", sagt sie dem Hauptmann. „Der Mord an meinem Bruder wäre Königsmord." Reovalis versteht. Sie sollen eine Blutfehde zwischen König und Königin verhindern. Die Reiter jagen über freie Flächen, preschen durch Wälder, erreichen das Gut, wo sie den Bruder der Königin finden sollen. Sie finden ihn erschlagen in seinem Blut liegen. Die finsteren Gesellen des Königs können nicht weit sein. Die Gutsleute weisen ihnen die Richtung, in der die Mörder flohen. Sie sagen: „Bertarich hat angeordnet, dass er hier bei der Kirche des Gutes begraben werden soll. Das wollen wir für ihn tun. Und wir sollen seiner Schwester diese Spange und die vornehmen Gewänder zurücksenden." Ein Reiter bringt der Königin die Botschaft. Die übrigen brechen auf zur Verfolgung der Mörder. Sie stellen sie und strecken sie nach kurzem Gefecht nieder.
Einen Mann ihrer Truppe hat Radegunde mit Geschenken in die Hauptkirche von Soissons geschickt, er möge ein geistliches Gewand herbeischaffen. Ihren Damen trägt sie auf, ihre gesamte Ausstattung zusammenzupacken, sie wolle eine Pilgerfahrt nach Tours unternehmen. Sie selbst wolle zuvor mit kleiner Bedeckung zum heiligen Bischof Medardus in Noyon pilgern, um seinen Segen zu erbitten. Der Tross solle sich Richtung Tours auf den Weg machen. Die geistliche Tracht nimmt sie mit sich.
Ein Bote hat sie angekündigt. Medardus erwartet sie am Eingang der Kirche. Sie treten ein. Er hört ihr die Beichte. Medardus, der greise Bischof, der all die Frankenkönige kennt von klein auf, er versteht, was ihr auf dem Herzen liegt. Sie bittet ihn um die Weihe zur Diakonin.
Der Bischof lehnt ihre Bitte rundheraus ab. Er zitiert den Apostel Paulus. Er zitiert die Beschlüsse der Bischofssynoden. Er kann nicht die Frau dem Ehemann entziehen. Dem König die Königin. Er hat ihr Ehegelübde gehört. Es gilt nicht

nur Chlothar, es bindet sie vor Gott. Er selbst, Medardus, hat ihrer Ehe Gottes Segen zugesprochen. Wenn sie Chlothar verlässt, bricht sie die Ehe. Sie bricht die Treue zum König.
„Ich bin die Tochter und Schwester von Königen und Kriegern, bin hineingeboren in die Gewalt, die immer neue Gewalt hervorbringt. Brüder morden Brüder. Der Oheim mordet die Neffen. Mein Gatte, der König, hat den König, meinen Bruder, gemordet. Nach alter Sitte steht auf Königsmord der Tod. Er kann nur durch Blut gesühnt werden. Königsmord hat mich zur Waise gemacht. Die Schrecken des Krieges habe ich gesehen. Ich will nicht Mord mit Mord vergelten, will nicht dieses Land in Krieg unter meinen Söhnen stürzen." Sie erhebt sich und geht zum Altar. Zögernd erhebt sich auch Medardus, steht, lauscht dem Gehörten nach. Die Welt der Franken ist aus den Fugen. Nach Sitte und Gesetz ist es die Pflicht der Königin, den Mord an ihrem Bruder zu rächen. Der König wird versuchen, ihr zuvorzukommen. Die Spirale der Gewalt wird nicht mehr aufzuhalten sein. Es sei denn, die Königin hält sie an, ehe sie sich dreht. Jetzt. Sie steht am Altar und erwartet die Einsegnung. Der Bischof macht sich auf den Weg, ihr zu folgen.
Inzwischen hat sich ihr Vorhaben unter Radegundes Kriegern herumgesprochen. Die Königin will in den geistlichen Stand treten, will den König verlassen. Sie haben Beihilfe geleistet. Man wird sie zur Verantwortung ziehen. Sie müssen das verhindern. Der Bischof darf den Altar nicht erreichen. Waffeneinsatz verbietet sich in einer Kirche und gegen einen heiligen Mann. Aber Waffen brauchen sie nicht, sie können den alten Mann abdrängen.
Von den Altarstufen schaut die Königin dem Gedränge und Geschiebe zu. Dann geht sie in die Sakristei, legt Schmuck und königliche Kleider ab und hüllt sich in das geistliche Gewand. So tritt sie wieder an den Altar. Ihre Leute sind immer noch dabei, auf den Bischof einzureden und ihn zum Verlassen der Kirche zu bewegen. Hier kann nur ein Machtwort helfen. Befehle werden nichts nützen. „*Wenn du es hinauszögern soll-*

test", laut und vernehmlich hat sie vom Altar her gesprochen. Nun wartet sie, bis Ruhe einkehrt und ihr der Haufe zuhört. *„Wenn du es hinauszögern solltest, mich zu weihen, wenn du mehr einen Menschen als Gott fürchten solltest – dann wird aus deiner* Hand, Hirte, *die Seele eines Schafes gefordert werden."*

Die Krieger glauben, sie spräche von der Lebensgefahr, in der sie schwebt, weil der König sie verfolgt. Darum will sie sich nun unter den Schutz der Kirche flüchten. Darum steht sie dort im Gewand einer Nonne. Medardus weiß, sie redet von Königsmord und von ihrer ewigen Seligkeit. Er ist alt. Bald wird er vor seinem ewigen Richter stehen. Der irdische schreckt ihn nicht. Er bahnt sich den Weg durch die ratlose Schar, geht zum Altar und betet. Dann wendet er sich um, spricht der Königin die Worte des Gelübdes vor, sie wiederholt die Formel. Darauf spricht er über der Königin die Einsegnungsworte.

EIN AUSWEG

Denn sie erfrischte nicht nur die Armen an der täglichen Tafel, sondern sie bereitete stets an zwei Tagen der Woche, am Donnerstag und am Samstag, ein Bad und wusch selbst, in ein grobes Gewand gegürtet, die Köpfe der Bedürftigen.

Venantius Fortunatus, Vita sanctae Radegundis, 17.

SCHWESTERN IN SAIX

Radegunde und ihre Leute umgehen Soissons weiträumig, halten sich zur Loire. Zwei Tage lang reisen sie auf einem Schiff den Fluss hinab. Glücklich landen sie in Tours. Der Tross ist rechtzeitig angekommen, ihre Damen haben bereits ein Quartier hergerichtet.

Einen Tag braucht Radegunde, um nach den Ritten und der Schiffsreise alles zu ordnen. Dann begibt sie sich in die Basilika, die das Grab des heiligen Martin birgt. Zweihundert Jahre ist es her, dass er sich taufen ließ. Später wurde er Bischof dieser Stadt. Sein Grab ist ein Heiligtum aller Franken. Es ist das Ziel ihrer Wallfahrt. Seit ihrer Kinderzeit ist ihr der Heilige vertraut. Nur einen Tagesritt von Athies liegt Amiens, die Stadt, wo er mit dem Bettler den Mantel teilte. Sie betet. Martin, dem Krieger, kann sie die Schrecken des Krieges klagen. Dem Offizier, der fünfundzwanzig Jahre Militärdienst ableisten musste, weil schon sein Vater Offizier war, klagt sie die Verstrickungen und Fesseln ihrer Herkunft. Dem Mann mit dem mitleidigen Herzen ihre Kinderlosigkeit. Hier endlich kann sie ihren Bruder beweinen. Sein Tod stürzt sie in namenlosen Jammer, und ihre Unfähigkeit, ihn zu schützen, lastet auf ihr. Hätte sie ihn nicht doch nach Italien ziehen lassen sollen, um Amalafrid zu suchen? Hätte er dort sein Glück gefunden? Nein, die Sache war aussichtslos. Oder hat sie nur versucht, ihn hier, in ihrer Nähe, zu halten? War das egoistisch? Sie lauscht in ihr Inneres, horcht auf Gott, sucht nach Antworten, nach einem neuen Weg. Zögernd stellt sie sich Fragen: Hat nicht Martin sich einst ein Kloster erbaut, das erste im Abendland? Soll sie ein Kloster für Frauen bauen, das erste in Chlothars Reich? Ist das ihre Bestimmung? Kann es möglich sein, dem Morden der Könige einen Ort des Friedens entgegenzustellen, einen Ort des Gebets? So fragt sie in die majestätische Stille der Basilika.

Der Grabkirche des Heiligen macht sie große Schenkungen. Tours mit seiner Basilika ist ein guter Ort. Hier soll für Chlo-

thar, den Krieger, gebetet werden. Für das Seelenheil des Königs richtet sie eine Stiftung ein für ein Männerkloster, es soll unweit der Martins-Basilika erbaut werden. Dann reist sie nach Candes, dem Sterbeort Martins, um zu beten.
Weiter zieht sie nach Saix, das Chlothar ihr in der Morgengabe übereignet hat. Dieses Gut liegt im Westen, weit weg von der Residenz Soissons, weit weg von dem Krieg, den Chlothar führen will. Hier will sie sich niederlassen. Hier will sie im geistlichen Stand leben, sich ganz den Werken der Barmherzigkeit widmen. Sie entlässt ihr Gefolge. Drei der Damen wollen bei ihr bleiben: zwei Witwen und ein Mädchen von vierzehn Jahren.
Agnes ist jetzt zwölf Jahre alt. Sie hat ihren Vater gefragt. Claudius hat entschieden, sie solle bei der Königin bleiben. Der König hat der Königin die Güter seiner Morgengabe nicht entzogen. Claudius ist weiter für sie auf Inspektionsreisen. Immer, wenn er zur Berichterstattung nach Saix kommt, wird er seine Tochter sehen.
Die Frauen machen sich ans Werk, richten die Gutsgebäude für den Empfang zahlreicher Menschen her, sorgen für große Wasserkessel und Feuerstätten, für Waschmöglichkeiten. Um zweimal in der Woche Bedürftige zu verköstigen und zu versorgen, muss vorgekocht und gebacken werden. Am ersten Donnerstag kommen drei alte Frauen und zwei Mütter mit kleinen Kindern. Radegunde behandelt Schorf und versorgt ein eitriges Geschwür. Als die Frauen und Kinder frisch gewaschen, eingekleidet und satt das Gut verlassen, sind Radegunde und ihre Mitstreiterinnen glücklich. Ein Anfang ist gemacht. In der nächsten Woche sind es schon deutlich mehr Menschen, die weite Wege nicht scheuen und Hilfe auf dem Gut suchen.

Der Führer seiner Leibgarde informiert den König über Bertarichs Tod und den Tod der Mörder. Leute aus Radegundes Truppe hätten die Nachricht gebracht. Chlothar hört es mit einer Mischung aus Befriedigung und Besorgnis. Erfreulich ist, dass er nun die Beseitigung seiner Handlanger nicht selbst in die Hand nehmen muss. Das gelungene Attentat auf Bertarich verschafft ihm die Gewissheit, dass ihm bei dem geplanten Kriegszug kein kollaborierender Thronanwärter in den Rücken fallen kann. Was aber hat er von Radegunde zu erwarten? Die Königin sei erst zur Wallfahrt in Tours gewesen und nun in Saix auf ihrem Gut, erfährt er. Was hat sie dort zu tun? Benimmt sich so eine Königin, läuft sie einfach davon? Er braucht sie hier. Wenn er in den Krieg zieht, muss die Regentin die laufenden Dinge regeln. Und die Geschichte mit der Einsegnung zur Diakonin, die er gehört hat, soll er diese Kinderei etwa ernst nehmen? Eine Königin, die die Ehe annullieren will? Lächerlich! Soll er ihr eine Abordnung schicken, um sie zur Rückkehr zu bewegen? Dazu bräuchte er zuverlässige Männer von Rang, die Radegunde gut kennt und die sie überzeugen können. Die braucht er jetzt dringend selbst angesichts des bevorstehenden Krieges. Er zögert diese Nebensächlichkeit hinaus, er hat Wichtigeres zu tun.

Da kommt die Nachricht, Theudobald sei gestorben. Wenn er jetzt nicht losschlägt, hat er den Krieg verloren, noch bevor er begonnen hat. Die Truppen waren in Alarmbereitschaft, nun genügen wenige Befehle, sie in Marsch zu setzen. Da sie als Verbündete des Ostreiches kommen und in Freundesland reiten, kommen sie schnell voran. Dennoch haben Sachsen und Thüringer reichlich Zeit, ihre Verteidigung in Stellung zu bringen. Die Kämpfe ziehen sich hin mit wechselndem Kriegsglück, sind verlustreich auf beiden Seiten. Schließlich will Chlothar mit den Sachsen verhandeln, sie versprechen hohe Tributleistungen, wenn die Franken ihnen ihr Land lassen. Chlothar ist kein jugendlicher Heißsporn mehr. Er sieht: Bessere Bedingungen kann er auch durch eine gewonnene Schlacht nicht erreichen. Aber die Herren des Ostreiches bestehen darauf, den Feind im Kampf zusammenzuhauen, ihn zu schwächen, ihm Land und Leute abzunehmen. Anderenfalls würden die Sachsen sich in kurzer Zeit wieder erheben, so argumentieren sie. Die Wogen schlagen hoch. Chlothar beharrt auf Verhandlungen. Eines Tages ist für die Truppe das Maß voll. Nach dem einen und anderen Krug Bier werden Stimmen laut: „Wir lungern hier im Lager herum wie Landstreicher! Sind wir keine Krieger? Theuderich und Theudebert, ja das waren Könige und Heerführer! Was haben wir mit denen für siegreiche Schlachten geschlagen! Wenn Chlothar unser König werden will, dann soll er zeigen, dass er kein zahnloser alter Hund ist! Ist er nicht mit den Thüringern verschwägert? Schont er sie deshalb? Er soll in die Schlacht ziehen, oder wir behandeln ihn wie einen Verräter!" Es gibt Tumult im Lager, eine wütende Menge von Kriegsleuten zieht zum Königszelt. Die Posten sehen sich in ein regelrechtes Gefecht verwickelt, das Zelt wird mit Schwertern in Fetzen geschlagen. Der König tritt heraus, in Kampfrüstung, brüllt die Leute zusammen. Er schlägt die Schlacht. Der Tag wird schlimmer als in Scithingi. Auf beiden Seiten verlieren Tausende gute Männer ihr Leben. In den Verhandlungen danach kann Chlothar nicht mehr die guten Bedingungen erreichen wie vor dem Kampf. Aber er hat die beiden Armeen – seine eigene und die des Ostreiches – vereinigt. Sie feiern ihn als König. Sie heben ihn auf den Schild. Er zelebriert den Umritt – die Inbesitznahme seines neuen Reiches. Die Großen des Landes huldigen ihm. Er nimmt Theudobalds Witwe Walderada zur Frau. Er feiert das Beilager. Soll Radegunde doch sehen, dass er sie nicht braucht. Er hat jetzt eine Jüngere. Er hat Theudobald beerbt, seinen Großneffen.

Allein die Bischöfe machen ihm einen Strich durch die Rechnung. Seine Ehe mit Radegunde bestehe fort, sagen sie. Er könne unter diesen Umständen nicht erneut in die Ehe treten. Sie führen politische Gründe an, weshalb er die Ehe mit Walderada annullieren sollte. Schließlich sei sie ja noch nicht von der Kirche gesegnet. Sie lassen sein Alter und die Jugend der Königin durchblicken. Der Bayernherzog Garibald habe um ihre Hand angehalten. Es könnte vorteilhaft sein, ein solches Bündnis einzugehen. Im Grunde liegt ihm nichts an dem jungen Ding. Soll sie der Bayer haben. Chlothar hat das Reich gewonnen.

In Saix ist tätiges Leben eingekehrt. Die Königin befindet die bisherige Kapelle des Gutes für zu klein und lässt anbauen, der künftigen Zahl der Schwestern und Besucher angemessen. Die Bauarbeiten sind in vollem Gang, überall hört man das Klopfen der Steinmetzhämmer. Radegunde weiß aber auch, wie wichtig ein fester Tagesrhythmus ist. Früh, mittags und abends vor dem Schlafengehen, zur Prim, Sext und Komplet, eilen die Schwestern zur alten Kapelle, um das Psalmgebet zu singen. Ein Garten mit Heilkräutern wird angelegt, in den Gebäuden werden zusätzliche Räume für die Aufnahme und Verköstigung von Kranken und Wohnräume für Schwestern hergerichtet. An jedem Donnerstag und Samstag empfangen sie nun Bedürftige, die sie versorgen. Die Sonntage aber sind heilig. Ein Priester liest die Messe, danach speisen sie mit ihm gemeinsam.

Die Königin selbst kümmert sich um all die Elenden, die bei ihr Hilfe suchen. Sie steckt sie in Zuber mit warmem Wasser und wäscht sie. Zerschlissene Kleidung wird durch gute ersetzt. Die Tafel wird sorgfältig gedeckt, Speisen werden auf Platten herbeigetragen, und die Königin füttert persönlich Blinde und Schwache. Die Schwestern sehen, wie die Herrin des Reiches hier die niedrigsten Arbeiten anpackt. Da will keine zurückstehen, und so sind sie bald eine Gemeinschaft, die für dasselbe Ziel arbeitet: Gutes zu tun an den vom Leben Gezeichneten, den „geringsten Brüdern Jesu", wie sie sie nennen. Einmal kommt eine Gruppe Aussätziger aufs Gut. Mit den vorgeschriebenen Zeichen machen sie auf ihren Zustand aufmerksam. Die Königin lässt erkunden, wie viele es sind, und eine Mahlzeit für sie herrichten. Dann wäscht sie auch diese Frauen mit eigener Hand und versorgt ihre Wunden. Sie lässt sich ihre Lebensgeschichte erzählen. Da berichtet eine: „Wir drei Frauen stammen aus Thüringen. Den ganzen langen Weg aus der Heimat bis auf das Gut bei Candes sind wir zu Fuß gelaufen, damals nach der großen Schlacht, in dem Zug der Gefangenen. Einer von König Chlothars Offizieren hat uns als Mägde zugeteilt bekommen. Wir hatten es nicht schlecht dort, aber vor einiger Zeit kam ein übler Geselle vorbei. Er hatte Vieh gestohlen und war auf der Flucht. Er hat in einer Scheune übernachtet. Als wir ihn gefunden haben, ist er weitergeflüchtet. Die Lepra hat er dagelassen." Sie sprechen Thüringisch. Sie sitzen da und weinen gemeinsam. Die Königin geht so weit, die Frauen zu küssen. Da empören sich ein paar der Schwestern. Ist sie lebensmüde? Will sie Gott herausfordern? Denkt sie nicht an die Verantwortung, die sie trägt? Eine Dienerin, ein junges, lustiges Ding, fasst sich ein Herz und fragt: „ Hohe Herrin, wenn du so die Leprakranken umarmst, wer soll dich dann noch küssen?" Mit einem Lachen erwidert Radegunde: „Wenn du mich nicht küssen willst, kann ich das verschmerzen." Sie wird nicht krank. Aber für einige Tage hält sie sich abseits von den Schwestern.

Langsam reift in Radegunde der Plan, ein Frauenkloster zu gründen. Sie denkt nach über einen Ort für das Vorhaben. Poitiers, die Hauptstadt Aquitaniens, wäre gut. Dort war der heilige Hilarius Bischof, der Lehrer Martins. Sie schreibt einen Brief an Pientius, den Bischof von Poitiers.

Auch wegen einer Klosterregel hat sie Erkundigungen eingezogen. Der heilige Caesarius von Arles hat einst für ein Frauenkloster, dem seine Schwester vorstand, eine Regel geschaffen. Sie schreibt an die jetzige Äbtissin, Caesaria II., und bittet sie um eine Abschrift. Ihre berittenen Boten sind zuverlässige Männer aus Saix.

Chlothar kehrt zurück in seinen Palast. Lang haben der Krieg im Osten und der Siegeszug gedauert, fast zwei Jahre sind ins Land gegangen. Die Getreuen in seiner Residenz empfangen ihn mit überschwänglichem Jubel. Aber was ist das gegen einen Empfang durch die Königin? Der Palast ist leer und öde. Ohne Seele. Das Lager ist kalt.

Zudem macht er sich ernsthafte Sorgen. Während seiner Abwesenheit hat sein Sohn Chram einen Aufstand unternommen. Chram ist der einzige Sohn, den er von Chunsine hat. Diese Ehe war kurz, aber heftig. Chram wuchs bei seiner Mutter auf. Chlothar hat ihm das Teilreich von Clermont gegeben. Nun hat er sich mit Childebert, seinem Onkel im Westreich, verbündet gegen den Vater. Childebert hat Reims eingenommen, Chram etliche andere Städte. Chlothar muss nun zu Hause hart durchgreifen. Er zieht nach Reims, gegen Childebert. Der bittet Germanus, den neuen Bischof von Paris, um Vermittlung. Es werden zähe Verhandlungen. Childebert gibt an, er hätte Reims nur eingenommen, um die Stadt zu sichern. Er hätte Nachricht gehabt, sein Bruder sei in einer Schlacht mit den Sachsen getötet worden. Auch Chram gibt die eroberten Gebiete an den rechtmäßigen Besitzer zurück. Im Beisein des Bischofs und der Großen am Hof schwört er in Paris seinem Vater die Treue.

Nun endlich braucht Chlothar seine Königin zurück. Wäre sie als Regentin in Soissons geblieben, hätte sie die Übergriffe von Sohn und Schwager womöglich frühzeitig unterbinden können. Sie hatte jetzt Zeit genug, ihren Bruder zu betrauern und sich ihren mildtätigen Beschäftigungen zu widmen. Nun soll sie endlich wieder ihren Verpflichtungen nachkommen. Ja, es tut ihm aufrichtig leid, dass er ihr den geliebten Bruder hat erschlagen lassen. Er muss sie um Entschuldigung bitten. Aber er konnte nicht anders handeln. Das muss ihr klar sein. Sie ist eine Königin und kennt die Spielregeln. Sorgfältig wählt er seine Boten für die heikle Mission: gestandene, besonnene Männer, denen Radegunde vertrauen kann.

Radegunde hört das Gerücht, dass Chlothar sie zurückholen lassen will. Sie hat damit rechnen müssen. Nun ist sie doch tief erschrocken. Es gibt in der Nähe einen heiligen Mann, Johannes, einen bretonischen Eremiten, dessen Gebeten Wunderkraft zugesprochen wird. Ihm schickt sie einen Kelch aus ihrem Schatz und bittet ihn, für sie zu beten. Sie selbst verbringt eine schlaflose Nacht im Gebet. Dann erwartet sie die Abordnung des Königs.

Die Herren kommen nach Saix. Sie sehen, wie sich das Gut verändert hat: Da steht eine neue Kirche, die Häuser sind hergerichtet worden. „Findet Ihr nicht", so fragt Alexius, der

Stadtkommandant von Arras, den Bischof von Tournai, „dass die Königin hier ziemlichen Aufwand treibt? Wenn der König ernsthaft vorhätte, dem Treiben hier ein Ende zu setzen, müsste er ihr nur ihre Einkünfte sperren." „Und was könnte er damit erreichen?", fragt der Angesprochene zurück. „Dass sie bei einem seiner Söhne um Asyl bittet? Dann hätte er wieder einen Sohn gegen sich. Das kann er nicht wollen. Er will Frieden im Reich."

In der Kirche treffen sie einen Kreis von vielleicht einem Dutzend Frauen. Alle tragen das gleiche schlichte, milchweiße Gewand. Unter diesen tritt jetzt die Königin hervor. Sie allein trägt als Schmuck um den Hals ein goldenes Kreuz, das mit wertvollen Steinen besetzt ist. „Seid willkommen, edle Herren", so empfängt sie die Gäste. „Es ist gerade die Mittagsstunde. Meine Schwestern und ich haben uns zum Gebet versammelt. Wir bitten Euch, bleibt und betet mit uns." Die Schwestern stimmen den Psalm an. Die Königin singt vor: *„Schaffe in mir, Gott, ein reines Herz, und gib mir einen neuen, beständigen Geist."* Der letzte Ton scheint über den Häuptern der Betenden zu schweben, bis der Chor einfällt: *„Verwirf mich nicht von deinem Angesicht, und nimm deinen heiligen Geist nicht von mir."* Die sakrale Umgebung hinterlässt Eindruck bei den Männern, sie beginnen zu begreifen, was die Herrin hier begonnen hat. Aber warum tut sie das? Sie ist eine Königin, sie ist die Herrin des Reiches! Sie gehört an die Seite des Königs! Nach der Liturgie bittet Radegunde die Herren, sich vorzustellen. Sie kennt jeden von ihnen, der König hat eine gute Wahl getroffen, um ein Anliegen vorzutragen, so denkt sie. Sie stellt ihre Schwestern vor. Es sind ein paar junge Bauernmädchen dabei, aber auch klangvolle Namen sind zu hören. Große und einflussreiche Familien haben ihre Töchter der Königin zur Ausbildung anvertraut, zwei verwitwete edle Damen sind hier, um Gutes zu tun. Das verstehen die Gesandten. Dann entlässt die Königin ihre Schwestern mit der Bitte, etwas zu Essen für die Gäste zu richten.

Sie selbst bleibt mit den Unterhändlern in der Kapelle. Sie ist so unnahbar, wie die Männer sie nur von den großen Staatsempfängen her kennen. Der Herzog von Arras bittet untertänig, die Botschaft des Königs vorbringen zu dürfen. Mit einer Geste erlaubt sie es. „Hochedle Königin", so beginnt er, „unser Herr und König beklagt jeden Tag den großen Verlust, den er erlitten hat, als er Euch, seiner Königin, gestattet hat, von seiner Seite zu gehen. Er lässt Euch ausrichten, das Leben freut ihn nicht mehr ohne Euch. Er bittet Euch, ihm jede Unfreundlichkeit und den Tod Eures Bruders zu verzeihen und zu ihm zurückzukehren als seine geliebte und hochgeschätzte Königin. Er bietet Euch Entschädigung, und er bietet Euch Geschenke, um die Größe und Ernsthaftigkeit seiner Bitte zu bezeugen."

Radegunde hört die Herren an. Dann ist Schweigen unter dem steinernen Gewölbe der Kapelle. Schließlich sagt sie: „Edle Herren, sagt dem König: Mein Herz ist in Trauer. Die Liebe meines Bruders und die Sorge für ihn haben mich am Leben erhalten, damals auf dem Schlachtfeld von Scithingi und in dem elenden Karren, mit dem wir in die Fremde geschleppt wurden. Als unsere Verwandten, die für uns sorgen sollten, uns verrieten um der Macht willen. Sagt ihm, ich bete darum, dass die Gewalt, die immer neue Gewalt zeugt, endlich ein Ende hat. Ich bete für die Seelen der Könige. In Poitiers, beim Grabe des heiligen Hilarius, will ich ein Kloster bauen und da leben. Wie der heilige Martin will ich Jesus als meinem König dienen und Barmherzigkeit üben. Vielleicht, dass Gott dann in Gnaden mein Gebet erhört."

Die Großen des Reiches verstehen den Sinn der Rede hinter ihren Worten. Die Königin zieht sich zurück, um den Frieden im Reich zu wahren. Mit ihren klaren Entscheidungen hat sie sich schon früher, am Königshof, Achtung und Respekt erworben. So entschlossen ist sie auch jetzt. Die Herren haben einen Auftrag. Also führen sie noch Argumente an: Es bleibe ihr doch unbenommen, als Königin ein Kloster zu stiften. Der König werde es reichlich unterstützen. Er gebe ihr für ihre Sicherheit alle Garantien, die sie wünsche. Der König sei einsam. Ein Bischof führt aus, sie breche die Ehe, wenn sie nicht zurückkehre. Die Boten sind selbst nicht völlig überzeugt von dem, was sie vorzutragen wissen. Die Königin können sie damit nicht umstimmen. Sollen sie sie mit Gewalt zurückbringen? Eine Diakonin, eine Dienerin der Kirche? Dazu haben sie keine ausreichende Vollmacht, so befinden sie. Die Schwestern servieren ihnen ein gutes, reichliches Mahl, dann reiten die Herren zurück zu ihrem König.

Die Abgesandten erreichen die königliche Residenz in Soissons an einem Vormittag. Im Palast herrscht helle Aufregung: Chlothars Bruder Childebert ist gestorben. Gesandte der Stadt Paris haben diese Nachricht nach Soissons gebracht und den Treueschwur der Stadt gegenüber Chlothar geleistet. Der Herzog von Arras und seine Delegation werden zum König vorgelassen. Der Herrscher sieht sofort: Sie kommen mit leeren Händen. Sie berichten, wie sie die Königin vorgefunden haben. Sie zitieren ihre Botschaft. „So, ein Kloster will sie also gründen? In Poitiers? Sie hat ja schon in Tours eines gestiftet.“ „Ja, aber dieses Mal soll es ein Frauenkloster werden, und sie will darin leben.“ „Die Königin der Franken geht ins Kloster? Hat man je einen solchen Unfug gehört? Das kann ich nicht glauben. Das werden wir ja noch sehen.“ Er denkt an ihre Liebkosungen. Will sie darauf verzichten? Sie ist noch so jung! Er entlässt die Herren: „Ich will die Sache näher betrachten. Der Königin schulde ich noch eine angemessene Entschädigung. Wenn sie ein Kloster haben will, soll sie es bekommen. Gerade heute habe ich von einer glücklichen Fügung erfahren. Der Tod meines Bruders ist zwar sehr betrüblich. Aber endlich kann ich das Reich der Franken wieder vereinen. Es ist ein freudiger Tag, und ich sollte ihn mit einem guten Werk begehen. Habt Dank für Eure Botschaft.“
Dann lässt er den Kämmerer und den Cancellarius rufen. „Besitzen wir in Poitiers ein Stück Land, das sich für die Errichtung eines größeren Gebäudekomplexes eignen würde?“ „Wir haben dort mehrere Grundstücke, mein Herr und König, wie umfangreich sollen die Gebäude denn werden?“, spricht der

Kämmerer. „Die Königin wünscht da ein Kloster zu stiften, der Grund und Boden dafür sollte reichlich bemessen sein." Der Kämmerer holt Aufzeichnungen herbei. An der Stadtmauer über dem Fluss findet sich ein entsprechendes Areal. Der König gibt Auftrag, Briefe an Pientius, den Bischof der Stadt Poitiers, und an Herzog Austrapius zu senden. Sie sollen die Sache prüfen und der Königin das Land für ihr Vorhaben anbieten. Wenn es geeignet und der Königin genehm sei, solle dort ein Kloster nach den Vorstellungen der Königin errichtet werden. Er, der König, werde das Grundstück dem Kloster als Schenkung übereignen, dazu stelle er eine namhafte Summe für die Errichtung und Ausstattung der Gebäude in Aussicht.

Den Rest des Tages verbringt Chlothar mit Beratungen und Anweisungen, die die Inbesitznahme des Reiches von Childebert betreffen. Er muss den Umritt halten. Er muss zur Beisetzung seines Bruders nach Paris reisen. Er gibt Befehl, dass Childeberts Frau und Töchter unter Arrest zu stellen sind. Er wird sie in die Verbannung schicken.

Vor den Mauern von Paris hat der Verstorbene die Kirche St. Vincentius erbauen lassen. Sie soll Reliquien des heiligen Vinzenz von Valencia aufnehmen und ist noch nicht ganz fertig. Chlothar sorgt dafür, dass die Bauarbeiten zügig abgeschlossen werden. Die feierliche Kirchweihe soll am Tag der Beisetzung des Erbauers gehalten werden. Mit großem Glanz wird der König des Westreiches von Germanus, dem klugen und beredten Bischof von Paris, in der Vincentius-Kirche zur letzten Ruhe gebettet. Nach der königlichen Witwe und den Töchtern tritt Chlothar an das Grab. In der Rangordnung folgt ihm eine Dame in reichen Kleidern und vornehmer Haltung, eine reife Schönheit. Es ist Arnegunde. Erst auf den zweiten Blick hat er sie an ihren großen, wasserhellen Augen erkannt. Die rotgoldenen Locken sind vom Schleier bedeckt. „Mein Gott", denkt er, „wie lang ist es her, dass ich sie in den Armen hielt? Chilperich ist schon lange waffenfähig." Er erinnert sich genau an den Schimmer ihrer zarten, weißen Haut mit den Sommersprossen, die er so liebte. Und doch ist das alles weit weg und berührt ihn nicht mehr. Überrascht stellt er fest, dass sie nur wenig älter sein kann als Radegunde. Ob sie sich Hoffnungen macht? Er lässt den Blick einen Moment auf ihr ruhen.

Arnegunde spürt Chlothars Blick, aber sie gibt ihn nicht zurück. Die Neue, so nennt sie die Nachfolgerin stets bei sich, die Neue hat ihr den König weggeschnappt. Seither sitzt sie, Arnegunde, hier in Paris wie festgenagelt. Chlothilde, die Königinmutter, ja, die war noch ein Mensch, mit dem man reden konnte, und an ihrem Hof war immer etwas los. Stets war sie über alles, was im Land geschah, auf dem Laufenden. Wenn sie hörte, dass Streit war zwischen ihren Söhnen, schickte sie Abordnungen oder Briefe. Selbst Bischöfe bestellte sie ein, wenn sie es für nötig hielt. Aber Chlothilde ist schon lange tot, seither ist es öde geworden, und nun wird es noch schlimmer werden. Childebert hatte ihr gestattet, an Festlichkeiten des Hofes teilzunehmen, auch wenn seine Frau dagegen war. Diese Zerstreuung wird es nun auch nicht mehr geben. Was nützt ihr, dass sie reich ist und sich alles leisten kann, wenn sie nichts darf? Und die Neue? Als es darauf ankam, als Theudobald starb und es um die Einheit des Reiches ging, da hat sie den König sitzen gelassen, ist von der Fahne gegangen. Na gut, den Bruder hätte er ihr nicht erschlagen sollen, das war unfein. „Was hätte ich getan, wenn Chlothar mir den Bruder ermordet hätte?“, fragt sie sich plötzlich. „Ihm Blutrache schwören? Dem König? Ein absurder Gedanke!“ In diesem Moment begreift sie, was am Hof passiert sein muss. Nun schaut sie doch auf den Mann, den sie einmal liebte. Er ist nicht alt, er ist immer noch eindrucksvoll, aber etwas von dem alten Schwung fehlt. „Er ist müde, und er ist einsam“, denkt Arnegunde.

Tags darauf erhalten die Witwe und die Töchter des Verstorbenen eine Eskorte, die der König persönlich ausgewählt hat. Man bringt die Damen nach Süden, über die Pyrenäen, zu ihren Verwandten. In dem Wagenzug werden reiche Geschenke mitgeführt.

BEI SANKT PETER UND JOHANNES

Erleichterung macht sich breit unter den Schwestern von Saix, als die Boten des Königs abgeritten sind. In der Komplet, der Gebetszeit vor der Nachtruhe, stimmt Radegunde einen zusätzlichen Jubelpsalm an: „*Danket dem Herrn, denn er ist freundlich, und seine Güte währet ewiglich.*" Aber sie weiß auch, dies war die erste, gütliche Anfrage Chlothars, es wird nicht sein letzter Versuch gewesen sein, sie zurückzuholen. Sicher ist er einsam. Aber eine entlaufene Königin, das bedeutet vor allem weniger Glanz am Hof und einen Verlust im Ansehen des Königs. Er ist gekränkt.

Umso überraschter ist sie, als nach einigen Tagen Boten des Kommandanten von Poitiers vor dem Tor von Saix halten. Sie führen die Abschrift eines Briefes des Königs mit sich, in dem er ankündigt, ein Stück Land in der Stadt für ein Kloster zu stiften, das die Königin gründen wolle. Herzog Austrapius bittet sie, das Grundstück zu besehen. Der Bischof sei ebenfalls informiert und unterstütze das Projekt.

Radegunde frohlockt. Gott hat ihr Gebet erhört! Mit fliegenden Händen packt sie Dinge für eine Reise zusammen, gibt Anweisungen, wie für die nächsten zwei Wochen die Arbeit mit den Kranken zu bewerkstelligen sei. Sie bittet Agnes, ebenfalls Gepäck für zwei Wochen zu richten und sie zu begleiten. Dann ist es fast Abend. Sie lässt ein Haus für die Gäste herrichten und bittet sie zu übernachten. Sie essen gemeinsam. Nein, von dem Projekt selbst wüssten sie nichts Konkretes, sagen die Boten, sie seien nur die Eskorte. Den Abend verbringt Radegunde vor dem Altar der Kirche. Sie dankt Gott, dass er die Gefahr von ihr abgewendet hat, für den Sinneswandel des Königs, für dessen Großzügigkeit. Sie bittet um Weisheit bei den kommenden Entscheidungen. Am nächsten Morgen besteigt sie mit Agnes den Wagen, den die Männer vorsorglich mitgebracht haben.

Nach zwei Tagen hält das Gefährt vor dem Haus des Bischofs. Pientius empfängt die Königin ehrerbietig, bietet ihr und ih-

rer Begleiterin ein Nachtlager im Gästetrakt an. Am nächsten Morgen ist auch Austrapius zur Stelle, und gemeinsam besichtigen sie den Baugrund. Das Gelände liegt hinter der Basilika des St. Petrus. Die Bischofskirche mit ihrer wuchtigen Fassade aus hellem Kalkstein überragt die umliegenden Häuser. Gleich daneben liegt das Baptisterium des St. Johannes. Es ähnelt einer großen römischen Stadtvilla. Auf der anderen Seite wird der Baugrund in einem weiten Bogen von der Stadtmauer umgeben, die die Stadt zum Flussabhang hin begrenzt. Beim Bau der Mauer sind einige alte Gebäude abgetragen worden. Ein paar Schuppen stehen da, daneben liegen Haufen von Mauersteinen, die bei den Bauarbeiten übrig waren, aber es ist genügend Raum, eine Abtei mit Kirche zu errichten. Die Königin betont, sie wolle hier ein Hospital führen. Auch dafür ist Platz, schätzt Austrapius. Sogar einen alten Brunnen gibt es.
Radegunde ist überrascht. Dieser Platz ist wie geschaffen für ihr Vorhaben. Gleich nebenan führt eine Pforte durch die Stadtmauer auf einen Weg zum Fluss hinunter. Pilger, die die Bischofskirche aufsuchen, werden hier vorbeikommen.
„Was meinst du, Agnes, mein Kind, wollen wir hier das Kloster bauen?“, fragt die Königin. „Dieser Platz zwischen Kirche und Mauer, das ist ein wunderbarer Ort für ein Kloster“, antwortet die Jüngere. Der Bischof bestärkt sie: „Königin, es wird uns eine hohe Ehre sein, ein Kloster, das Ihr gestiftet habt, in unseren Mauern zu haben. Gern werde ich das unserem Herrn König melden.“ „Vielleicht wäre es gut“, gibt Austrapius zu bedenken, „dem Brief gleich einen Plan und einen groben Voranschlag der Kosten beizufügen. Der Herr, unser König, hat ja auch den Bau der Gebäude befohlen.“ Radegunde werden die Knie weich. Der König will ihr dieses Kloster schenken? Weiß er, dass sie hier leben wird? Aber ja, sie hat es seinen Boten deutlich gesagt. „Jetzt ist keine Zeit zu grübeln“, sagt sie sich. „Kennt Ihr einen Meister, der einen Plan zeichnen und den Bau leiten kann?“, fragt sie den Herzog. „Ja, ich habe schon bei Colonius nachgefragt. Er ist der beste Baumeister, den ich

kenne. Er war auch beteiligt, als vor einigen Jahren das Baptisterium ganz neu ausgebaut worden ist. Wenn der Befehl vom König kommt, wird er sofort mit der Arbeit beginnen. Wenn Ihr einverstanden seid und der hochwürdige Bischof auch", er blickt fragend hinüber zu Pientius, „dann könnte ich mit Colonius heute Nachmittag in den bischöflichen Palast kommen." Alle sind erfreut, dass die Sache so schnell geregelt werden kann.

Wie verabredet, erscheinen nach dem Mittagsmahl Austrapius und der Baumeister. Zwischen dem vierschrötigen Herzog und dem hochgewachsenen Bischof mit dem schmalen Kopf eines Gelehrten wirkt Colonius beinahe zierlich. Aber der erste Blick täuscht. Seinem drahtigen Körper und den schmalen, aber kräftigen Händen sieht man an, dass sie mit Stein umgehen können. Lebhaft erkundigt er sich, wie viele Schwestern denn in dem Kloster leben sollen und welche Klostergebäude die Königin sich vorstelle. Radegunde ist etwas ratlos. „In einer Klausur bin ich noch nie gewesen, ich habe das Klosterdasein nie erlebt. Es gibt ja nur Männerklöster." Colonius hat an einer Abtei in Paris mitgebaut. „Ich denke, wie die Gebäude aussehen müssen, das hängt auch von der Regel ab, nach der die Mönche oder Nonnen leben", gibt er zu bedenken. „Richtig", erwidert die Königin, „darum habe ich mir die Regel des heiligen Caesarius schicken lassen. Natürlich brauchen wir eine Kirche. Dann benötigen wir ein Dormitorium, die Nonnen schlafen alle gemeinsam in einem Saal, wir brauchen ein Refektorium, in dem wir die Mahlzeiten gemeinsam einnehmen. Während der Mahlzeiten liest eine Schwester vor, sie muss also einen erhöhten Platz haben. Früh gibt es zwei Stunden Lektüre und dann Arbeiten. Wir brauchen also eine Bibliothek, dazu ein Skriptorium, denn wir müssen Schriftwechsel führen. Zu den Textilarbeiten – Spinnen, Weben und Sticken – müssen Arbeitsräume da sein, zu offiziellen Zusammenkünften soll ein Kapitelsaal dienen, dazu die Küche, Klosetts. Ja, und dann natürlich das Krankenhaus. Das ist in diesem Kloster etwas Besonderes, denn wir wollen regelmäßig Kranke pflegen."

„Gut, das habe ich mir notiert", antwortet der Baumeister. Gibt es sonst noch Dinge, die zu beachten wären?" „Ja, ich will das Kloster der seligen Gottesmutter Maria weihen. Vielleicht ist das wichtig bei der Gestaltung der Kirche. Und da fällt mir ein: Die Äbtissin und ich werden zuweilen hochgestellte Gäste empfangen müssen. Die Äbtissin benötigt dazu offizielle Räumlichkeiten und ich eine eigene Zelle, die etwas Platz bietet, und natürlich muss auch ein Gästehaus da sein, das etwas abgeschieden von den Konventsgebäuden steht."
Da fragt der Bischof: „Soll das Haus für die Krankenpflege in die Klostermauer eingebaut werden? Oder wie wollt Ihr Eure Arbeit tun, wenn die Schwestern in Klausur leben?" „Gut, dass Ihr die Frage ansprecht, vielen Dank. Ich könnte mir auch vorstellen, dass Dienerinnen, die keine Nonnen sind, die Kranken in das Haus führen. Das Haus selbst wäre dann Teil der Klausur. Die Schwestern hätten keinen direkten Kontakt zur Außenwelt." „Kann es denn vorkommen, dass der König, der den Bau finanziert hat, das Kloster auch einmal besuchen will?" „Ich könnte mir gut vorstellen, dass König Chlothar oder seine Söhne zu besonderen Anlässen hier anwesend sein werden." „Das ist gut zu wissen. Die Unterbringung des Hofes wird ja in der Stadt geschehen. Aber was ist, wenn der König mit Gefolge an der Messe im Kloster teilnehmen will? Wie wollt Ihr das mit der Klausur vereinbaren?" Da weiß Colonius Rat: „Man könnte eine Empore in die Kirche bauen, wie man sie aus den römischen Gerichtshallen kennt. Der König bekommt einen eigenen Eingang und kann von oben dem Gottesdienst folgen, die Nonnen benutzen unten das Kirchenschiff. Ich kann gern entsprechende Zeichnungen vorlegen, wenn Ihr das wünscht."
Der Bischof zeigt sich zufrieden, da zwei wichtige Fragen recht gut gelöst worden sind. Der Baumeister hat Stichpunkte aufgeschrieben. „Morgen werde ich mit einem Gesellen das Gelände vermessen, und in drei Tagen kann ich einen ersten Übersichtsplan vorlegen." Radegunde stimmt dem zu, und der Meister wird mit Dank verabschiedet. „Das ging jetzt aber

schnell!", wundert sich Agnes. „Ach, weißt du, mein Kind, wenn der König den Bau eines Klosters befiehlt, dann muss vielleicht ein guter Bürger von Poitiers etwas länger auf seine neue Villa warten. Das ist der Gang der Dinge, und uns kommt es zugute. Ich bin froh, wenn wir schnell vorankommen. Nicht dass sich der König die Sache noch einmal anders überlegt."
Beim abendlichen Essen kommt der Bischof noch einmal auf das Gespräch vom Nachmittag zurück: „Habe ich das richtig gehört, Ihr wollt selbst in dem Kloster leben und Ihr werdet nicht die Äbtissin sein?" „Ja, so stelle ich mir das vor. Als Stifterin habe ich ohnehin eine besondere Position in der Schwesternschaft. Darum sollen die Mitschwestern eine Äbtissin wählen, die ihren Wünschen entspricht. Ich will eine schlichte Nonne sein." „Verzeiht mir die Frage: Fürchtet Ihr dabei nicht Unfrieden in der Gemeinschaft?" „Das wird sich zeigen", antwortet etwas nachdenklich die Königin. Später am Abend berichtet der Bischof über seinen berühmten Vorgänger: „Wie Ihr wisst, stritt Hilarius in seinen Schriften dafür, dass alle Christen die Heilige Dreieinigkeit bekennen sollten. Es ging ihm dabei um die Einheit der Kirche. Er griff sogar den Kaiser an, der Arianer war, und ging dafür ins Exil. Wir sind so glücklich, Abschriften einiger seiner Werke in unserer Bibliothek aufzubewahren." „Mir ist bekannt, dass er der Lehrer des heiligen Martin war. Darum habe ich mich für Poitiers entschieden, als ich einen Ort für mein Kloster suchte. Aber in seine theologischen Werke habe ich mich bisher noch nicht vertiefen können. Ihr würdet mich sehr glücklich machen, wenn ich das eine oder andere dieser wertvollen Bücher selbst lesen dürfte."
Zwei Tage des Wartens müssen die Frauen nun ausfüllen. Radegunde vertieft sich in eine Schrift des Hilarius. Pientius hat sie ihr aus der bischöflichen Bibliothek geliehen. Agnes gibt sie die Regel des Caesarius zur Lektüre. Sie soll sie eingehend studieren.
Später sitzen sie draußen auf einer Treppe zur Stadtmauer. Von hier aus überblicken sie den Bauplatz für das Kloster. Ra-

degunde versucht sich vorzustellen, wie die Sonne zu unterschiedlichen Tageszeiten einfallen wird. Vor ihrem inneren Auge sieht sie das Gelände schon eingefriedet, sie stellt sich die Gebäude vor, denkt sich Bäume dazu, die die Höfe überwölben, überlegt, wo der Garten für die Heilkräuter entstehen könnte. Sie steigen hinauf, schauen von der Mauerkrone über den Fluss. „Sieh mal, da unten kommen Reiter durchs Wasser, da scheint eine Furt zu sein", zeigt Radegunde. Agnes folgt mit den Augen ihrem Finger, ihr Blick wird bedenklich. „Meinst du nicht, dass es gefährlich ist, das Kloster so direkt an die Stadtmauer zu bauen? Schließlich ist das eine Verteidigungsanlage. Was ist, wenn jemand die Stadt angreift?" „Ach mein Kind", lacht Radegunde, wer soll die Stadt angreifen, sie liegt mitten im Reich, und sie ist zu groß und zu mächtig, als dass eine Räuberbande sich heranwagen würde. Nein, wir sind sicher hier."

Trotzdem ist Radegunde unruhig, es zieht sie weiter, quer durch die Stadt. Sie will am Grab des heiligen Hilarius beten. Die beiden Frauen streifen durch die engen Gassen, rechts und links flankiert von Häusern unterschiedlicher Baustile, aber fast einheitlich im Farbton des Kalksteins dieser Gegend. Hie und da müssen sie durch eine kleine Ansammlung von Menschen hindurch, die sich an einem Verkaufsstand eingefunden haben. Wenn die Menschen sie bemerken, machen sie respektvoll Platz. Ein kleines Mädchen lächelt Radegunde fröhlich an. Seine Mutter vollführt mehrere unterwürfige Verbeugungen, schiebt das Kind zurück und sagt ihm, es möge die Königin nicht belästigen. Das Mädchen blickt nun Radegunde fragend und ungläubig an. „Ist das wirklich die Königin?", fragt es seine Mutter. Und gleich nimmt es einen Kranz von wilden Malven aus seinem dunklen Haar, den es wohl gerade selbst geflochten hat, und reicht ihn mit einem schüchternen Knicks und strahlenden Augen der Königin. Radegunde geht die kleine Szene ans Herz. Lachend beugt sie sich zu dem Kind und fragt nach seinem Namen. „Luisa", bekommt sie zur Antwort. „Hab vielen Dank, Luisa", sagt die Königin.

„Dein Kranz ist wunderschön." Sie nimmt ihn aus den Händen des Mädchens und gibt dem Kind ein kleines Geldstück. Die Mutter will abwehren. „Diese Blumen haben mich an meine Kindheit erinnert", beschwichtigt sie Radegunde. „Habt herzlichen Dank dafür."

Im Oratorium des Hilarius legt sie die Blumen auf eine Stufe des Altars. Sie denkt daran, wie sie einst in der Kirche von Athies den Altar mit Feldblumen schmückte, die sie frisch gepflückt hatte. Das Bild taucht aus einer fernen Vergangenheit auf. Wie lange mag das her sein? Zwanzig Jahre? Sie hat inzwischen ein Königreich gewonnen, hat Kirchen mit Gold beschenkt und Altäre mit edlem Leinen bedeckt und zuletzt den Bruder verloren. Auch Chlothar hat sie verloren. Und doch will er ihr ein Lebensziel verwirklichen helfen: ein Kloster für Frauen zu gründen. Kann sie das annehmen? Deutlich steht ihr vor Augen: Nach alter Sitte bindet ein Geschenk den Schenkenden und den Beschenkten aneinander. Chlothar ist ihr ein Wergeld schuldig. Aber er will mehr, er fordert Treue. Treue in der Ehe, Treue gegenüber dem König, er will ihre Rückkehr. Doch sie kann nicht zurück zu dem Mörder des Bruders. An dem Tag, als Bertarich starb, hat Chlothar ihr die Treue gebrochen. An diesem Tag ist auch ihre Liebe gestorben. Vielleicht kann sie ihm eines Tages die Tat verzeihen, aber kehrt sie zu ihm zurück, wird sie ihren Söhnen ein Beispiel geben, dass Brudermord eine lässliche Sünde sei. Andererseits kann sie das Geschenk des Königs nicht ausschlagen. Den König zu brüskieren, grenzt an Aufruhr. Am Grab des heiligen Mannes betet sie lange. Sie betet um Klarheit, um inneren Frieden.

Bischof Pientius ist ein erfahrener Priester. Die Zweifel stehen der Königin ins Gesicht geschrieben. Nach dem Abendessen fragt er sie rundheraus nach dem Grund ihres Kummers. „Also gut", sagt er dann. „Wollen wir gemeinsam betrachten, welche Möglichkeiten Euch offenstehen? Der König stiftet ein Kloster. Das ist eine Stiftung an die Kirche, keine Schenkung an Euch. Die Frage ist, wollt Ihr in dem Kloster leben? Wollt Ihr vielleicht zum König zurückkehren? Er ist nicht mehr jung.

Wer weiß, wie lange er noch zu leben hat. Ihr könntet auch nach seinem Tod in das Kloster eintreten oder Euch für ein Leben in der Welt entscheiden." „Ich habe ein Gelübde der Ehelosigkeit abgelegt, ich bin Diakona." „Man könnte immerhin feststellen, dass Ihr das Gelübde in einer Situation abgelegt habt, in der Gefahr für Leib und Leben bestand. Wenn der König seine Königin zurückfordert und Ihr freiwillig zu ihm zurückkehren wollt, könnte das möglicherweise ein Grund sein, der die Bischöfe dazu veranlassen würde, das Gelübde aufzuheben. Ich konstruiere das als theoretischen Fall, damit Ihr Euch über Euren Weg klar werden könnt." „Es gab nicht nur das Gelübde in Noyon. Eines Nachts in Saix habe ich Christus in einer Erscheinung gesehen, da war mir ganz klar, der Weg zu ihm ist mein Weg." „Es gibt unterschiedliche Arten, Christus zu dienen." „Ja, ich weiß. In meiner Jugend wäre ich gern in ein Frauenkloster geflüchtet, aber es gab keines. Seitdem will ich ein solches Haus bauen und eine Gemeinschaft von Frauen gründen. Und nun will ich selbst Teil der Gemeinschaft sein. Sie muss erst stark werden, um zu bestehen." Sie dankt dem Bischof. Sie beten gemeinsam. Nachts liegt sie noch lange wach.
Der Baumeister erscheint mit Zeichnungen. Sie gehen hinüber zum künftigen Bauplatz. Die Königin wünscht sich die Kirche noch etwas größer. Sie soll achtzig Nonnen fassen. Für den Anfang könnten die Konventsgebäude etwas kleiner sein, man könnte sie später erweitern, Sie beratschlagen über die Anordnung der Häuser, der Zelle für die Königin und der Kirche. Herzog Austrapius hat eine Überraschung mitgebracht: „Auf dem gegenüberliegenden Flussufer gibt es einen alten römischen Diana-Tempel. Teile des Daches sind schon herabgestürzt, das Gebäude ist unsicher und gefährlich geworden. Das Dach muss abgetragen werden. Der Tempel ist mit schönen, runden Säulen geschmückt. Die könnte man doch für die Kirche verwenden. Damit könnte man die Bauzeit erheblich verkürzen. Der Tempel ist öffentliches Eigentum. Wenn der König zustimmt, wäre alles geregelt."

Radegunde frohlockt. Das ist ein Fingerzeig Gottes. Sie besprechen die Änderungen, die der Meister noch an den Zeichnungen vornehmen wird. Er wird auch den Voranschlag errechnen. Austrapius verspricht, dem König die Antwort durch schnelle Boten zu senden.

Am nächsten Tag machen sich die beiden Frauen mit einer Eskorte des Stadtkommandanten auf den Rückweg nach Saix. Die Reise erscheint ihnen viel kürzer als die Hinfahrt. Sie verbringen die Zeit, indem sie Pläne schmieden für die Zukunft. „Die Regel des Caesarius schreibt den Schwestern jeden Tag zwei Stunden Lektüre vor. Außerdem wird bei der Arbeit und bei den Mahlzeiten vorgelesen. Wo bekommen wir die Bücher her?", fragt Agnes. „Du hast die Regel gut studiert", antwortet Radegunde. „Wir werden eigene Schreiberinnen ausbilden, um eigene Bücher zu haben. Wenn wir einige Werke aus der Bibliothek des Bischofs abschreiben dürften, wäre das ein unermesslicher Schatz." „Dann müssen die Frauen auch Latein beherrschen." „Latein müssen wir ohnehin lehren, für die Psalmgebete. Außerdem wäre es gut, geschickte Näherinnen und Stickerinnen zu haben, dann können wir liturgische Gewänder und Altarbehänge selbst anfertigen. Hostien und Kerzen stellen wir auch her."

Auf dem Gut in Saix arbeitet Radegunde mit den Schwestern wieder Hand in Hand. Die Tage und Wochen haben ihren gewohnten Rhythmus. Aber etwas hat sich verändert. Unter der Oberfläche der gleichmäßigen Tage stellt sich jede der Schwestern die Frage: Was wird werden? Die Königin will Saix verlassen. Sie will in Poitiers in ein Kloster gehen. Die Abende sind ausgefüllt mit langen Gesprächen. Radegunde erklärt ihre Ideen, erklärt die Regel, spricht über die Klausur: „Wir werden junge Mädchen als Novizinnen aufnehmen, die von uns lernen. Wir werden weiter Kranke pflegen, die zu uns gebracht werden. Vor allem aber ist ein Kloster ein Ort der Zuflucht. Eine Zuflucht kann es nur sein, wenn wir in Klausur leben." Nach einigen Tagen haben sich die meisten Schwestern entschieden. Sie haben mit ihren Familien gesprochen. Nun

erklären fünf der Frauen, dass sie mit Radegunde ins Kloster ziehen werden. Die übrigen wollen hier in der Nähe ihrer Familien bleiben und in Saix die Arbeit wie bisher weiterführen. Noch ist Zeit, noch ist nichts entschieden. Auch in Poitiers wird das Kloster in der ersten Zeit noch keine geschlossene Gemeinschaft sein. Die Bauarbeiten werden noch einige Zeit dauern, erst danach kann eine strenge Klausur beginnen. Aber gedanklich richten sich die Schwestern darauf ein, sich zu trennen: Eine Gruppe wird hierbleiben, die anderen, die mit der Königin gehen, werden nach Poitiers ziehen.
Es dauert kaum vier Wochen, da stehen wieder Berittene vor dem Tor von Saix. Dieses Mal sind es Boten von Bischof Pientius. Sie bringen die Nachricht, der König habe die Stiftung des Grundstücks und einer beträchtlichen Bausumme für das Frauenkloster in Poitiers bestätigt. Nun ist es also so weit. Sie wird das Kloster bauen, und sie wird dort leben. Von nun an muss sie dafür sorgen, dass der Bau schnell vorangeht. Wenn Chlothar neue Werber schickt, muss sie schon in der Klausur sein.
Radegunde bittet die Männer, für zwei Nächte ihre Gäste zu sein. Übermorgen will sie mit ihnen ziehen. Abends spricht sie lange mit Schwester Gertrud. Ihr will sie die Verantwortung für die Frauen und die Arbeit in Saix übertragen. Sie ist eine gebildete und mütterliche Frau, die gern selbst anpackt, wo es nottut. Gertrud gehört zu denen, die in Saix bleiben wollen. „Du wirst mir fehlen. Aber wenn du hier alles in die Hand nimmst, weiß ich, dass es gut werden wird," schließt Radegunde das Gespräch. „So Gott will", antwortet Gertrud. „Ohne Euch, Königin, wird es hier schwer werden." „Dies ist mein Gut, und Ihr seid mir wie Schwestern. Wir bleiben in Verbindung. Wir können Boten schicken." „Herrin, es wird hier schon irgendwie gehen. Erinnert Ihr Euch an Edovech, den Herrn vom Nachbargut, der im Frühjahr von seinem Nierenleiden geheilt wurde? Es geht ihm gut, er kann wieder schwer arbeiten, und aus Dankbarkeit hat er uns eine Fuhre Weizen und Gerste gebracht. So viel will er uns jetzt jedes Jahr stiften.

Wir können Brot für viele Kranke backen. Und für uns selbst auch." „Ja, Gertrud, Gott wird uns helfen."
Als Radegunde mit Agnes in Poitiers eintrifft, ist sie voller Tatendrang. Colonius bringt ihr neue Zeichnungen. „Wollen wir nicht einmal die Säulen besichtigen?", schlägt er vor. Sie unternehmen einen Spaziergang zum Fluss, lassen sich übersetzen. Drüben steht der heidnische Tempel. Sie steigen die Stufen hinauf, gehen durch die Säulenreihe, soweit sie noch sicher ist. Zwar kann man von hier aus keine Zypressen sehen, wie Amalaberga einst erzählte, aber man hat einen schönen Ausblick über den Fluss, der sich als glitzerndes Band durch das Tal windet, und auf die Stadt, die drüben, über der Flussschleife, auf dem Hügel liegt. Die Säulen sind wirklich von auserlesener Schönheit. Sie sind aus einem seltenen, rötlichen Marmor. Mit Colonius gemeinsam stellt sie sich vor, wie sie in ihrer Kirche wirken werden. Mit fachmännischem Blick äußert der Meister: „Sie sind schlank und elegant, und in der Höhe wären sie genau richtig, um die Empore zu tragen. Genau genommen würden wir sie gar nicht alle brauchen, oder sie stehen dann sehr dicht." „Ich fände es schön, wenn sie in der Kirche dicht stehen. Wenn das Licht von den Fenstern zwischen die Säulen einfällt, kann ich mich wie in einem Wald fühlen. Ich werde im Kloster wohl den Wald vermissen, dort habe ich mich dem Schöpfer immer besonders nah gefühlt."
„Wie Ihr wünscht, Königin, ich werde Zeichnungen machen. Und inzwischen können die Leute hier mit dem Abbau beginnen."
Tags darauf wimmelt es auf dem Bauplatz von Menschen. Radegunde sieht zu, wie Arbeiter dabei sind, die Fundamente vorzubereiten. „Wir werden die Gebäude auf alten Grundmauern und aufgeschütteten Trümmern errichten müssen. Wir brauchen besonders stabile Fundamente", erklärt ihr Colonius. Mit Agnes geht die Königin hinüber zu dem alten Baptisterium. „Colonius hat mir erzählt, dass es schon über zweihundert Jahre alt ist. Vor einigen Jahren hat er es umgebaut und mit Säulen und Arkadenbögen ausgestattet. Ich soll mir

das einmal ansehen, um mir ein Bild zu machen." Die beiden Frauen stehen in dem Raum mit den aufstrebenden Säulen. Mehr als die Architektur beeindruckt sie das in den Fußboden eingelassene Taufbecken. „Sieh mal, das scheint sehr alt zu sein." Radegunde zeigt Agnes die achteckige Form, die steilen Stufen, über die man ins Wasser hinabsteigen muss. „Ob Hilarius hier den Martin getauft hat?", denkt Agnes laut nach. „Wenn ich mich richtig erinnere, wurde Martin schon in Amiens getauft", antwortet Radegunde. „Aber dies war das Baptisterium der Bischofskirche, und Hilarius hat hier getauft." Dieses alte Heiligtum, das jetzt mit neuen Säulen zu einer Kapelle umgebaut ist, berührt Radegunde. Gleich nebenan, in ihrem Kloster, wird sie Martin besonders nahe sein. Nur zwei Wegstunden entfernt liegt Ligugé, wo Martin sein Kloster gründete.

Am nächsten Morgen bedankt sie sich bei Bischof Pientius für seine Gastfreundschaft. „Ich will Euch nicht länger zur Last fallen", setzt sie ihre Rede fort. „Gestern habe ich eine kleine Villa in der Stadt gefunden, die leer steht. Ich will sie heute einmal besehen." Das Haus erweist sich als gerade groß genug, es ist bequem, und der Preis ist erschwinglich. Die Königin kauft das Anwesen. „Nur für den Übergang", sagt sie dem Bischof, „ich muss ja die Bauarbeiten im Auge behalten." Sie hat Repräsentationspflichten. Also stellt sie ein Mädchen ein und eine Köchin.

Nach kurzer Zeit kann man schon sehen, wie die Mauern der Konventsgebäude aus dem Boden wachsen. Nur an der Stelle der Kirche gähnen noch tiefe Gräben. „Geduldet Euch, Königin, für dieses große Gebäude müssen wir bei den Fundamenten besonders sorgfältig sein", gibt Colonius zu bedenken. „Stellt so viele Leute ein, wie hier auf dem Platz arbeiten können, ich bin etwas in Eile. Ich würde gern im Herbst des nächsten Jahres hier einziehen." Sie sagt dem Meister nicht, dass sie befürchtet, Chlothar könnte sie doch noch zurückholen. Glücklicherweise ist er jetzt im Westreich unterwegs. Dass Childebert gestorben ist, gibt ihm nun wirklich die Gelegenheit, das Reich unter einem König zu vereinen, das war immer sein großes Ziel. Nicht auszuschließen, dass er dazu auch die eine Königin zurückhaben will. In ihre abschweifenden Gedanken hinein hört sie den Meister sagen: „Königin, ich werde darüber nachdenken, wie man den Bau beschleunigen kann. Wir brauchen auf jeden Fall auch noch mehr Leute im Steinbruch." Radegunde nickt: „Ich werde den Herzog um zusätzliche Arbeiter bitten. Er hat den königlichen Befehl, uns zu helfen."

PROBE AUF DEM LANDE

„Ich muss mit Claudius über Agnes sprechen", wiederholt Radegunde einen wichtigen Gedanken laut. Sie erwartet ihren Abgesandten von einer Reise über die Güter zurück. Wenn die Tochter ins Kloster eintreten will, muss er seine Zustimmung geben. Eines Abends erscheint er in ihrer Villa, Mann und Ross sind müde vom Ritt. Die Köchin richtet ihm ein Essen. Dann lässt Radegunde ihn zu sich rufen. „Claudius, ich muss etwas mit dir besprechen. Der Bau des Klosters geht voran. Ich würde mich freuen, wenn Agnes unter meinen Schwestern bliebe. Du weißt, sie ist mir wie eine Tochter. Und sie selbst ist ganz begierig, ins Kloster zu gehen. Bis die Gebäude fertig sind und wir dort eine Klausur einführen, dauert es sicher noch ein, zwei Jahre. Sie hat noch Zeit, sich zu entscheiden. Vor allem aber musst auch du überzeugt sein, dass das der beste Weg für deine Tochter ist." Claudius scheint wenig überrascht. Seine Haltung ist entschlossen, seine Rede besonnen: „Ich habe ja gewusst, dass Ihr dabei seid, ein Kloster zu errichten. Dass es nun schneller geht als gedacht, stellt die Frage nicht grundsätzlich anders. Erlaubt mir eine Bitte, Herrin: Agnes hat leider bisher nur ein Leben unter Frauen kennengelernt. Aber ich besitze inzwischen ein eigenes Gut.

Da ich keinen Sohn habe, wird sie es erben. Ich habe mir immer vorgestellt, dass sie und meine Enkel dort leben werden. Ich würde sie gern für einige Wochen auf das Gut eines Freundes bringen. Er ist mein Gutsnachbar. Er hat drei Söhne, die etwas älter sind als Agnes, nette Burschen. Ich würde Agnes gern einem von ihnen zur Frau geben. Ein freies Leben auf dem Lande ist doch etwas anderes, als für immer in Klostermauern eingesperrt zu sein. Versteht mich bitte nicht falsch, Herrin, ich ehre Eure Entscheidung. Aber für meine Tochter habe ich mir etwas anderes vorgestellt." Radegunde kennt das Gut, das Claudius vor einiger Zeit gekauft hat. Es liegt nur einen Tagesritt entfernt. „Du hast recht, sie muss zwischen verschiedenen Wegen wählen können."
Zwei Tage später bringt Claudius seine Tochter auf das Landgut des Nachbarn. Sie reiten den Clain flussauf. Gegen Abend taucht ihr Ziel vor ihnen auf: In einer flachen, weiten, fruchtbaren Senke liegt ein stattliches römisches Landhaus in hellem Kalkstein, umgeben von Scheunen und Ställen aus Fachwerk – ein Bild von Wohlhabenheit und Frieden. Es ist Sommer, in Streifen fällt die tief stehende Abendsonne über die reifen Kornfelder und bringt die grünen Reihen der Weinreben zum Leuchten. Dieses wunderbare Leuchten prägt sich tief ins Gedächtnis des Mädchens ein. Hier wird sie gern leben, so denkt sie.
Der Gutsherr, ein breitschultriger Franke, empfängt seinen alten Freund Claudius samt Tochter ein wenig barsch und jovial. „Zu laut und zu täppisch", denkt Agnes. „Aber in dieser weiten Landschaft muss man vielleicht die Lautstärke heben, um sich verständlich zu machen." Die Herrin ist eine große, wohlgerundete Frau, die mit klaren Worten Mann und Söhne in die richtige Spur zu weisen vermag. Sie essen gemeinsam. „Drei Monate, hast du gesagt, willst du deine Tochter hier lassen, um das Landleben zu studieren?", richtet der Herr das Wort an Claudius. „Ja, ich denke mir, so lange soll sie wenigstens hierbleiben." Er bricht auf, um nach Hause zu reiten. Sein Abschied von der Tochter ist kurz. Nun ist sie also hier,

in einer fremden Welt unter fremden Menschen. Die Herrin weist ihr einen kleinen Verschlag hinter der Küche an. Hier ist ein Lager aus frischem Stroh aufgeschüttet, davor kann Agnes noch stehen. Vier Lehmwände begrenzen ihr Reich. Immerhin hat es eine hölzerne Tür, die man schließen kann, auch ist es nicht völlig dunkel, eine kleine Luke über Agnes' Kopf gibt etwas Licht. Der Hahnenschrei am nächsten Morgen ist auch der Weckruf für die Menschen. Agnes tritt in die Küche. „Hast du auch was Richtiges zum Anziehen?", fragt sie der Herr. „Es ist Kornernte." Agnes zuckt bedauernd die Achseln. „Frau, gib ihr was Anzuziehen", befiehlt er. Die Frau reicht ihr ein grobes Kleid und ein Kopftuch aus ungebleichtem Leinen. „Nimm das, auf dem Feld brennt die Sonne." Nach der Morgenmahlzeit schickt der Herr Agnes mit mehreren Mägden aufs Feld. „Das Wetter ist trocken, die Zeit muss genutzt werden." Der älteste Sohn kommt mit ihnen, er soll sie einweisen. Holzgefäße mit Wasser haben sie dabei, die Frauen tragen Sicheln. Der älteste Sohn beantwortet den fragenden Blick des Mädchens: „Der Vormittag ist am besten. Da steht die Sonne noch nicht so hoch." Mit einem Wetzstein schärft er die Sicheln der Frauen. Dann gehen sie nebeneinander, eine fängt an, die anderen versetzt hinterher. Agnes muss sich die Handgriffe von den Mägden abschauen. Man muss die Halme büschelweise fassen. Es ist nicht leicht, mit der rechten Hand die Sichel so zu schwingen, dass die Halme dann gleich in den gebogenen linken Arm fallen. Das regelmäßige Rauschen der abgeschnittenen, fallenden Halme bildet den Grundton der Arbeit. Haben sie einen Armvoll Getreide, binden die Frauen es zu Garben zusammen. Agnes hat geschickte Hände, aber sie braucht lange, ehe sie heraus hat, wie man aus wenigen Halmen ein Seil für die Garbe dreht. Sie ist langsamer als die anderen, aber sie beißt die Zähne zusammen. Stundenlang arbeiten sie so. Am frühen Nachmittag liegt das Feld voller langer Garbenreihen, die müssen nun noch zu Puppen zusammengestellt werden. Immer geht ihr Blick prüfend zum Himmel. „Wenn das Wetter hält, werden wir die Ernte morgen einfahren", er-

klärt der Älteste. Zur Abendmahlzeit sind sie wieder auf dem Gut, danach müssen noch die notwendigen Handgriffe im Stall erledigt werden. Erst spät ist Feierabend. Lange geht das so, bis alles Getreide eingebracht ist: Garben binden, Puppen aufstellen. Die Männer sind mit dem Aufladen und Abfahren des Getreides beschäftigt. Den Herrn und die Herrin sieht Agnes nur bei den zwei Mahlzeiten am Tag. Die Familie und drei Knechte sitzen um den groben Holztisch. Alle schöpfen mit ihren Löffeln die Suppe aus dem großen Topf, der in der Mitte steht, die Männer stützen sich mit den Ellbogen und den Unterarmen auf den Tisch, um sich vorbeugen zu können. Agnes ist angewidert, aber sie tut es ihnen nach.
Den Söhnen macht die Ernte sichtliche Freude. Bei der Mittagsrast machen sie grobe Scherze, die Agnes nicht alle versteht. Oft lächelt sie nur hilflos. Sie beißt sich auf die Lippen und wird rot. Wäre Radegunde hier, sie würde die Kerle mit einem Blick zum Schweigen bringen, so denkt sie. Am Abend vor ihrem ersten Sonntag auf dem Gut fragt Agnes, wann man denn morgen zur Kirche ginge. Sie tut das beiläufig, als ginge es um eine Nebensächlichkeit. Im selben Ton antwortet der Herr: „Wir müssen das Wetter nutzen, es ist trocken, das Korn muss herein." Die Kirche sei im übernächsten Dorf, und dass morgen ein Priester dort mitten in der Ernte eine Messe lesen würde, sei eher unwahrscheinlich, sagt die Frau. Also auch morgen und alle folgenden Tage die Plackerei ohne eine Pause, in der man sich aus der gebückten Haltung der Feldarbeit aufrichten und die Seele erheben könnte. Sie schickt sich hinein. Jeden Abend kniet sie nun vor ihrem Bett aus Stroh und betet fast tonlos einen der Nachtpsalmen. Sie will nicht, dass jemand sie hört, sie fürchtet, ausgelacht zu werden.
Zum Abschluss der Getreideernte gibt der Herr ein Fest. Das Wetter war günstig in diesem Jahr. Von allen Feldern haben sie das Korn geborgen, und die Ernte ist reichlich ausgefallen. Die Schnitterinnen und die Knechte sind heute eingeladen. Es gibt Gesang und Tanz und Wein für alle. Agnes hat sich heißes Wasser aus der Küche geholt, um sich zu waschen, sie hat ihr

blaues Kleid aus dem Bündel genommen, es ist fein bestickt. Dazu trägt sie mit rotem Stein besetzte Fibeln. Sie fällt auf, verstohlene Blicke richten sich auf sie, man tuschelt. Der Tanz der Jugend beginnt. Die tiefen Stimmen der Burschen und die zarten oder geschmeidigen der Mädchen wechseln einander ab in den Strophen des Tanzlieds. Im Rhythmus klatschen die Hände, stampfen die Füße. Da tritt Georgius auf Agnes zu, der mittlere der Brüder vom Gut. „Willst du mit mir tanzen?", fragt er. Agnes schaut ihn an. Er hat freundliche Augen, eine tiefe, warme Stimme, seine Hände sind die eines guten und verlässlichen Menschen. Unter den Brüdern ist er ihr der liebste mit seiner hohen, etwas knochigen Gestalt. „Ach, Georgius", sagt sie, „ich kann das nicht." „Ich zeige es dir." Da reicht sie ihm die Hand, er führt sie und zeigt ihr, wie sie die Füße setzen soll. Zierliche Schritte hat sie am Königshof gelernt. So fallen ihr die ersten Grundschritte des Reigens leicht. Erfreut legt Georgius ihr die Hand auf die Schulter, wie die Tanzfigur es erfordert. In seiner Geste ist etwas Besitzergreifendes. Er genießt die Bewunderung seiner Kameraden, lächelt stolz und ein wenig selbstgefällig zu seinem älteren Bruder hinüber. Agnes sieht, wie der zornig mit der Faust auf den Tisch haut. Soll sie zum Streitobjekt zwischen den Brüdern werden? Sie macht sich los. Die Freude in ihrem Gesicht ist ausgelöscht. „Nein, Georgius, ich bitte dich, lass mich gehen, ich kann das nicht." Georgius versteht sie nicht. Was hat er getan? Hat er sie verschreckt? Muss er behutsamer sein mit diesem merkwürdigen Mädchen aus dem königlichen Hofstaat? Er führt sie aus der Gruppe der Tanzenden heraus, nickt ihr zu und dreht sich um. Da baut sich der ältere Bruder vor ihm auf. „Na, hast du gedacht, du kannst dir die fetteste Gans grabschen?" Georgius schaut seinem Bruder ins wütende Gesicht. Er weiß, es wird eine Prügelei geben. Trotzdem zuckt er mit den Schultern. Auch das gehört zum Ritual. „Ich weiß gar nicht, worüber du dich aufregst." Hohnworte fliegen hin und her, Beleidigungen, dann die erste Faust. Und die andere. Georgius war darauf vorbereitet, hat die Schläge abgefangen, schlägt zurück. Der

Bruder hatte die Deckung noch offen, so trifft er ihn an der Nase. Sofort schießt Blut heraus. Die Burschen und Knechte ergreifen Partei für den einen oder den anderen Bruder, und schon ist eine wilde Schlägerei im Gange.
Agnes hat angstvoll aus ihrer Ecke verfolgt, wie sich das Gespräch unter Brüdern entwickelte. Sie schaut sich um. Die Mägde stehen ein wenig abseits beieinander und beobachten das Geschehen. Agnes geht zu ihnen. „Du musst dich nicht wundern. Erscheinst hier in so einem Aufzug und fällst dann aus allen Wolken, wenn sich die Kerle wegen dir ledern", faucht eins der Mädchen sie an. „Mach dir nichts draus", sagt eine andere, „beim Erntefest gibt es jedes Jahr eine Schlägerei." Verständnislos schaut Agnes die beiden an. „Was hat er mit fetter Gans gemeint? Redet er von mir?" „Na, guck dich doch mal an. Habt ihr schon mal so viel Ahnungslosigkeit gesehen?", sagt die eine und dreht sich zu den Zuschauerinnen um. „Du bist reich. Es geht darum, wer dich kriegen soll", sagt die andere. Erschreckt starrt Agnes auf die beiden. „Die schlagen sich um mich? Aber doch nicht alle!" Kopfschüttelnd beobachtet sie das Schlagen und Treten, die Ringergriffe. „Muss da nicht jemand ein Machtwort sprechen?", fragt sie die Mägde. „Sie hören irgendwann auf, wenn sie nicht mehr können." Anfangs hat Agnes noch für Georgius gefiebert. Nun findet sie das Ganze nur noch schrecklich. „Salve", grüßt sie die Mägde und geht zum Haus zurück.
An diesem Abend hat sie verstanden, weshalb sie hier ist. Es geht nicht darum, dass sie einen freundlichen und guten Mann findet. Sie ist wohlhabend, sie wird das Gut ihres Vaters erben. Claudius wünscht sich Erben, und wer sie heiratet, wird ein gemachter Mann sein.
Ihrem Vater zuliebe bleibt sie die ganze vereinbarte Zeit auf dem Gut. Nach der Kornernte beginnt die Weinlese, und sie ist unermüdlich, stets das hohe Gefäß auf dem Rücken, das Messer in der Hand. Sie will sich nichts nachsagen lassen. Aber sie zieht sich zurück, nimmt sich in Acht vor den Jungen. Nach drei Monaten kommt Agnes nach Poitiers zurück. Sie

sieht: Die Klostergebäude sind gewachsen, sonst hat sie hier nicht viel verpasst. Über die Zeit auf dem Gut spricht sie nicht gern. Radegunde wartet geduldig, bis sie dann doch das eine und andere hört: „Mit der Herrin bin ich ganz gut zurechtgekommen. Aber der Gutsherr sagte, ich solle nicht so zimperlich sein, dabei habe ich gearbeitet wie ein Pferd. Und die Söhne sagten, ich solle nicht so gestelzt reden." Mehr ist nicht aus ihr herauszubringen, aber Radegunde spürt, es steckt mehr hinter dem Unwillen der Jüngeren. „Gibt es etwas, das du mir berichten musst?", fragt sie Agnes. „Nein" ist die Antwort. Und dabei bleibt es. Agnes will keine Fragen gestellt bekommen. Zuzugeben, dass es bei dem Heiratsprojekt nicht um sie, sondern um das Gut ihres Vaters ging, dazu ist sie zu stolz.

DAVID UND ABSALOM

König Chlothar hat den Umritt im Westreich gehalten. Die Großen des Landes haben ihn auf den Schild gehoben. Nun endlich ist das Frankenreich wieder eins unter einem König, so wie es zuletzt unter seinem Vater war. Es ist in dieser Einheit so groß wie nie zuvor: Die Provence, das Languedoc, die Seealpen und Gebiete der Thüringer und Sachsen sind hinzugekommen.

Er kehrt zurück in seine Residenz Soissons. Sein Kämmerer unterrichtet ihn über die laufenden Vorgänge. Das Kloster der Königin in Poitiers ist bewilligt, sie kann auch ein paar Säulen aus einer alten Tempelruine mit verbauen, so teilt er mit. „Gut so", bedankt sich der König. „Je schneller das Kloster fertig wird, desto eher wird sie die Furcht packen, sich dort einzuschließen." Und in Gedanken ergänzt er: „Sie, die so gern Leute um sich hat, die interessante Gespräche braucht wie die Luft zum Atmen. Die blonde Schönheit, die die Blicke der Männer auf sich zieht. Die Reiterin, die jede Hofreise so genossen hat. Das Kind vom Lande in der Stadt hinter Mauern! Es wäre zum Lachen, wenn es nicht so traurig wäre." Und weiter sagt er zum Kämmerer: „Ich werde ihr ein geeintes Frankenland zu Füßen legen. Ein Reich in Frieden. Immer war das unser gemeinsames Lebensziel. Nun will ich mit ihr die Früchte unserer Mühen genießen." Bald wird Winter sein, die ersten Schneeschauer hat es schon gegeben. Wenn der Frühling kommt, wenn die Wege wieder bequemer werden, wird er sich der Sache annehmen. Er wird nach Poitiers reisen und sie da wegholen.

Kurz vor dem Weihnachtsfest meldet sich Sidonius beim König, der schlanke, hochgewachsene Hofgeistliche. Er tritt ein, ein wenig gebückt, und Chlothar bemerkt eine weiße Strähne in seinem Haar. „Na, wirst du jetzt auch schon grau? Das kann ich nicht glauben!", begrüßt er den Jüngeren leutselig. „Ich erinnere mich gerade, beim Feldzug nach Spanien warst du noch ein blutjunger Kaplan." Da bemerkt er, wie bedrückt der andere vor ihm steht. „Was gibt es Unangenehmes zu vermelden? Heraus damit!", fordert er ihn auf. „Mein Herr und König, Medardus ist tot." „Wann ist er gestorben?" „Vor drei Tagen. Der Bote kam eben gerade." „Jetzt hat er mich also auch noch verlassen. Als Kind habe ich ihn nicht geliebt, ich habe ihn eher gefürchtet. Aber er war mir später immer ein guter Berater. Ein weiser und frommer Mann. Er konnte zuhören. Ich werde ihn vermissen." „Ja, er hat die wichtigsten Bistümer geführt und den heidnischen Flamen das Christentum gebracht", versucht der Geistliche die Verdienste des Verstorbenen in Erinnerung zu rufen. Aber die Erinnerungen des Königs sind andere: „Merkwürdig, wie der eigenwillige Alte gleichzeitig gütig und unnachgiebig war", denkt er. „Er hat auch Radegunde eingesegnet. Mit welchen Überredungskünsten sie ihn dazu gebracht hat, das wüsste ich gern."

Er reist nach Noyon. In der Kathedrale, in der einst Radegunde zur Diakonin gesegnet wurde, nimmt er Abschied von dem geistlichen Vater, der seinen Weg begleitet hat seit seinen Kindertagen. Der Leichnam wird in einen Sarkophag gebettet,

den Chlothar gestiftet hat. Der König plant, in Soissons eine neue Kirche zu bauen, dorthin sollen die Gebeine überführt werden, dort soll der Bischof seine letzte Ruhe finden.
Der Winter geht zu Ende, doch die Reisepläne des Königs werden durchkreuzt, er wird nicht nach Poitiers reiten. Boten kommen mit der Nachricht, dass Chram, Chunsines Sohn, mit den Bretonen intrigiert und im Westen des Reiches versucht, einige Städte an sich zu bringen. Er hat den eben geleisteten Treueeid gebrochen. Das wiegt schwer, denn mit diesem Eid hatte Chlothar einen Strich unter die früheren Raubzüge Chrams ziehen wollen. Er hat sein Vertrauen missbraucht und stellt sich nun gegen ihn, den Vater, den König. Der Friede des Reiches ist wieder zerstört.
Chram zieht sich in die Bretagne zurück. Wieder einmal rüstet Chlothar ein Heer, um das Frankenreich zu verteidigen, dieses Mal gegen den eigenen Sohn. Schließlich stehen sie sich in der Ebene bei Dol gegenüber, das Heer, das die Bretonen und Chram aufgeboten haben, und das Heer Chlothars. Der König selbst führt die Krieger an. Der königlichen Übermacht kann die bretonische Schar nicht lange Widerstand leisten. Die Reihen wanken. Die Bretonen werden geschlagen. Auch Chram flieht mit seiner Familie. An den Ufern der Rance halten sie Schiffe bereit, um nach Britannien zu entkommen. Doch sie werden von Chlothars Leuten ergriffen. Der König erteilt Befehl, und Chram, seine Frau und die Töchter werden in der Hütte eines armen Mannes gefesselt und erdrosselt. Dann zündet man die Hütte über ihren Häuptern an. Nichts soll bleiben von diesem seinem Spross. Nie mehr soll ihn etwas daran erinnern, dass es den je gab.

Die Königin steht auf einem der Treppenaufgänge zur Stadtmauer und lässt den Blick über die sonnenbeschienene Baustelle des Klosters schweifen. Tatsächlich ist es Colonius gelungen, viele geschickte Bauleute und Steinmetze zu finden. Und so sieht sie vor sich emsiges Treiben von Arbeitern, die ihr Handwerk verstehen. Es geht voran.

Fast ein Jahr ist her, dass sie zum ersten Mal von hier aus den Platz in Augenschein nahm, der ein Kloster werden sollte. Noch vor dem Winter waren die Dächer der Konventsgebäude gedeckt worden. Da stehen sie, praktisch fertig – das Dormitorium und das Wirtschaftsgebäude mit Küche. Das Refektorium ist aufgeführt und mit Dachstuhl versehen. In den nächsten Tagen sollen die Dachdecker die Ziegel auflegen.
Da kommt Colonius auf sie zu. „Wenn es Euch recht ist, können wir einen kleinen Rundgang unternehmen", spricht er die Bauherrin an. Zuerst geht es zum Refektorium. „Hier auf der Stirnseite sind jetzt die Fenster fertig, die Licht geben für die Vorleserin. Wir haben sie als Dreiergruppe mit Bogen ausgeführt." Radegunde sieht die kunstvoll verzierten Fenstereinfassungen. Muster von verschlungenen Bändern haben die Bildhauer dort in den Stein gehauen, sie ähneln dem Muster des Stirnbands, das sie in ihrer Kindheit trug. Quadratische Muster und stilisierte Blätter wechseln sich in einem anderen Fenster ab. Sie gehen um das Haus herum. Im Bogen über der Tür erkennt sie einen Kreis, der mit Rauten gefüllt ist. „Ich bin jeden Tag von Neuem erstaunt, wie Eure Leute immer wieder verschiedene Formen miteinander kombinieren, kein Stein sieht wie der andere aus." Colonius schmunzelt. „Dann folgt mir doch in die Kirche, die liegt Euch ja besonders am Herzen. Vorsicht, hier müssen wir den Bauleuten etwas aus dem Wege gehen." Sie stehen im vorderen Teil des Bauwerks. „Ja, es hat einige Zeit gedauert, bis die Säulen aus der Ruine ausgebaut und hergeschafft waren. Besonders schwierig war es, sie über den Fluss zu schaffen. Die Furt musste mit Steinschüttungen befestigt werden, damit die Wagen nicht einsanken. Mit sechs schweren Pferden mussten wir die Wagen bespannen und die Säulen einzeln herüberbringen." Die Königin hatte vor Wochen die Transportarbeiten interessiert beobachtet. „Da steht ja schon mein Säulenwald, er ist schöner geworden, als ich es mir vorgestellt hatte." Wieder lächelt Colonius zufrieden: „Ganz hinten links erkennt Ihr die Pforte, von der die Treppe zur Empore führen wird. Vorn, nach Osten hin, wird der Raum

sich mehr öffnen." Die Königin folgt seinen Beschreibungen und Armbewegungen mit den Augen. Sie ist gespannt, wie der Raum wirken wird, wenn er ein Dach trägt. Sie gehen zum Hauptportal auf der Südseite. Es hat schöne Gesimsbögen. Eben sind die Steinmetze dabei, die Gewände für die Fenster im oberen Teil der Kirche vorzubereiten. „Lasst uns noch schnell zu Eurer Zelle gehen, sie ist fast fertig", schlägt der Baumeister vor. Auf dieses Häuschen, das ihre Wohnung werden wird, ist die Königin besonders gespannt. Sie betreten den ersten der beiden kleinen Räume. Er ist bewusst schlicht gehalten. Dann stehen sie im zweiten, erfreut betrachtet Radegunde die zierlichen Arkadenbögen. „Ich bin immer noch froh über den glücklichen Zufall, dass ich in dem alten, verfallenen Gartenhaus da draußen noch diese hübschen kleinen Pfeiler gefunden habe. Sie geben dem Raum etwas Gehobenes. Hier werde ich gern beten. Habt Dank, Colonius." Dem Baumeister steht der Stolz ins Gesicht geschrieben. „Königin, es ist mir eine Ehre, Euch einen Raum zu schaffen, der Euren Wünschen entspricht."

Auf dem Rückweg zu ihrer Unterkunft trifft sie Agnes. „Herrin, es gibt Neuigkeiten, der Bischof bittet Euch, heute Abend bei ihm zu Gast zu sein." Nach dem Abendessen richtet Pientius das Wort an die Königin: „Wir haben neue Nachrichten aus Tours, und keine guten. Chrams Anhänger haben Unruhen angezettelt, und es hat eine Feuersbrunst gegeben. Viele Bürger der Stadt haben Hab und Gut im Stich gelassen, um ihr Leben zu retten. Wahrscheinlich werden einige der Flüchtlinge schon bald hier bei uns ankommen." Die Königin sieht ihn entgeistert an. „Das sind wirklich keine guten Neuigkeiten. Was hört man vom König? Hat er schon etwas unternommen?" „Er hat das Heer gegen Chram und seinen Haufen aufgeboten." „Ich denke, aus diesem Krieg des Vaters gegen den Sohn kann nichts Gutes erwachsen. Es ist ein Verhängnis!" Sie hat ihre Hände unter dem Tisch in den Schoß gelegt, um ihr Zittern zu verbergen. Dann gibt sie sich einen Ruck. „Hochwürdiger Bischof, verzeiht meine Abschweifung ins Private. Ja, gerne werde ich helfen, wenn Flüchtende aus Tours kommen, und versuchen, die Not zu lindern. Und im Übrigen bin ich nicht hier, um Politik zu machen. Das sollen die Herren tun. Ich will ein Frauenkloster bauen."

Schon am nächsten Tag schleppen sich die ersten Leute aus Tours heran. Sie berichten Schreckliches von Raub und Mord und einer brennenden Stadt. „Von einem Dach zum anderen ist das Feuer übergesprungen. Sogar die Basilika des heiligen Martin ist ausgebrannt." Radegunde sorgt sich um das Kloster, das nur einen Steinwurf weit von der Basilika entfernt liegt. „Die Mönche kommen zurecht", denkt sie. „Ich habe hier gerade alle Hände voll zu tun." Sie versorgt schlecht verbundene Brandwunden, Kopfverletzungen von herabgefallenen Hölzern, gebrochene Arme und verstauchte Füße. Viele haben tagelang kaum etwas gegessen. „Kaum vorstellbar, wie die Leute es bis hierher geschafft haben", denkt Radegunde, während sie einem Kind verdünnten Apfelsaft zu trinken gibt. „Agnes, bitte schick doch Boten nach Saix. Die Schwestern, die mit nach Poitiers ziehen wollen, sollen jetzt schon kommen. Und wenn die Flüchtlinge versorgt sind, müssen wir daran gehen, das Kloster einzurichten. Schick einen Wagen mit."

Die Schwestern kommen. Die älteste von ihnen, Theudelinde, greift sich unter den Leuten aus Tours sofort zwei halbwüchsige Kinder, die ihr beim Gemüseputzen helfen sollen. Und schon steht sie in der Küche und rührt in einem großen Kessel mit Eintopf für die hungrigen Münder. Am Abend erzählt sie von den vergangenen Tagen auf dem Gut: „Auch dort sind Flüchtlinge angekommen. Wir haben sie, so gut es ging, auf die umliegenden Güter verteilt. Auch in Saix, im Waschhaus, haben wir eine Familie untergebracht. Schwester Gertrud war ziemlich verzweifelt, dass wir ausgerechnet jetzt wegmussten. Aber sie hat schon wieder ein paar Helferinnen gefunden. Junge Mädchen von den Nachbargütern wollen Krankenpflege lernen."

Als Chlothar von dem Kriegszug gegen Chram zurückkommt, blutet ihm das Herz. Zu wem kann er gehen? Seine Räte nutzen ihm nichts, sie werden ihm nach dem Mund reden. Seine Königin hat ihm den Rücken gekehrt. Die Söhne führen inzwischen eigene Residenzen. Noch ist ihm eine Tochter geblieben, Chlodoswinth, die Jüngste, die noch in den Windeln lag, als Ingund starb. Er lässt sie zu sich rufen. Sie essen gemeinsam. Dann sitzen sie beieinander. Chlothar erzählt vom Umritt im Westreich, von seinem Thriumph, nun das ganze Reich zu erben ohne einen Schwertstreich, es geeint zu regieren. „Auch Bischof Germanus sprach bei der Beisetzung Childeberts von dem Land, das dank göttlicher Gnade wieder geeint ist", setzt er hinzu. „Chram hatte mir Treue geschworen, auf die Bibel! Eine Zeit des Friedens und des Wohlstandes für alle im Reich sollte anbrechen." „Vater", antwortet die Tochter, „was immer das Reich von Euch forderte, was immer Eure Absicht war, er war mein Bruder. Ihr habt Euer eigen Fleisch und Blut getötet." Chlothar sieht sie an, und er sieht in ihrem Blick den Vorwurf Radegundes: „Mörder der Neffen, des Bruders, des Sohnes." Als er den Thüringer beseitigen ließ, hat ihn die Gattin verlassen. Auch die Tochter ist ihm fremd geworden. Sie wird bald davonziehen. Heiratsverhandlungen mit den Langobarden sind im Gang. Nächstes Jahr wird sie König Alboin heiraten. „Mein Kind", sagt er mit leisem Nachdruck, „mein Kind, ich wünsche dir, dass du nie vor solchen Entscheidungen stehen wirst." Chlodoswinth sieht ihn mit leisem Bedauern an. „Nein, nicht auch noch Mitleid!", denkt der König. Er lächelt. „Der Bischof hat recht. Gott hat mich gesegnet. Er hat meinen großen Lebenstraum erfüllt. Das Reich ist einig und geordnet. Ich kann es beruhigt meinen Erben hinterlassen." Die Tochter stimmt ihm zu und zieht sich zurück. Ihr Gehen gleicht einer Flucht. Sie fürchtet sich vor ihm. Ihre ganze Kindheit über war Frieden im Reich, Krieg gab es nur an den Grenzen, mit den Nachbarn. Dieser Krieg gegen Chram, so denkt sie, war Bürgerkrieg, Bruderkrieg. Daraus kann nichts Gutes entstehen. Am nächsten Tag ruft der König den Hofgeistlichen. „Meine

Tochter wirft mir Mord an ihrem Bruder vor." „Tut sie das?" „Nicht wörtlich, aber ich sehe es in ihren Augen." „Mein König, Ihr müsst Stärke zeigen. Denkt an David und seinen abtrünnigen Sohn Absalom. Als das Heer Davids siegreich die Aufständischen geschlagen hatte und Absalom tot war, saß David im Obergemach des Hauses, beweinte seinen Sohn und klagte um ihn. Da schlichen die Männer seines Heeres, die ihr Leben für den König eingesetzt und für ihn einen Sieg erkämpft hatten, wie geprügelte Hunde nach Hause, und sein Feldherr Joab machte ihm Vorhaltungen. David musste hinausgehen und sich öffentlich dem Volk zeigen, damit kein neuer Unfriede im Land entstand." „Ihr habt recht. Eigentlich interessiert es keinen Menschen, wie es in einem König aussieht, wenn er nur Zuversicht ausstrahlt." Der Priester will protestieren, aber der König lässt ihn nicht zu Wort kommen. „Ich habe eine wunderbare Idee. Wie ich höre, hat es bei den Unruhen in Tours durch Chrams Anhänger eine Feuersbrunst gegeben. Sogar in der Kirche des heiligen Martin gab es einen Brand. Ich werde die Wiederherstellung der Basilika des heiligen Mannes großzügig fördern und auch die anderen Kirchen wieder herrichten lassen. Das bin ich dem Heiligtum schuldig, und außerdem bringt es etwas Frieden in die Stadt, die so Schlimmes erlebt hat. Kurz vor meinem fünfzigsten Thronjubiläum werde ich dann eine Wallfahrt zum Grab von Sankt Martin unternehmen. Es ist gut, vor einem solchen Freudentag noch einmal in sich zu gehen und Bilanz zu ziehen. Dabei kann ich mich dann auch über den Abschluss der Renovierungen unterrichten. Und wer weiß, vielleicht kann ich dann mein Regentschaftsjubiläum mit der Königin gemeinsam feiern. Bis dahin sollte doch genug Gras über die alten Geschichten gewachsen sein." Dass sein Plan weiter greift, dass er von Tours noch zwei Tage weiterreiten will nach Poitiers, um die Königin zu holen, behält er für sich.

Die Frauen gehen daran, das Kloster einzurichten. Es gibt zwei Küchen, es müssen Herde gebaut werden. Man braucht Kessel für heißes Wasser. Man braucht Küchengerät. Der Schlafsaal ist herzurichten, Betten müssen her. Überall muss erst einmal der Dreck vom Bau aus den Räumen. Die Frauen arbeiten schwer. Abends treffen sie sich im Haus der Königin. Wenigstens die Prim um sechs Uhr früh und die Komplet am Abend beten sie gemeinsam.
An dem Tag, als der Dachstuhl der Kirche fertig ist, gibt die Königin ein Fest für die Bauleute. Die ganze Stadt ist auf den Beinen. Es mangelt nicht an Speis und Trank für alle. Die Königin dankt Colonius und allen seinen Arbeitern. Auch Bischof Pientius ist gekommen und sieht erstaunt die reichen Steinmetzarbeiten, die Arkaden und das Säulenwerk. Er gratuliert dem Meister und wünscht dem Bau gute Vollendung. „Habt Ihr schon gehört, Colonius?", fährt er fort. „Der König lässt in Tours die Basilika wieder herrichten." „Ja, man sagt, er sei sehr großzügig. Das Dach soll mit Bleiplatten gedeckt werden." „So ist es. Die Arbeiter haben schon begonnen, und Bischof Eufronius schreibt, dass das Dach selbst in der Nacht im Licht des Mondes schimmert, und der Anblick sei sehr erhebend." Später verabschiedet die Königin den Bischof, da fragt er sie: „Ihr habt gehört, wie Chram gestorben ist?" „Ja, und es hat mich sehr erschreckt. Der König hat seinen Sohn den Tod eines Verbrechers sterben lassen. Sicher war Chram ein Verräter, und der König wollte ein Exempel statuieren, aber ich denke, es bricht ihm das Herz. Die Brutalität innerhalb der eigenen Familie ist wie ein Fluch. Wenn man in die Zukunft denkt, muss man an die jungen Könige denken. Sie haben Chram nicht besonders gemocht, aber er war ihr Bruder. Dieser Tod sendet eine unheilvolle Botschaft."

EIN KLOSTER IN POITIERS

In ihr strahlten alle Tugenden hervor: Bescheidenheit mit Ehrfurcht, Weisheit mit Einfachheit, Strenge mit Sanftmut, Gelehrsamkeit mit Demut, endlich ein Leben ohne Makel, ein Leben ohne Vorwurf, ein Leben immer sich selbst gleich."

Baudonivia, *Vita Sanctae Radegundis*, 9.

DER EINZUG

Wenig später ist das Dach der neuen Kirche in Poitiers mit Ziegeln gedeckt. Der Winter kommt mit Schnee und Regen. Im Inneren sind die Bauleute dabei, Steinplatten für den Fußboden zu verlegen. Der Chor und der vordere, hohe Teil des Schiffes bekommen Ornamente aus verschiedenfarbigen Steinen. Dann wird der Altar aufgesetzt. Währenddessen ist eine der jungen Schwestern dabei, nach den Maßen des Altars ein kostbares Leinentuch zu besticken.
Die Königin lässt den Bischof wissen, sie dächte daran, die Kirche und das Kloster am Osterfest weihen zu lassen. Er lädt sie ein, allein. Sie speisen gemeinsam. „Eine gute Tafel“, denkt Radegunde, „nicht zu üppig, aber erlesen.“ „Mit Freude habe ich gehört“, beginnt der Gastgeber, „dass die Kirche so gut wie fertig ist.“ „Ja, in wenigen Tagen sind die letzten Arbeiten abgeschlossen. Einige Wege müssen noch gepflastert werden. Wir müssen ja bei jedem Wetter für die Gebetszeiten von unseren Räumen in die Kirche kommen, übrigens auch nachts im Dunkeln.“ „Ihr müsst mutige Frauen sein“, schmunzelt der Bischof, aber unter dem Scherz klingt eine Frage durch. Radegunde lächelt zurück. „Während der Bauzeit habe ich viel Gelegenheit gehabt nachzudenken, ich bin alles mit den Schwestern noch einmal durchgegangen. Wir sind fest entschlossen, und wir tun diesen Schritt aus freiem Willen.“ „Das ist gut“, erwidert der Bischof, „denn der König hat angekündigt, dass er zur Vorbereitung auf sein fünfzigstes Thronjubiläum eine Wallfahrt unternehmen und am Grab des heiligen Martin beten will. Bischof Eufronius von Tours hat mich soeben davon in Kenntnis gesetzt.“ „Das ist für uns nicht erfreulich, aber es trifft sich gut. Wir werden dann schon im Kloster sein. Ich denke, wir werden ihn auch hier erwarten dürfen.“ Die Stimme der Königin klingt besorgt wie die des Bischofs. „Wenn Ihr die Kirche weiht und unseren Einzug begleitet, macht Ihr Euch den König nicht zum Freund“, gibt sie zu bedenken. „Königin, Eure Absichten

sind lauter. Gott wird mit uns sein." „Wenn Ihr einverstanden seid, würde ich gern Bischof Germanus von Paris bitten, zwischen dem König und mir zu vermitteln, wenn er Ansprüche an mich stellt. Germanus ist ein erfahrener Priester und war schon mehrfach Unterhändler zwischen den Königen." „Das ist eine gute Wahl, Königin." Damit ist die Kirchweihe beschlossen.

Zu Ostern quillt die Stadt über von Menschen. Vornehme Familien der Umgebung, so heißt es, haben Fensterplätze gemietet an dem Weg, den die Königin mit ihren Schwestern auf dem Weg ins Kloster ziehen soll. Die Gassen sind gesäumt von einer dichten Menge. Seit den frühen Morgenstunden haben die Leute schon ausgehalten, um sich das erwartete Schauspiel nicht entgehen zu lassen: Die schöne, heilkundige Königin zieht ins Kloster ein. Eine Magd, die einen Platz in der ersten Reihe ergattert hat, erzählt ihrer Nachbarin: „Die Leute aus Tours haben ja nicht viel. Aber sie sind der Königin so dankbar, dass die Frauen und Kinder eine Blumengirlande gebunden haben, die den Eingang der Kirche schmücken soll." „Jeden Tag war sie auf der Baustelle zu sehen", betont ein Mann in der Tracht der Zimmerleute gegenüber einem biederen Bürger, „wenn Colonius irgendwo auf Schwierigkeiten gestoßen ist, hat sie sie schnell aus dem Weg geschafft." Von einem der Fenster herab, aus dem Mund einer Dame, hört man die Geschichte: „Unsere Nachbarin hatte so schlimme Schmerzen im Kreuz. Sie lag nur noch zusammengekrümmt zu Bett. Tagelang hat die Königin sie mit eigenen Händen gepflegt, und unter der Berührung ihrer Finger ist sie ganz gesund geworden. Die Frau kann völlig gerade gehen. Nun hat sie eine Fahne wunderschön bestickt, die mit in die Kirche getragen werden soll. ‚Sancta Maria' steht darauf. So soll das Kloster heißen." Ein Vater ermahnt den Sohn: „Sieh nur genau hin und merk dir alles. Das kannst du mal deinen Enkeln erzählen!" Das Schauerwetter der letzten Tage ist glücklicherweise vorüber, und eine blasse Sonne schickt ihre Strahlen. Ein frischer Wind vom fernen Meer bläht die Kleider der Frauen.

Da geht eine Bewegung durch die Menge, Köpfe werden gereckt, Hälse gedreht. Um die Straßenecke schwenkt die Festprozession. An der Spitze wird die bestickte Fahne getragen, die Brise lässt sie fröhlich auswehen. „Sancta Maria", kann man lesen. Dahinter tragen die Kinder von Tours ihre Blumengirlande in den Händen. Die Chorknaben der Bischofskirche St. Peter in ihren weißen Gewändern mit grünen Überwürfen singen einen Hymnus auf die Muttergottes. Ihnen folgen ein Kreuzträger und zwei Diakone, die Weihrauchfässer schwenken. Dann kommt Bischof Pientius mit seinem Krummstab unter einem Baldachin, der von vier jungen Männern gehalten wird. Ein Priester trägt ein Gefäß, das Reliquien des heiligen Andreas enthält. Es soll in der Klosterkirche seinen Platz finden. Dahinter gehen in Zweierreihen Radegunde und ihre Mitschwestern in völlig gleicher weißer Tracht. Den Schwestern folgen vier Schülerinnen, die im Kloster eine Probezeit absolvieren wollen. Den Zug beschließen einige Dienerinnen, die nicht in Klausur leben werden.

Durch das Tor in der noch nicht ganz fertigen Umfassungsmauer betritt die Prozession das Klostergelände und entschwindet den Augen der Schaulustigen. Als der Zug an der Kirche angekommen ist, hängen die Kinder ihre Girlande auf Vorsprünge am Portal. Der Einzug in die Kirche beginnt. Edle aus Poitiers und Teilen Aquitaniens nutzen die kleine Pforte auf der Westseite der Kirche und ersteigen die Empore. Das untere Schiff und der vordere, offene Teil der Kirche sind den Schwestern, den Geistlichen und dem Chor vorbehalten. Nach der vorgeschriebenen Liturgie nimmt Bischof Pientius die Weihe der Klosterkirche Sancta Maria vor und feiert mit der Gemeinde die erste Messe. Von nun an wird diese Kirche der Mittelpunkt des Klosters sein.

Radegunde ist erfüllt von Vorfreude auf das gemeinsame Leben mit den Schwestern hier im Konvent. Als Stifterin hat sie Dank zu sagen, und sie nutzt die Gelegenheit, ein geistliches Wort anzuschließen: „Liebe Schwestern, dieses Haus soll ein Haus des Gebetes sein und ein Haus, in dem wir auf Gottes

Wort hören. *Sucht fleißig in der Schrift, und wenn ihr die Schrift nicht versteht, dann sucht sorgfältig im Spiegel Eurer Seele. Seid gewiss: Es kommt eine Hungersnot ins Land, nicht nach Brot und Wasser, sondern nach dem Hören des Wortes Gottes. Darum sammelt fleißig, sammelt den Weizen des Herrn, solange es Zeit ist, denn ich sage euch: Heute ist der Tag, und der Sommer wird sehr herbeigesehnt.*"
Mit den Schwestern stimmt sie ein in den Psalm dieses Tages: „*Eines bitte ich vom Herrn, das hätte ich gerne: dass ich im Hause des Herrn bleiben könne mein Leben lang, zu schauen die schönen Gottesdienste des Herrn und seinen Tempel zu betrachten.*" „Mein Leben lang", wiederholt sie in Gedanken. So soll es sein nach der Regel dieses Klosters.

GERMANUS VON PARIS

Zu Pfingsten wird die Basilika St. Martin in Tours nach umfangreichen Bauarbeiten wieder geweiht. Schon von Weitem sieht man das Heiligtum leuchten unter seinem neuen, schimmernden Dach aus Blei. Im Inneren sind die Folgen der Verwüstungen nicht nur beseitigt, Schiff und Chor strahlen schöner als zuvor. Eigens zu diesem Ereignis ist der König aus Soissons angereist. Entlang der Straßen, in denen das Volk den Durchzug des königlichen Gefolges erwartet, sieht man freilich noch viele Häuser mit Schäden und auch einige Ruinen. Aber beim Heiligtum ist ein Anfang gemacht. Das gibt Mut für die Zukunft. Bischof Eufronius zelebriert eine festliche Messe.
Chlothar ist auf Wallfahrt. Er geht in sich. Er betet lange beim Grab des heiligen Martin. Der Krieger und Heilige möge ihm Fürsprache gewähren vor Gott für alle Taten, die ein König nun einmal tun müsse. Auch bei seinen Irrtümern habe er sich vom Wohl des Königreiches leiten lassen. Und bei den Frauengeschichten möge Gott gnädig sein. Das sei eine Fami-

lientradition und für einen Frankenkönig beinahe Pflicht. „Ja, die Art, wie ich Chram unschädlich machen musste, schmerzt mich wirklich. Er war mein Sohn. Ich habe ihn mir vom Herzen gerissen. Und aus dieser Sache können in Zukunft noch schlimme Dinge entstehen. Aber, Gott, du selbst bist mein Zeuge, ich habe getan, was ich konnte, ich habe Geduld geübt, ich habe ihn begnadigt. Er hat Treue geschworen und sie gebrochen. Das hat Konsequenzen, und das wusste er. Auch wegen des Bruders der Königin bitte ich dich, Herr, und die Königin in aller Demut um Vergebung. Gern will ich die Verzeihung der Königin erlangen und sie wieder heimführen als meine Gemahlin."

Auch die anderen Kirchen und Klöster der Stadt sind vom König beschenkt worden, um die Schäden aus den schrecklichen Tagen des Wütens zu beheben. Chlothar besichtigt sie. Er gibt Spenden an die Armen. Dann wendet er sich dem zweiten Teil seiner Reise zu. Bereits vor der Kirchweihe, gleich bei seinem Eintreffen in Tours, hatte er Boten zu Radegunde entsandt mit einem Brief, in dem er sie offiziell um Vergebung bat und um ihre Rückkehr. Für den Fall, dass sie ablehnte, hatte er weitere Schritte durchblicken lassen. Heute Abend werden die Männer zurück sein. Morgen wird er nach Poitiers ziehen und seine Königin holen. Er hört seine Leute hereintraben. Augenblicke später stehen sie vor ihm im Empfangszimmer. „Mein Herr und König", beginnt der Erste, „wir haben unerfreuliche Nachrichten zu überbringen. Wir haben Euren Brief an die Königin übermittelt. Aber die Königin will nicht aus dem Kloster heraus. Sie hat uns mit all ihren Schwestern in der Klosterkirche empfangen. Sie tragen alle die gleichen geistlichen Gewänder, auch die Königin. Sie nennen sich Schwestern. Die Königin sagt, sie habe ein Gelübde abgelegt. Sie ist von Medardus eingesegnet worden. Sie und die Schwestern wollen bis zum Ende ihres Lebens Nonnen sein und im Kloster leben." Der König ist nicht überrascht, er ist erbost. „Und wie soll es nach Ansicht der Königin nun weitergehen?" „Sie hat Boten mit Briefen an Bischof Germanus von Paris gesandt und ihn

um Vermittlung gebeten. Der Bischof kann in fünf Tagen hier sein, wenn er sofort abreist." Was hatte er erwartet? Eigentlich nichts anderes. Trotzdem ist Chlothar aufgebracht. Germanus ist ein geschickter Unterhändler, ohne Frage. Aber dass er mit einem Pfaffen über die Rückkehr seiner rechtmäßig mit dem Segen der Kirche angetrauten Ehefrau verhandeln soll, das ist bodenlos. „Danke, Ihr Herren", entlässt er die Boten.
Germanus kommt nach sechs Tagen. Der König empfängt ihn unter vier Augen. „Seid gegrüßt, Germanus", spricht er ihn an, „ich schätze Euch sehr als Unterhändler. Aber seid Ihr sicher, dass Ihr dieser reinen Privatangelegenheit nicht zu viel Bedeutung beimesst? Ihr verschwendet Euer Talent!" Das Lächeln in den Augen des Königs wirkt angespannt. Der Bischof verneigt sich. „Mein Herr und König, die Königin hat mich beauftragt, zwischen Euch und ihr zu vermitteln. Einen höheren Befehl kann es nicht geben, es sei denn, er käme von Euch selbst." „Es ist mir immer ein Vergnügen, mit einem gebildeten Mann wie Euch zu sprechen. Also reden wir miteinander. Wollt Ihr Euch nicht setzen?" Der König weist auf einen bequemen Lehnstuhl für den Bischof, er selbst benutzt einen reich geschnitzten Thronstuhl. Dann fährt er fort: „Also, wie lautet Euer Auftrag?" „Die Königin will bis ans Ende ihrer Tage in dem von ihr gebauten Kloster leben, und sie bittet Euch, das Vermögen, das Ihr ihr gnädig zugeeignet habt, ihr als Wittum zu bestätigen und zu genehmigen, das sie es dem Kloster übereignen darf." Der König lacht laut. „Ist sie nicht köstlich? Die Sache ist doch ganz einfach. Ich will meine rechtmäßig angetraute Ehefrau zurück. Sie verletzt ihre ehelichen Pflichten. Das Kloster ist eine andere Sache, das kann man entsprechend dotieren." „Herr, sie hat ein Gelübde abgelegt und ist in den geistlichen Stand getreten. Sie kann nicht zu Euch zurück." „Ha, und du als Vertreter der Kirche pochst jetzt auf euren Besitzstand. Du bist kein guter Anwalt." „Verzeiht, Herr, ich achte die Gründe, derentwegen die Königin das Gelübde getan hat." „Das Ehegelübde, das sie mir gegeben hat, ist älter. Es gilt, bis dass der Tod uns scheidet." „Herr, als die Köni-

gin zu Medardus ging, um sich einsegnen zu lassen, hattet Ihr ihr die Treue gebrochen. Ihr hattet ihren Bruder, den König der Thüringer, erschlagen lassen. Er war unschuldig. Sie fürchtete um ihr eigenes Leben." „Die Beseitigung eines Thronerben, der möglicherweise im Rücken der kämpfenden Truppe konspiriert, ist Kriegshandwerk. Ich habe mich dafür schon öffentlich entschuldigt und ihr Entschädigung geleistet. Und, wie Ihr selbst sagt, wurde ihr Gelübde in einem Zustand von Todesangst gegeben. Es ist ungültig." Einen Augenblick ist es still im Raum. Dann hört man die leise, nachdenkliche Stimme von Germanus: „Herr, die Königin befindet sich nicht mehr im Zustand der Todesangst und steht zu ihrem Gelübde. Sie lebt in einem Kloster. Sie schreibt, Gott wolle nichts wissen von dem Gedanken, dass sie dieses wieder verlassen sollte." „Sie ist starrsinnig. Das war sie schon immer. Als ich um sie warb, ist sie geflohen. Man muss sie zu ihrem Glück zwingen. Nach der Hochzeit war sie ja auch eine gute Ehefrau, bis auf manche Nebensächlichkeiten." „Sie hat Euch keine Kinder geschenkt, und Ihr habt sie doch nicht verstoßen?", fragt da Germanus noch leiser. Der König versucht, in seinen Augen zu lesen. Da, vor ihm, sitzt ein Priester. Die stellen zuweilen solche unpassenden Fragen. „Dieses Gespräch ist ohnehin vertraulich. Also kann ich auch das erzählen. Ich habe sie geliebt von dem ersten Abend an, in Scithingi, als sie und ihr Bruder plötzlich in unserem Zelt standen." „Sie war noch ein Kind." „Vielleicht hätte ich mir solch eine Tochter gewünscht. Sie war damals schon wie heute: schön und gescheit und eigensinnig."

„Herr, dieses Kind war in der Burg, die eingenommen wurde, und es war auf dem Schlachtfeld. Ihr wisst, dass ich aus Autun bin?" „Ja, ich erinnere mich, Ihr wart dort Abt, ehe Ihr Bischof wurdet. Eine stolze Stadt mit guten Mauern!" „Ich bin da aufgewachsen. Auf unseren Feldern wurde die Schlacht zwischen Franken und Burgunden geschlagen. Was sich bei der Plünderung in der Stadt abgespielt hat, kann ich nicht beschreiben. Ich war Priester, und ich ging aufs Schlachtfeld. Ich habe

die Kämpfer gesehen, die noch in der Starre des Todes so ineinander verschlungen waren, dass man sie kaum trennen konnte. Die Niedergerittenen. Und darüber das Raubzeug. Die Mönche aus dem Kloster waren die Einzigen, die sich dort hinausgetraut haben. Sie hofften, dass man heilige Männer nicht angreifen würde. Sie brachten Verwundete in die Stadt, die man vielleicht noch retten konnte. Sie segneten die Sterbenden. Wer so etwas gesehen hat, vergisst es nie wieder."
„Was wollt Ihr mir damit sagen? Es war Krieg." „Herr, als die Thüringerin Euch das Ehegelübde gab, habt Ihr ihr viel abverlangt. Sie hat Euch das Schlachtfeld von Scithingi verziehen, die Schreie der Frauen, die toten Spielgefährten." „Was erlaubt Ihr Euch! Ihre königlichen Verwandten haben genauso Krieg geführt!" „Vielleicht bittet sie Gott mit ihrer Mildtätigkeit, mit ihren Opfern um Gnade für all die Könige, die Kriege führen um des Reiches willen." „Soll sie mildtätig sein. Aber sie soll zu mir zurückkommen!"
„Herr, als die Königin Euch verließ, da hat sie vielleicht die eheliche Treue verletzt, aber sie hat dem König die Treue gehalten." „Ihr sprecht wieder einmal in Rätseln. Das müsst Ihr schon näher erklären." „Der Tod eines Königs kann nach alter Sitte nur mit Blut gesühnt werden. Wäre sie nicht in den geistlichen Stand getreten, hätte sie Euch Rache schwören müssen, als ihr Bruder erschlagen war. Sie leistete das Gelübde, um das Reich nicht in Krieg und Verderben zu stürzen." „Das hätte ich mit einem Befehl erledigen können. Den nächsten Tag hätte sie nicht erlebt." „Das hättet Ihr zweifellos. Aber Ihr habt es nicht getan. Und das war eine weise Entscheidung. Im Grunde habt Ihr den Schritt der Königin schon damals für gut befunden. Ihr habt ihr ein Kloster geschenkt." „Aber ich glaube nie und nimmer, dass sie sich dort auf immer einschließen will." „Sie will es. Sie hat eine Gemeinschaft von Schwestern gegründet. Sie ist ihre geistliche Führerin. Wenn sie das Kloster verließe, bräche sie nicht nur ihr Gelübde. Alles, was sie aufgebaut hat, fiele in sich zusammen." „Es ist nicht schade darum. Sollen die Weiber doch wieder nach Hause zu ihren

Familien gehen. Das Kloster kann man auch anderweitig verwenden." „Sie will mit diesem Kloster einen Ort des Rückzugs und des geistlichen Lebens für Frauen schaffen. Bischof Pientius schreibt mir, sie hätte sich in ihrer Jugend gern an einen solchen Ort geflüchtet, aber es gab keinen in Eurem Land. Sie denkt jetzt auch an andere Frauen, denen sie helfen will." „Was geht das mich an?" „Ihr werdet sie nicht zurückgewinnen, wenn Ihr dieses Lebenswerk der Königin zerstört."
„Das werden wir ja sehen. Ich hole sie aus dem Kloster, ich nehme sie auf in meine liebenden Arme, und sie wird mir diese Lappalie verzeihen, so wie sie mir Scithingi verziehen hat."
„Mein König, das ist ein Frauenkloster. Kein Mann hat Zutritt."
„Ein Bischof, dem ich meine Zustimmung verweigere, kann in diesem Land nicht eingesetzt werden. Ich verweigere einfach meiner Ehefrau die Zustimmung zu ihrer Berufung als Äbtissin." „Leider wird das zu nichts führen. Die Königin wird nicht Äbtissin des Klosters sein. Sie will als einfache Nonne leben und sich der Äbtissin unterordnen." „Das wird ja immer abenteuerlicher. Und wer soll diese allmächtige Äbtissin sein?" „Schwester Agnes." „Agnes? Die ist doch noch ein Kind!" „Sie ist eine unbescholtene Jungfrau. Sie ist von den Schwestern gewählt. Sie wird in die Aufgaben hineinwachsen. Und vorläufig kann ja die Königin sie im Hintergrund noch unterstützen." „Verdammt, ist das ein guter Spielzug. Sie schiebt eine Figur vor und deckt die Königin. Habt Ihr gewusst, dass die Königin eine raffinierte Brettspielerin ist? Es ist nicht leicht, gegen sie zu gewinnen. Gut, dann machen wir es anders. Ich ziehe nach Poitiers und haue sie da raus." „Ihr wollt in ein Kloster militärisch eindringen?" „Das muss ich gar nicht. Ich umzingele den Komplex, dazu brauche ich nicht mal meine ganze Leibgarde. Und wenn den Damen das frische Obst ausgeht, werden sie die Königin schon rausschicken."
Das Gespräch stockt. Beiden Männern in diesem Raum ist klar, mit einer Belagerung des Klosters würde der König das Gesicht verlieren. Germanus sucht einen neuen Anfang. „Mein Herr und König, bedenkt doch gnädig, wie sehr ein

solches Vorgehen die Königin demütigen würde vor den Augen des Volkes, aber auch vor Euren Söhnen. Vielleicht ist es gut, einmal in die Zukunft zu schauen. Ich wünsche meinem Herrn und König noch viele glückliche Jahre. Aber über kurz oder lang werden Eure Söhne das Reich erben. Dann wäre es gut, wenn die Königinmutter zwischen ihnen schlichten könnte wie einst die selige Clothilde zwischen Euch und Euren Brüdern. Bleibt die Königin im Kloster, ist sie eine gute Vermittlerin ohne eigene Machtinteressen. Für den Frieden im Reich, den Ihr so mühsam erkämpft habt, kann die Königin im Kloster mehr tun, als wenn Ihr sie jetzt zur Rückkehr zwingt. Das ist meine ehrliche Überzeugung." Nach einer kurzen Pause setzt er hinzu: „Wenn Ihr Euch großherzig gegenüber der Königin erweist, würdet Ihr sie zu Dankbarkeit verpflichten, und Ihr selbst würdet an Ansehen gewinnen vor Gott und den Menschen. Und noch eins: Als Ihr der Königin den Bruder erschlagen ließet, habt Ihr ihr das Liebste genommen, was sie hatte, außer Euch. Bittet sie um Vergebung." „Dieser Bruder, ja, er war ihr wirklich sehr nah. Sie sahen sich nicht oft, aber sie verstanden einander ohne Worte. Ein Herz und eine Seele, könnte man sagen." „Mein König, ich glaube, sie haben viel zusammen erlebt." Einen Moment bleibt es still im Raum. Dann erhebt sich der König. Germanus tut es ihm gleich. Der Herrscher der Franken beschließt die Verhandlungen: „Es ist wohl das Schicksal großer Könige, auf der Höhe der Macht einsam und allein zu sein. Wie gern hätte ich meiner Königin das geeinte Reich zu Füßen gelegt. – Es ist spät geworden. Morgen will ich Euch Antwort geben auf Eure Frage. Darf ich Euch noch an meine Tafel laden? Gute Speise, guter Wein, das sind doch wahrlich Gaben Gottes."

Am nächsten Tag lässt der König den Bischof erneut zu sich rufen. „Es sieht so aus, als ginge diese Partie an die Königin. Es ist gut möglich, dass sie mich um zwanzig Jahre überlebt. Sie wäre imstande noch einmal zu heiraten, vielleicht irgendeinen Hunnenkönig, um dann Händel mit meinen Söhnen anzufangen. Nein, im Kloster ist sie besser aufgehoben. Ich werde ihr die Briefe und Privilegien ausfertigen lassen, die sie wünscht, und ich will nicht kleinlich sein. Meine Kanzlei wird das bis morgen erledigen. Das ist der offizielle Teil. Und, Germanus, was immer ich der Königin angetan haben sollte, es tut mir leid, und ich bitte sie um Verzeihung. Bitte übermittelt ihr diese Botschaft."

Germanus hat Boten nach Poitiers vorausgeschickt mit der Nachricht, alle Punkte seines Auftrages würden zur Zufriedenheit der Königin erfüllt werden. Radegunde lässt alles für seinen Empfang vorbereiten und die Kirche für eine Messe schmücken.

Zwei Tage später trifft der Bischof in Poitiers ein. Ortsbischof Pientius empfängt ihn. In seinem Haus steigt Germanus ab. Beim Abendessen fragt er: „In ihren Briefen hat mich die hochwürdige Radegunde gebeten, Schwester Agnes zur Äbtissin zu weihen. Ich will sie morgen kennenlernen. Würdet Ihr mir bei der Weihe assistieren?" Pientius ist erfreut: „Ja, gerne. Agnes ist zwar noch jung, aber die Schwestern haben sie einstimmig gewählt, und ich finde sie geeignet für dieses Amt."

Pientius schickt einen Boten ins Kloster, um den Bischof von Paris anzukündigen. Am nächsten Tag sitzen Radegunde und Germanus einander gegenüber in der Zelle mit dem Säulenschmuck. In einer Ecke liest eine ältere Schwester ein Buch. Leider hört die Arme nicht mehr so gut. Germanus schildert den Besuch beim König. „Was Ihr berichtet, übertrifft alle meine Vorstellungen bei Weitem", fasst die Königin das Gehörte zusammen. Er zögert einen Augenblick, dann setzt er noch hinzu: „Der König gedenkt der Zeit, da Ihr noch seine Königin wart. Er wollte Euch gern das geeinte, friedliche Reich zu Füßen legen." „Das Reich", wiederholt Radegunde, „es hat große Opfer gefordert." „Auch von Euch", ergänzt der Bischof. Ihr Blick schweift zu einem der Bogenfenster. „Meine Sorge war, das Land vor Bürgerkrieg zu bewahren. Nichts schwächt ein Reich mehr als innere Uneinigkeit. Ein Rachefeldzug hätte Bertarich nicht wieder lebendig gemacht und das Reich zerrüttet." „Königin", zum ersten Mal benutzt der Bischof diese

Anrede, „Königin, Ihr denkt noch immer für das Reich, und ich vermute, der König vermisst Euren Rat." „Als es darauf ankam, als es um ihn und mich ging und um mein Volk, das er bekriegen wollte, da hat er meinem Rat nicht mehr getraut. Er wird ohne mich zurechtkommen. Er ist erfahren. Bald wird er sein fünfzigstes Thronjubiläum feiern." „Vielleicht vermisst er Euch an solch einem Tag besonders?" „Vielleicht. Er wird es wohl aushalten müssen." „Königin, ich habe noch eine persönliche Botschaft des Königs an Euch: „‚Was immer ich der Königin angetan haben sollte, es tut mir leid, und ich bitte sie um Verzeihung', so lauten seine Worte." „Ich danke Euch, Germanus. Ich kann Euch nicht sofort eine Antwort geben. Lasst mir etwas Zeit." „Ich werde mich zu gedulden wissen." „Wollen wir nun noch über die Einsegnung unserer Äbtissin sprechen?", wechselt die Königin das Thema. Der Bischof trägt den Einwand des Königs vor, Agnes sei noch sehr jung. „Das ist richtig, sie ist noch keine zwanzig Jahre alt, aber sie ist fromm und gewissenhaft und hat ein ausgleichendes, freundliches Wesen. Darum haben die Schwestern sie gewählt. Ich traue ihr zu, dass sie die Gemeinschaft zusammenhalten und bei Schwierigkeiten vermitteln kann, und in die wirtschaftlichen Dinge des Klosters hat sie jetzt schon vollen Einblick." „Das höre ich mit Vergnügen. Aber da alles seine Richtigkeit haben muss, würde ich gern noch Einblick nehmen in die Regel des heiligen Caesarius. Und ich würde gern Schwester Agnes näher kennenlernen." Der Rest des Nachmittags ist dem Gespräch zu dritt gewidmet.
Am Abend sieht man noch lange Kerzenschein in den Fenstern der Königin. Sie hat die Briefe des Königs gelesen. Er hat ihr all die Güter, die sie als Königin besaß, noch einmal als persönliches Eigentum bestätigt. Er hat ihr ausdrücklich gestattet, diesen Besitz dem Kloster Sancta Maria zu Poitiers zu übereignen. Nach ihrem Tode würden die Güter der Königin an den König zurückfallen. Übereignet sie sie dem Kloster, gehören sie für immer der Kirche. Chlothar verzichtet auf Ländereien der Krone, um ihr Kloster mit dauerhaften Einkünften

zu versorgen. Das ist mehr, als sie für die Ermordung ihres Bruders an Wergeld hätte fordern können. Es ist ein persönliches Geschenk des Königs an die Königin. Ihr ist, als legte er noch einmal seinen Arm um sie, als hüllte er sie noch einmal in den kostbaren Mantel: „Meine Liebe, der Wind frischt auf, es wird Sturm geben. Verkühlt Euch nicht." Sie spürt wieder die Zärtlichkeit in dieser Geste. Will er sie korrumpieren? Ihr die Trauer um den Bruder abkaufen? Nein, heute Abend kann sie ihm den Dankbrief nicht schreiben. Sie ist zu aufgewühlt. Sie nimmt die Öllampe und geht hinüber zur Kirche. Dort entzündet sie die Kerzen auf dem Altar und kniet im Gebet, bis kurz vor Mitternacht die Schwestern zur Vigil hereinkommen. Zwei Tage vergehen mit Vorbereitungen auf die Einsegnung der Äbtissin. Am Samstag lässt Radegunde Bischof Germanus noch einmal zu sich bitten. Sie übergibt ihm zwei Briefe, einen Dankbrief an den König und eine offizielle Empfangsurkunde an die königliche Kanzlei. „Germanus, bitte sagt dem König: Ich gedenke der Zeiten, als er mich arme Waise zu seiner Königin erhoben und mir Liebe und Treue gehalten hat. Ich danke ihm für die Fürsorge, mit der er mich selbst in diesem Kloster noch umgibt. Ich bete für ihn und seine Söhne." Am Sonntag darauf wird Schwester Agnes durch Bischof Germanus von Paris als Äbtissin des Klosters Sancta Maria eingesegnet. Dann treten alle Schwestern heran und geloben der Äbtissin Gehorsam. Die Messfeier leitet Bischof Pientius. Die hellen Stimmen der Chorknaben von St. Peter klingen zum Himmel.

Die letzten Tage sind an Radegunde vorübergerauscht wie eine Woge. Die Ankunft von Germanus, die Nachrichten über die Einigung mit dem König, die Weihe der Äbtissin – stets waren tausend Dinge zu bedenken. Einen Tag nach der Weihe steht sie im Säulenwald und blickt auf den Altar, der noch den reichen Blumenschmuck der Bischofsmesse trägt. Nun steht sie hier zum ersten Mal wieder untätig. Ihre Gedanken beginnen zu kreisen. Das Kloster ist fertig. Was wird sie hier tun,

Tag für Tag, Jahr für Jahr, beschränkt auf dieses kleine Fleckchen Erde? Hat Chlothar recht? Sie ist eine Königin. Ist ihr Platz nicht an seiner Seite, dort wo Entscheidungen getroffen werden, von denen das Schicksal vieler abhängt? Warum hat sie gestern Demut und Unterordnung unter die Äbtissin gelobt? Sie, die Herrscherin? Wird sie das durchhalten können? – „Was sollen diese Fragen“, weist sie sich selbst zurecht. „Das sind Einflüsterungen des Teufels. Aus freiem Willen habe ich Christus Treue gelobt, ich bin als seine Dienerin eingesegnet.“ Hinter sich hört sie die eiligen Schritte von Schwester Agnes. „Hier seid Ihr, Mutter“, spricht die Jüngere sie an. „Ich habe Euch gesucht.“ „Mein Kind, die ehrwürdige Mutter dieses Klosters bist jetzt du.“ Die Äbtissin lächelt. „Lasst mich Euch weiter ‚Mutter‘ nennen. Ich bin es von Kind auf so gewohnt.“ „Wir wollen es dabei belassen. Aber denk doch nur, was in den letzten Tagen alles geschehen ist: Die Gebäude sind so gut wie fertig. Das Kloster hat dich als Äbtissin. Es ist, als wäre alles so, wie es sein sollte. Zu Ehren dieses Tages, an dem sich alles so herrlich gefügt hat, will ich eine Linde pflanzen. Wir werden darunter einen Sitzplatz im Klosterhof haben. Ich will gleich eine Magd zum Gärtner schicken, er soll uns eine Linde bringen.“ Agnes lacht: „Untätigkeit haltet Ihr wahrlich nicht lange aus.“

TOD EINES KÖNIGS

Als Chlothar nach Soissons zurückkehrt, sind dort die Vorbereitungen für das Thronjubiläum schon im Gange. Die Kirche St. Medardus ist fast fertiggestellt. Sie soll zum Festtag des Königs geweiht werden. Große des ganzen Reiches sind geladen, auch die Ankunft der Söhne wird erwartet.
Als der große Jubeltag heraufzieht, ist die Stadt mit Girlanden geschmückt. Die Sonne des Dezembertages schickt flache

Strahlen durch einige tief hängende Wolken und taucht die Fassaden der Stadt in ein Wechselspiel aus Licht und Schatten. Die Prozession setzt sich vom Königspalast zur Kirche St. Medardus in Bewegung. Als Chlothar die Reihen der königlichen Familie überschaut, stellt er einen bedauerlichen Mangel an Damen fest. Nicht nur er ist ohne Königin erschienen. Sigibert, sein jüngster Sohn, ist noch unverheiratet, Chilperich hat unverständlicherweise seine Gattin Audovera jüngst verstoßen und teilt das Bett mit einer Dienerin, und auch Guntram und Charibert sind ohne Frauen angereist. Seine Töchter sind Königinnen in fernen Landen. „Für den Jüngsten muss ich noch Brautwerber senden", so denkt er. „Das wäre eine Aufgabe, eines Vaters und Königs würdig." Die Messe zur Weihe der neuen Kirche wird darum nicht weniger feierlich. Mit diesem Tag krönt Chlothar seine Königsherrschaft. Das Frankenreich ist wieder vereint, die Söhne einmütig um den Vater versammelt: Guntram, Charibert und Sigibert, die ihm Ingund geschenkt hat, und Chilperich, der Sohn Arnegundes. Sieben Tage währen die Gelage und Waffenspiele, dann reisen die Gäste zurück auf ihre Güter und Residenzen.

Der König bleibt über die Weihnachtstage in Soissons. Dann hält es ihn dort nicht mehr, er zieht in den Forst von Compiègne zur Jagd. Wie ein Junger hetzt er mit seinem guten Pferd hinter dem Hirsch her. Er erlegt ihn mit der Lanze und lässt sich vom Gefolge feiern. Da schüttelt ihn ein Husten, er reitet ins Quartier, fängt an zu fiebern. Die besorgten Jagdgenossen bringen ihn in die Stadt. Dort tun die Ärzte alles, um die Gesundheit des Königs wiederherzustellen. Bald müssen sie gestehen, mit ihrer Wissenschaft am Ende zu sein. Einige Getreue und Sidonius, sein Hofgeistlicher, sind bei ihm. Schwer wird der Herrscher abwechselnd von Hitze und Kälte geschüttelt. Seine Kräfte schwinden. Er sieht Sidonius zu seinen Füßen stehen, die Gestalt noch etwas gebeugter als sonst, das Gesicht sorgenvoll. Er winkt ihn heran, zu seiner Linken. „*Ach!*", stöhnt er, „*Was glaubt ihr, wie groß muss jener König des Himmels sein, der so mächtige Könige so elend umkommen lässt!*" Er keucht. Sein Atem geht rasselnd. „Mein Herr und König", hört er Sidonius sagen, „so tröstet uns der Apostel Paulus: U*nsere Bedrängnis, die zeitlich und leicht ist, schafft eine ewige und über alle Maßen gewichtige* Herrlichkeit." Er ergreift die Hand des Königs. „Vertraut auf die ewige Güte des himmlischen Herrschers." Wenig später spürt er, wie der Griff des Königs schwächer wird, seine Hand sich löst. Noch einmal hebt sich schwer und pfeifend der Brustkorb des Kranken. Dann ist der Kampf zu Ende, der König der Franken ist tot.

Kaum einen Monat nach dem großen Jubiläum treffen sich Chlothars Söhne in Compiègne, um Abschied zu nehmen von ihrem Vater. Mit großen Ehren überführen sie den Leichnam nach Soissons. In St. Medardus betten sie König Chlothar zur letzten Ruhe.

Chilperich, der extravagante und gedankenschnelle Spross Arnegundes, hält es nicht für klug abzuwarten, was die Söhne Ingunds ihm bei der Erbteilung zugestehen werden. Mit einer kleinen Elitetruppe bringt er den Hort des Frankenreiches an sich, der nördlich von Soissons in einer Festung liegt. Er bringt einige angesehene Franken auf seine Seite und zieht in Paris ein, der wichtigsten Stadt des Reiches, wo seine Mutter lebt.

Als Radegunde die Botschaft von Chlothars Ende vernimmt, ist ihr, als würde eine Faust ihren Magen zusammenpressen. Erst einige Monate ist es her, dass er von Tours aus noch einmal um sie warb, dass er ihr die Privilegien für das Kloster zusicherte. „Er war auf der Höhe seiner Macht, was hätte er nun noch beginnen wollen?", fragt sie Agnes. Die Äbtissin hat die Nachricht auch empfangen und ist besorgt zur Königin geeilt. „Ja, es scheint, als hätte er alles erreicht. Bis auf Eure Rückkehr." Die Stimme der Äbtissin schwankt zwischen Ernst und Scherz. Dann klingt sie besorgt: „Was hätte mit uns geschehen können, wäre er ein paar Monate früher gestorben!" „Du hast recht, mein Kind, wir müssen Gott danken."

Da meldet die Pförtnerin einen Boten vom Herzog. Die Lage sei ernst, vermeldet dieser, die drei verbündeten königlichen

Brüder stünden kurz vor der Einnahme von Paris. Radegundes Gesicht wird fahl. Vor ihrem inneren Auge fallen lodernd die Dachbalken von Scithingi. Sie gibt sich einen Ruck. „Habt Dank", verabschiedet sie den Boten. „Trauern kann ich später. Ich werde zuerst Briefe an meine Söhne schreiben. Sie müssen einig bleiben. Sie müssen das Reich sichern. Und sie müssen unsere Privilegien bestätigen. Unser Werk darf in der Erbteilung der Könige nicht zur Verfügungsmasse werden."
Sie macht sich an die Arbeit, zuerst schreibt sie den Entwurf auf Wachs. Sie schreibt von ihrem Schmerz und ihrer Trauer um Chlothar: „Ich bete Tag und Nacht zu unserem Herrn Jesus Christus, er möge seiner Seele Frieden schenken und ihn seine ewige Herrlichkeit schauen lassen." Sie mahnt, sie sollten bedenken, durch wie viele gefahrvolle Zeiten die Einigkeit des Reiches gerettet worden sei, oft durch große Wunder. Sie möchten sich erinnern, mit wie viel schweren Opfern der Verstorbene, Ihr Vater Chlothar, diese Einigkeit erstritten habe. „Ich bete zu Gott, dem ewigen Herrscher, er möge Euch schützen und Eure Herrschaft gedeihen lassen. Nur ein Reich, das in sich einig ist, ist ein starkes Reich. Ich bitte Euch inständig, bestellt Schlichter, wenn Ihr uneins seid."
Dann bittet sie, Ihr die Schenkungen Chlothars und die Güter ihres Wittums als Stiftung für das Kloster zu bestätigen, zur Ehre Gottes.
Einige Male überliest sie den Text, bessert hie und da aus, ändert eine Formulierung. Sie wird noch Briefe an die Großen des Reiches schicken, die die Könige beraten. Da hört sie die Schwestern zum Mitternachtsgebet in die Kirche eilen. „Es ist schon spät", sagt sie zu sich, „morgen früh will ich die Briefe ins Reine schreiben." Sie folgt den Schwestern. In der Mitte der Nacht feiern die Nonnen den Beginn des neuen Tages. Agnes beginnt die Liturgie mit dem vorgeschriebenen Psalmvers: „*Herr, tue meine Lippen auf.*" Für einen Augenblick schwebt der letzte Ton in dem hohen Raum, ehe Radegunde mit dem Chor einsetzt: „*Dass mein Mund deinen Ruhm verkündige.*"
Am nächsten Tag verlassen Boten mit Pergamenten für die

königlichen Kanzleien und die Berater der Herrscher das Kloster. Gemeinsam mit Agnes hat Radegunde die Männer in den Räumen der Äbtissin verabschiedet. Als sie gegangen sind, bittet sie: „Sorge dafür, dass Tag und Nacht Schwestern am Altar stehen und den Herrn um Frieden unter den Königen bitten, bis wir Nachricht von den Verhandlungen erhalten." Die Äbtissin nickt. „Ich werde gleich selbst die erste Wache leiten", sagt sie und schickt die diensthabende Schwester, eine Gruppe zum Gebet zusammenzurufen.
Radegunde sinkt kraftlos auf einen Stuhl. „Agnes, mein Kind, kannst du mir bitte etwas Wasser holen?", bittet sie. „Ich fühle mich nicht gut." Die Äbtissin bringt einen Wasserkrug, füllt einen Becher, reicht ihn wortlos der Älteren. Sie sieht, wie die ausgestreckte Hand zittert, als sie nach dem Becher greift. „Mutter, Ihr habt Euch zu sehr angestrengt. Wollt Ihr Euch nicht hinlegen und etwas ausruhen? Ich kann Euch auch gerne von der Gebetszeit suspendieren." „Nein mein Kind, der gewohnte Tageslauf wird mich wieder ins Gleichgewicht bringen." Sie trinkt von dem Wasser. „Ich habe heute Nacht nicht geschlafen. Mir geht vieles durch den Sinn, und doch ist mein Kopf leer. Ich habe nicht geglaubt, dass Chlothars Tod mich so treffen würde. Ich dachte, ich hätte einen Schlussstrich gezogen, als ich ins Kloster ging. Ich habe mich getäuscht." Sie schweigt. Die Äbtissin ist eine geübte Zuhörerin. Sie kann warten. „Seit dreißig Jahren bin ich irgendwie mit ihm verbunden, in guten wie in schlimmen Zeiten. Immer hat er über mein Schicksal bestimmt", fährt Radegunde fort. „In Scithingi hat er mich davor bewahrt, sofort erschlagen zu werden. Neun Jahre war ich seine Gefangene, dann nahm er mich zur Frau. Und in diesen Klostermauern spricht mir jeder Stein von seiner Fürsorge. Er ist hier überall." „Mutter, dieses Haus ist ein Haus Gottes. Betet. Er wird Euch aus der Fessel befreien." „Ja, mein Kind." Radegunde klingt wenig überzeugt. Einige Schwestern sind gekommen, die Äbtissin eilt mit ihnen zur Kapelle. Radegunde geht hinüber in ihre Zelle, sitzt dort tatenlos bis zum nächsten Stundengebet, die Hände im

Schoß. Dann übernimmt sie die nächste Mahnwache am Altar. Sie beten die Bußpsalmen König Davids. Sie singen den vorgeschriebenen Psalm: „*Er wird dich mit seinen Fittichen decken, und Zuflucht wirst du haben unter seinen Flügeln. Seine Wahrheit ist Schirm und Schild, dass du nicht erschrecken musst vor dem Grauen der Nacht, vor den Pfeilen, die des Tages fliegen, vor der Pest, die im Finstern schleicht, vor der Seuche, die am Mittag Verderben bringt. Denn er hat seinen Engeln befohlen, dass sie dich behüten auf allen deinen Wegen.*"
Sieben Tage beten die Schwestern für die Einigkeit des Reiches. Am achten Tag erscheinen Reiter an der Pforte. Sie übergeben der Königin ein Pergament mit den Unterschriften und Siegeln der königlichen Brüder. Die Schenkungen und Privilegien Chlothars für Radegunde und das Kloster sind bestätigt. Mündlich berichten die Boten: Chilperich hatte in Paris noch nicht richtig Fuß gefasst, da hatten ihn die verbündeten Brüder auch schon wieder hinausgeworfen. Darauf handelten sie einen rechtmäßigen Vergleich aus: Charibert erhält das Westreich mit Paris als Hauptstadt, Guntram das Reich von Orleans, Chilperich das Reich von Soissons und Sigibert das große Ostreich. „Wie kurze Zeit nur hat das einige Reich gewährt, das Chlothar geschaffen hat", denkt Radegunde. „Königin, Eure Worte haben den Ausschlag gegeben. Die Könige erinnerten sich, wie das Thüringerreich durch Uneinigkeit unterging. Der Friede ist Euer Werk", erklärt mit einer Verbeugung der Anführer der kleinen Gesandtschaft. „Er ist ein Wunder Gottes, des Höchsten", erwidert lächelnd Radegunde, „ich kann nur seine Dienerin sein."
Die Schwestern versammeln sich zu einem Dankgottesdienst. Später geht Radegunde fröhlich im Zimmer auf und ab. „Mein Kind, ich habe mich noch nie so frei gefühlt", erklärt sie der Äbtissin, „nicht einmal, wenn mein Pferd eine Wiesentrift entlanggaloppierte und ich den Wind in den Haaren spürte. Wir sind frei! Vor der Gewalt der Mächtigen schützt uns die Klostermauer. Über uns ist nur Gott. Was uns zusammenhält, ist Gottes Wort und dazu die Regel des Caesarius. Das wird unserem Leben Richtung und Halt geben."

„Liebe Mutter, geratet Ihr nicht ein wenig ins Schwärmen?", wendet die Äbtissin ein. „Keine Sorge. Ich spüre nur, dass ich nicht mehr in Angst vor Chlothar leben muss. Das ist ein überwältigendes Gefühl."

Sie bittet die Äbtissin, die nächste Nachtwache übernehmen zu dürfen. Agnes erlaubt es. Rastlos irrt Radegunde über die Höfe der Klausur. Sie nimmt die Schuhe der Schwestern vor dem Schlafsaal weg. Sie putzt sie sorgfältig. Dann fettet sie sie ein, poliert, bis das Leder glatt ist. Stellt paarweise das Schuhwerk wieder an seinen Platz. Es ist kurz vor Mitternacht. Sie weckt die anderen, eilt hinüber in die Kirche und entzündet die Kerzen. Sie singen das Psalmgebet. Die Schwestern gehen mit ihren raschen, leisen Schritten zurück in den Schlafsaal. Was ist zu tun gegen die Unruhe? Radegunde schaut in der Küche nach dem Feuer. Im Herd glimmt die Holzkohle. Sie legt ein Scheit auf, zündet eine Lampe an und nimmt sich einen der Kessel vor. Er hat über dem Feuer gehangen, ist rußbedeckt und verkrustet. Sie greift zu Lappen und Kreide und fängt an zu scheuern. In ihrem Hirn wird es nicht ruhiger. Nur nicht in trüben Gedanken versinken! Der erste Kessel blitzt, bis zur nächsten Gebetszeit hat sie noch eine Stunde. Sie nimmt sich den zweiten Topf vor.

Am Morgen bittet sie Agnes, ihr auch die nächste Wache zu übertragen. Die versucht im Gesicht der Mutter zu lesen. Radegunde lacht: „Mach dir keine Sorgen. Mein Körper ist zäh. Schlimmstenfalls schlafe ich im Stehen ein." Agnes bleibt hart. „Liebe Mutter, bitte schont Euch. Schwester Angelika wird die Nachtwache halten." Nachts kniet Radegunde im säulengeschmückten Gebetsraum ihrer Zelle. Sie braucht Grund unter den Füßen. Wo findet sie neue Gewissheit? Sie singt einen ihrer Lieblingspsalmen: *„Der Herr ist mein Hirte, mir wird nichts mangeln. Er weidet mich auf einer grünen Aue und führet mich zum frischen Wasser. Er erquicket meine Seele. Er führet mich auf rechter Straße um seines Namens willen. Und ob ich schon wanderte im finstern Tal, fürchte ich kein Unglück, denn du bist bei mir, dein Stecken und Stab trösten mich."*

„Der Herr ist mein Hirte", denkt sie. „Er führet mich zum frischen Wasser. Er weiß den Weg. Ich will ihm einfach folgen. Ihm will ich gehören, das habe ich gelobt. Was tun die Bauern, wenn sie feststellen wollen, wem welches Tier gehört? Sie zeichnen sie, sie brennen ihnen ihr Zeichen ein. Ich will solch ein Zeichen tragen, um mich immer an mein Gelübde zu erinnern. Ich muss es sehen können, jeder soll es sehen können." Sie sucht in einer Schachtel, sie findet ein messingnes Kreuz, das einmal eine Schatulle geziert hat. An der Rückseite ist noch der Stift, mit dem es am Holz befestigt war. Sie nimmt es und eilt hinüber in die Küche. Schnell ist die Glut im Herd entfacht. Von den Küchengerätschaften wählt sie eine Zange aus, damit hält sie das Kreuz nah über die kleinen Flammen, bis es beginnt, dunkelrot zu glühen. Einen Moment legt sie es im Herd beiseite, entblößt ihre Arme. Dann drückt sie sich das immer noch glühende Metall mit der Zange auf den linken Oberarm. Dasselbe wiederholt sie auf der anderen Seite. Die Haut zischt, es riecht nach verbranntem Fleisch. Radegunde hat die Zähne zusammengebissen. Trotzdem möchte sie laut schreien, sie stöhnt, wirft sich kaltes Wasser auf die Brandstellen, immer wieder. In der Küche wird eine Salbe gegen Brandwunden aufbewahrt für alle Fälle, die streicht sie nun auf die beiden kreuzförmigen Wunden. Sie wickelt Leinen darüber. Vor Schmerzen kann sie sich kaum auf den Beinen halten.

Schwester Angelika hatte die Gestalt Radegundes gesehen, wie sie von ihrer Zelle zur Küche hinübereilte. Als sie sie nicht zurückkommen sah, fürchtete sie, die Königin sei unwohl, und lief ihr nach. Nun findet sie sie dort, sieht das verfärbte Metallkreuz, die Zange, fragt, was geschehen sei. Sie bringt Radegunde in ihre Zelle, auf ihr Lager, bringt ihr Wasser zum Trinken, zum Kühlen der Wunden. Sie ruft die Äbtissin. Agnes ist außer sich: „Was hast du dir dabei gedacht? Wie kannst du mich so erschrecken?" Agnes ist so aufgebracht, dass sie die Mutter duzt, zum allerersten Mal. „Ich wollte, dass jeder sieht, dass ich zu Christus gehöre", stöhnt die Gezeichnete,

„der Teufel soll es sehen, damit er mich nicht weiter versucht. Ich will es sehen, und jeder soll es sehen können." „Mutter, der Teufel befällt die Seele! Warum legt Ihr Hand an Euren Körper? Was soll ich denn nur mit Euch machen?" Agnes lässt hilflos die Arme hängen. „Lasst mich allein, ich will versuchen zu schlafen." „Angelika soll bei Euch bleiben und auf Euch achtgeben."

SANCTA MARIA VOR DEN MAUERN

Es ist, als hätte der körperliche Schmerz der Brandwunden den Schmerz in Radegundes Seele ausgelöscht. Einen Tag liegt sie schlotternd mit Fieber im Bett. Dann steht sie vom Lager auf und begegnet den Schwestern mit ansteckender Fröhlichkeit. „Ich werde wieder Briefe an die Könige schreiben und an die Bischöfe", erklärt sie der Äbtissin. „Wenn sie junge Mädchen kennen, die Freude gewinnen können am klösterlichen Leben, sollen sie sie uns schicken." „Meint Ihr nicht, dass die Stille und Abgeschiedenheit der Klausur leiden wird, wenn immer neue Mädchen hier hereinkommen und wieder gehen?" „Nein, das wird uns davor bewahren, zu eigenbrötlerisch zu werden. Immer werden junge Frauen da sein, die wir lehren können. Sie müssen sich verpflichten, ein Jahr mit uns zu leben, so will es die Regel. Dann können sie entscheiden, ob sie so bis zu ihrem Ende leben wollen. Ich denke, darauf lassen sich nur Menschen ein, die diesen Weg mit Ernsthaftigkeit verfolgen."
„Und wir müssen endlich einem Missstand abhelfen", fährt Radegunde tatendurstig fort. „Wir brauchen eine Grabkirche. Die Gräber unserer verstorbenen Schwestern können wir nicht besuchen, denn sie müssen außerhalb der Stadtmauer liegen. Wenn wir unsere Frauen auf dem Friedhof bei der Kirche St. Hilarius, auf der anderen Seite der Stadt, beerdigen

müssen, macht mich das unendlich traurig. Hier, gleich unterhalb unserer Stadtmauer, auf dem Hügel über dem Fluss, da soll die Kirche stehen. Dort können wir sie immer sehen." Mit Elan macht sie sich ans Werk. Sie verhandelt mit dem Eigentümer und kauft den Hügel. Doch für den Bau sind die Mittel knapp. Sie rechnet. Da kommt den Schwestern ein Zufall zu Hilfe. „Eine Fügung Gottes", betont die Äbtissin. Leontius, ein reicher Kaufmann, vertraut seine beiden Töchter dem Kloster an. Er ist auf der Reise nach Poitiers fast erblindet. Durch Radegundes Pflege und ihr gemeinsames Gebet erlangt er bald das Augenlicht zurück. Voll Dankbarkeit spendet er eine große Summe. Nun können sie eine starke Krypta und darauf eine Kapelle am östlichen Ende des Hügels bauen. Wenn sie später mehr Geld gesammelt haben, kann das der Chorraum einer Kirche werden, so erklärt Baumeister Colonius.

Zuweilen steigen nun Radegunde und die Äbtissin über eine der alten Treppen auf die Stadtmauer hinauf und sehen zu, wie unten über dem Fluss die Mauern und Pfeiler der Krypta emporwachsen. „Was meinst du, Agnes, welchem Heiligen wollen wir die Kirche weihen?", fragt die Ältere. Die Äbtissin denkt nicht lange nach: „Sancta Maria vor den Mauern." Im Jahr darauf nimmt Bischof Pascentius die Weihe der Grabkapelle vor. Es ist ein leuchtender Spätsommertag, die Sonne strahlt von einem wolkenlosen Himmel.

Nach der Vigil tritt Radegunde aus der Klosterkirche und schaut in die funkelnden Sterne. Die Sichel des zunehmenden Mondes ist im Westen untergegangen, majestätisch leuchtet die himmlische Kuppel über ihr. „Schau nur", spricht sie eine junge Novizin an, „in welcher Pracht und Klarheit das Firmament über uns steht. Da ist die Kassiopeia, da das Siebengestirn, dort der Große und der Kleine Bär, und wie Ehrfurcht gebietend ist das silberne Band der Milchstraße! Wie gewaltig ist die Majestät Gottes, der allen Gestirnen ihre Ordnung und ihre Bahnen gegeben hat, so wie er uns und alle Geschöpfe am Leben erhält! Wie groß sind seine Geheimnisse!" Mit ihren Blicken folgt die Jüngere der Handbewegung Radegundes, ihre Augen beginnen zu strahlen wie der Himmel über ihr. Dann verneigt sie sich ehrerbietig und folgt den Schwestern ins Dormitorium. Radegunde löst die Augen nicht von dem erhabenen Anblick. Auf der Schwelle ihrer Zelle kniet sie nieder und singt die Jubelverse des Psalms: „*Halleluja! Lobet im Himmel den Herrn, lobet ihn in der Höhe! Lobet ihn, alle seine Engel, lobet ihn, all sein Heer! Lobet ihn, Sonne und Mond, lobet ihn, alle leuchtenden Sterne!*" Sie versinkt im Gebet. Dann legt sie sich auf die Steinplatten des Weges nieder. Sie spürt nicht die Kühle. Glücklich schaut sie hinauf in das hohe Himmelsgewölbe, schaut den Lauf der Sterne, Ihr Inneres jubelt Gott, dem Schöpfer des Firmaments, bis die Schwestern zur Prim wieder in die Kirche eilen.

„Wollte nicht Claudius längst zurück sein?", fragt Radegunde die Äbtissin am Vormittag. „Ja, schon vor drei Tagen wollte er kommen." „Ungewöhnlich! Dein Vater hält sich doch sonst immer an seine Pläne!" Die Ältere hat ernste Bedenken. „Ach Mutter, er kennt die Straßen, meidet gefährliche Landstriche, und für den Notfall ist er auch ein guter Kämpfer", versucht die Äbtissin, sie zu beruhigen. Doch Radegunde sorgt sich. Claudius hat die nördlichen Güter des Klosters besucht, er müsste längst hier sein. Sie wendet sich an den Herzog. Der sendet zwei Männer aus, um an der Wegstrecke von Claudius Erkundigungen einzuziehen. Sie müssen nicht lange suchen. Zwei Tagereisen vor Poitiers treffen sie einen Fuhrmann mit einem Wagen. „Ich habe hier einen Toten, der das Siegel der hochwürdigen Radegunde mit sich führt", erklärt er ihnen. „Wo soll ich ihn hinbringen?" Ein Reiter begleitet das Fuhrwerk, der andere kehrt direkt in die Stadt zurück. Er klopft am Kloster. Die diensthabende Schwester ruft die Äbtissin. Der werden die Knie weich, sie sackt auf einen Stuhl. „Ruf bitte die Mutter." Der Mann, der den Wagen führt, kommt in das Sprechzimmer. Viel hat er nicht zu berichten. „Wir fanden den Mann nicht weit von unserem Hof, da, wo die alte Heerstraße durch ein Gehölz geht. Er hatte eine große Wunde am Kopf und war tot. Er hatte nichts bei sich, keine Waffen, kein Geld,

kein Pferd. Aber unter dem Gewand trug er den Brief mit dem Siegel von Königin Radegunde. Man sagt, dass sich seit einiger Zeit räuberisches Gesindel in der Gegend herumtreibt."
Agnes hat die ganze Zeit nur zugehört. Bei dem Bericht über die Verwundung weiten sich ihre Augen. Nun fragt sie tonlos: „Meinst du wirklich, dass er erschlagen wurde?" „Ehrwürdige Frau, ich wüsste nicht, wo sonst eine solche Wunde herkommen könnte." Radegunde dankt dem Mann und belohnt ihn reichlich.

Als er den Raum verlassen hat, verliert Agnes die Fassung. Sie schluchzt. „Zum Steinerweichen", denkt Radegunde. Sie lässt einen aromatischen Kräutertee bringen und bleibt bei ihr sitzen. Sie hört das Klagen an, die ohnmächtige Frage nach dem Warum, die kleinen Begebenheiten aus der Kindheit, die Agnes einfallen. Radegunde denkt zurück an den Tag, als sie vom Tod ihres Vaters erfuhr, und daran, wie sie vom Tod ihres Bruders unterrichtet wurde. Und nun Claudius. Mit seiner ruhigen, verlässlichen Art war er seit Athies in ihrer Nähe. Jetzt ist er nicht mehr da. Und Agnes verliert den Vater, den letzten Menschen, der zu ihr gehörte, der auch ihr Kraft und Ruhe gegeben hat. „Weißt du", sagt Radegunde, „schon als ich ihn in Athies zum ersten Mal sah, hatte ich Vertrauen zu ihm." Dann erinnert sie sich an den schrecklichen Tag, als ihre Flucht entdeckt wurde. Wie hat er buchstäblich den Rücken für sie hingehalten! Jetzt ist auch ihr zum Heulen. Die beiden Frauen weinen gemeinsam.

So kommt es, dass nicht eine der Schwestern als Erste ihr Begräbnis bei der neuen Kapelle erhält, sondern der Vater der Äbtissin. Der Priester von St. Peter bestattet ihn im Garten, direkt an der Wand des Gotteshauses. Agnes und die Schwestern stehen trauernd auf der Stadtmauer. „Du hast recht", sagt Agnes zu Radegunde, „es ist tröstlich, so Abschied zu nehmen, der Hügel ist ein guter Ort." „Mein Kind", antwortet Radegunde, „Christus spricht: *Ich war tot, und siehe, ich bin lebendig von Ewigkeit zu Ewigkeit und habe die Schlüssel des Todes und der Hölle.* Dein Vater ist bei ihm und schaut seine Herrlichkeit." Die Äbtissin bemüht sich nicht, die Tränen zurückzuhalten, sie nickt. Für einige Wochen versinkt sie in ihrer Trauer. Dann aber erleben die Schwestern sie klarer und entschiedener in ihren Anweisungen, tiefer in ihrer Freundlichkeit.

VENANTIUS FORTUNATUS

Sechs Jahre sind seit dem Tod König Chlothars ins Land gegangen, zwei Jahre seit der Weihe der Grabkapelle, da eilt eine Dienerin zu Radegundes Zelle, um einen Brief zu übergeben. Radegunde überfliegt das Schriftstück, das mit einer zierlichen Feder auf edles Pergament geschrieben wurde. Ein Herr namens Fortunatus aus der italischen Landschaft Venetien bittet darum, Frau Radegunde besuchen zu dürfen. Der Absender hat Stil. Er hat Referenzen. Er hat die Hochzeit König Sigiberts mit Gedichten verschönt. Auch Chilperich, der ständig mit Sigibert in Streit liegt, lobt die Dichtkunst des Fortunatus. Bischof Eufronius von Tours hat ihn mit einem Empfehlungsschreiben ausgestattet. Radegunde sucht die Äbtissin auf. „Der hochwürdige Eufronius hat ihn uns ausdrücklich empfohlen. Wollen wir ihm nicht eine Stunde widmen?" „Wenn Ihr es für so wichtig haltet", lässt sich Agnes überreden, „aber wir müssen auf jeden Fall zu zweit sein."
Fortunatus kommt. Er ist jung, eine angenehme Erscheinung, mittelgroß, beweglich, mit dunklen Augen und Haaren, ein Römer. Er hat Manieren. Und er spricht das elegante, fließende Latein Amalabergas mit dem leichten Staccato. Radegunde fühlt sich in ihre Kindheit zurückversetzt, als ihre Tante in dieser Sprache Märchen von Tempeln und Elefanten erzählte. Dieser junge Mann könnte ihr Sohn sein. Er hat, wie er berichtet, in Ravenna eine berühmte Rhetorikschule besucht. „In der alten Hauptstadt Theoderichs?", fragt Radegunde. „Leider habe ich ihn nicht mehr persönlich kennenlernen können", lä-

chelt der junge Mann zurück, „aber man hat ihm ein sehr eindrucksvolles Grabmal errichtet." „Ein Tempelchen mit einer säulengeschmückten Fassade?" „Nein, es ist sehr massiv mit einer schweren Kuppel. Auf mich wirkte es immer ein wenig fremdländisch." „Ihr meint barbarisch?" „Das wollte ich nicht sagen." „Meine Tante Amalaberga hat als Kind in Ravenna gelebt. Nach der Niederlage der Thüringer ist sie dorthin zurückgekehrt. Wisst Ihr, ob sie noch lebt?" „Man sagt, als sich die Machtverhältnisse in Italien änderten, sei sie mit ihren Kindern nach Konstantinopel, an den kaiserlichen Hof, geflohen. Mehr weiß ich nicht." „Ihr scheint mir gut informiert. Leider sind wir hier im Kloster nicht immer mit allen Neuigkeiten auf dem Laufenden. Erzählt doch von meinen Söhnen. Ihr seid bei Sigiberts Hochzeit gewesen?"
Fortunatus deutet eine Verbeugung an. „Die unbestrittene Königin des Festes war natürlich Brunhilde, die Braut. Sie ist eine blonde Schönheit, sehr gebildet und sehr freundlich. Durch die Verbindung der Familien erreicht König Sigibert ein neues Bündnis mit den Westgoten in Spanien. Gleichzeitig mit dieser Hochzeit wurde ein großes Friedensfest gefeiert." „Ja, ich weiß," ergänzt Ragedunde, „die Verlobung bestand schon lange, aber die Hochzeit ließ auf sich warten, denn Sigibert war ständig auf Kriegszügen. Er kämpfte gegen die Awaren, die, wie früher die Hunnen, von der Donau her ins Reich einfielen. Und kaum hatte er sein Heer in Marsch gesetzt, da besetzte Chilperich Sigiberts Hauptstadt Reims. Als Sigibert die Awaren besiegt hatte, musste er dann zu Hause noch gegen den Bruder Krieg führen. Wie habe ich die beiden bestürmt, sie sollten sich friedlich einigen! Es bringt mich in Aufregung, und ich bitte zu Gott, dass er ihnen Einsicht schenken möge!" Fortunatus sieht, wie die Erinnerung an diese kriegerischen Ereignisse die gesetzte Frau aufwühlt. Er kommt auf die Hochzeit zurück: „Sigibert hat lange mit dem Anführer der Awaren, dem Khan der Khane, verhandelt, und seine Hochzeit war auch die Feier dieses Friedensschlusses. Das war eine schöne Gelegenheit zu gedankenreichen Gedichten über Lie-

be und Frieden, über Kampf und Glück. Es ergaben sich sehr schöne Bilder." Radegunde lacht. „Ihr scheint ein Gespür für die Situation zu haben. Aber sagt, ist Brunhilde, die Braut, nicht Arianerin gewesen? Sie ist doch Gotin." „Ja, sie ist vor der Hochzeit öffentlich zum katholischen Glauben übergetreten, hat die Dreieinigkeit bekannt und wurde gesalbt."
„Bei mir hat man damals nicht so viel Aufwand getrieben, wahrscheinlich war ich als einfache Gefangene auf dem kleinen Gut in Athies zu unbedeutend." „Verzeiht, hochedle Radegunde, eine so schöne Frau wie Ihr kann zu keiner Zeit unbedeutend gewesen sein." Sie liest in seinen Augen: Dieses Kompliment ist ihm ernst, es ist keine hohle Floskel. Sie wirft einen Blick auf die Gedichte, die Fortunatus ihr überreicht hat. Eins für Chilperich, ein anderes für Eufronius. Sie sind an hohe Personen gerichtet, sie sind elegant, und obwohl der Dichter den gebotenen Abstand wahrt, schreibt er mit Wärme und Anteilnahme. Vielleicht wird seine Kunst darum so hoch geschätzt.
„Was hat Euch veranlasst, solch eine weite Reise zu unternehmen? Verfolgt Ihr einen bestimmten Zweck?", versucht sie das Thema zu wechseln. „Ja, richtig. Ich habe eine Wallfahrt nach Tours unternommen, zum Grab des heiligen Martin. Auf der Hinreise durfte ich bei einigen Bischöfen zu Gast sein, und durch deren Empfehlung kam ich zu König Sigibert." Agnes hat dem Gespräch der beiden lange zugehört. Nun fragt sie: „Mir scheint, Ihr habt viel auf Euch genommen für diese Wallfahrt, habt Ihr dafür einen besonderen Grund?" „Ja, so ist es. Durch ein Wunder des heiligen Martin habe ich mein Augenlicht zurückerlangt. Meine Augen waren krank. Von Tag zu Tag konnte ich schlechter sehen, ich nahm nur noch grobe Umrisse meiner Freunde wahr. Glaubt mir, es war eine schreckliche Vorstellung, in so jungen Jahren völlig blind werden zu sollen, für jeden Handgriff Hilfe in Anspruch zu nehmen, selbst beim Gehen nicht mehr sicher zu sein. Da flehte ich lange am Altar der Martinskapelle in unserem Ort. In meinem Kummer bestrich ich mir die Augen mit dem geweihten Öl der ewigen

Lampe am Altar. Am nächsten Tag waren meine Augen schon viel besser, und nach einer Woche war ich völlig wiederhergestellt. Ich pries Gott und gelobte, eine Wallfahrt zum Grab des Heiligen zu unternehmen." „Gelobt sei Jesus Christus!", antwortet ihm die Äbtissin. „In Ewigkeit, amen!", respondieren Radegunde und Fortunatus.

In dem Gespräch ist eine Pause entstanden. Radegunde beschließt, jetzt einen Schlusspunkt zu setzen. Gleich ist Zeit, die Vesper zu beten. „Fortunatus, ich würde mich freuen, wenn Ihr morgen noch einmal vorsprechen könntet. Vielleicht habe ich dann einen kleinen Auftrag für Euch." Die Dienerin führt Fortunatus hinaus.

„Warum habt Ihr ihn noch einmal herbefohlen?", fragt die Äbtissin auf dem Weg zur Kapelle. „Dieser junge Mann könnte uns nützlich sein bei der Korrespondenz mit den Kanzleien der jungen Könige. Ich bin ein bisschen altmodisch geworden. Er spricht die Sprache der Jungen. Sie lieben klingende Worte. Sie sagen nicht: „Zwei Jahre sind um." Sie deklamieren: ‚*Zweimal rollten die Monate schon durch den jährlichen Tierkreis.*' Ein junger Herr wollte mir einmal ein Rezept für ein Lammkotelett mitteilen. Ich kenne das zarte Fleisch der Lämmer, die auf den Salzwiesen an der Mündung der Somme aufgezogen worden sind. Aber bei ihm lautete der erste Satz des Rezepts: ‚Von den Gestaden des Meeres kommen uns die zierlichen Lämmer, deren zartes Fleisch zwischen Zunge und Gaumen zergeht.' Fortunatus soll mir ein kleines Briefchen schreiben, ich will sehen, wie ich mit ihm zurechtkomme." Sie betreten die Klosterkirche, die Schwestern sind bereits versammelt.

Am nächsten Tag ist Fortunatus wieder zur Stelle. „Ich will einen Brief an den Herzog senden", erklärt ihm Radegunde. „An der Krone der Stadtmauer haben sich einige Steine gelockert. Sie drohen auf unseren Hof zu fallen. Der Herzog muss schnell Abhilfe schaffen." Fortunatus führt Pergament und Federn mit sich, aber er schlägt vor: „Es ist wohl am besten, wenn ich einen Entwurf auf Wachs schreibe. Heute Abend bringe ich Euch die Reinschrift. Die kann ich dann noch zum

Palast tragen." Er überlegt einen Moment, dann trägt er den beiden Damen den Brieftext vor. Die Sätze sind ohne Schnörkel, dem profanen Anlass angemessen, aber die Höflichkeitsformeln sind tadellos, die Worte klingen angenehm im Ohr. Der Entwurf ist fertig.
Da fragt Radegunde: „Gestern habt Ihr so bildhaft die Hochzeit von Sigibert geschildert. Was könnt Ihr von meinem anderen Sohn berichten?" „König Chilperich ist ein kunstfertiger Dichter. Er hat mich sehr inspiriert", antwortet lächelnd ihr Gegenüber. Radegunde lächelt zurück. „Schon als Kind schien er mir sehr begabt, er konnte aus dem Stegreif Reime erfinden." „Er schreibt lateinische Kirchenhymnen in dem neuen Rhythmus, den die fränkischen Barden benutzen. Das ist ungewöhnlich, aber die Hymnen sind sehr volkstümlich. Ich habe ihm wiederum einige Zeilen in klassischem Versmaß gewidmet." „Das klingt nach einem kleinen Dichterwettstreit!" „In der Tat haben wir einander sehr beflügelt. Aber natürlich hat der König ein ganz ursprüngliches Talent, dem ich mit meiner erlernten Kunst kaum das Wasser zu reichen vermag." Radegunde schmunzelt. Der Junge weiß, wo er sich zurücknehmen muss. „Jedenfalls finde ich es sehr erfreulich, dass er seinen Ehrgeiz jetzt in friedlichere Bahnen lenkt und nicht weiter Streit unter den Brüdern anzettelt", schließt sie das Gespräch und erhebt sich. Die nächste Gebetszeit ruft.
Später kommt Fortunatus mit dem fertigen Brief an das Stadtoberhaupt. Radegunde befindet das Schriftstück für gut. „Ich würde Euch gern als Schreiber beschäftigen", fügt sie noch an. „ Eben habe ich erfahren, dass es um unseren König Charibert nicht gut steht. Ich will Euch zu den Königen senden." „Ihr kommt meinem heimlichen Wunsch zuvor." Und schon eilt der junge Mann mit dem Brief zum Herzog.
Die Neuigkeit verbreitet sich wie ein Lauffeuer: König Charibert ist gestorben. Radegunde lässt Fortunatus zu sich rufen. Gemeinsam arbeiten sie an einem Brief an die verbleibenden königlichen Brüder: Guntram, Chilperich und Sigibert. Dann schwingt er sich aufs Pferd.

DIE ENKELINNEN

Das Reich ist neu verteilt. Aber wiederum sieht sich Chilperich von seinen Brüdern übervorteilt. Seit zwei Generationen ist es Brauch, dass die Frankenkönige bei einer Erbteilung einen Teil der alten Stammgebiete im Norden und einen Teil der späteren Neuerwerbungen im Süden erhalten. Chilperich will, um von Nord nach Süd zu gelangen, die alte Heerstraße benutzen, die über Tours und Poitiers führt. Diese Städte gehören nun Sigibert. Chilperich fackelt nicht lange. Wie seinerzeit beim Tode Chlothars ist die Tinte auf den Verträgen kaum trocken, da schreitet er zur Schaffung von Tatsachen.
Eine Dienerin des Klosters, die aus der Stadt kommt, erzählt von großer Aufregung in den Gassen. „Man weiß noch nichts Genaues, aber aus Tours kommen schon wieder Flüchtlinge. Es seien noch viel mehr von ihnen auf dem Wege, so sagen sie. Chilperich hat Tours eingenommen und seine Truppen sind den Flüchtigen auf den Fersen." Kurz darauf erscheinen Soldaten an der Pforte der Klausur. Sie tragen einen Befehl des Kommandanten mit sich. Die Äbtissin empfängt sie im Sprechzimmer, Radegunde eilt dorthin. „Unser Befehl lautet, die gesamte Stadtmauer zu besetzen und für den Verteidigungsfall auszurüsten", erklärt der Anführer der Truppe. „Die heiligen Frauen sollen alle Vorkehrungen treffen, sich ab heute Abend nur noch in ihren Räumlichkeiten aufzuhalten. Wir werden die Klausur selbst nicht betreten, aber wir nutzen die seitlichen Aufgänge und besetzen die Stadtmauer auch im Bereich des Klosters." Radegunde reißt sich aus der aufsteigenden Angst. „Wann rechnet Ihr mit dem Angriff?", fragt sie den Hauptmann. „Im Augenblick besteht keine unmittelbare Gefahr, aber wir müssen sofort die Verteidigung vorbereiten." „Gut", antwortet die Königin, „wir warten in unseren Häusern auf Eure Befehle. Sollte sich die Lage verschlimmern, bitten wir um Schutz für unsere Klosterpforte."

„Wir hoffen, dass es so weit nicht kommen wird", schließt der Hauptmann das Gespräch, ehe er davoneilt.
Radegunde quartiert Fortunatus im Gästehaus ein. „Wir brauchen Euch als Verbindungsmann zum Stadtkommandanten. Bitte nehmt unsere Gastfreundschaft an." Die Truppe besetzt die Stadtmauer, Waffen werden hinaufgetragen, schwere Wurfgeschosse, die von oben auf Angreifer hinabgestürzt werden können. Die Befehle hallen wider im Klosterhof. Die Schwestern können jeden Handgriff der Krieger beobachten, genauso wie die Verteidiger auf dem Wall jeden Schritt der Nonnen im Freien verfolgen können. Die Äbtissin ordnet an, dass die Schwestern die Nacht gemeinsam in der Kirche verbringen und Gott um Verschonung der Stadt anrufen. So bleiben sie nach der Komplet im Oratorium und singen die Psalmen und Bittgesänge für Zeiten der Not, bis der Morgen graut. Draußen bleibt es ruhig bis auf die Schritte der Posten auf der Mauer. Am Vormittag kommen Dienerinnen und melden, von den nördlichen Stadtmauern aus könne man ein riesiges Heer herankommen sehen, unzählige Pferde, Reiter, Fußtruppen. Radegunde hat in dieser Nacht mit sich und Gott gehadert. War es falsch, das Kloster so direkt an die Stadmauer zu bauen? Aber sie versucht, die Schwestern zu beruhigen. „Wir haben keine feindliche Macht vor uns", erklärt sie, „die königlichen Brüder werden sich friedlich einigen." Selbst glaubt sie daran nicht. Mit Fortunatus setzt sie zwei Briefe auf, einen an den Stadtkommandanten, den anderen an König Chilperich.
Den Kommandanten bittet sie, der Stadt die Erstürmung durch ein überlegenes Heer und die Plünderung möglichst zu ersparen. Sie bittet ihn inständig im Namen Jesu Christi, Unterhändler an König Chilperich zu schicken und die Stadt kampflos zu übergeben, wenn Chilperich seinerseits auf die Plünderung verzichtet. Schließlich gehe es um eine kleine Meinungsverschiedenheit zwischen den königlichen Brüdern. Ihren lieben Sohn Chilperich bittet sie, nicht unnötig das Blut vieler Männer zu vergießen, die Stadt zu verschonen und auf ihre Plünderung zu verzichten. Sie bittet Fortunatus, die

Briefe dem Kommandanten zu geben mit der Aufforderung, das Schriftstück an König Chilperich durch die Unterhändler übermitteln zu lassen.
Die heranrückende Heeresmacht erweist sich als erdrückend. Der Stadthauptmann verhandelt. Chilperichs Truppen rücken in die Stadt ein. Sie zechen, sie rauben dies und das, aber eine Plünderung bleibt der Stadt erspart. Ein grölender Haufe aus dem Fußvolk donnert gegen die Klosterpforte. Radegunde persönlich tritt in die Tür. Sie erklärt den Betrunkenen, sie sollten sich schämen. Dies sei ein geweihter Ort. Sie drückt ihnen ein paar silberne Becher in die Hand, die mit erhabenen Kreuzen verziert sind. Die hoheitsvolle Gestalt in ihrer weißen Tracht und die Kreuze auf den Bechern hinterlassen genügend Eindruck, dass die Bande abzieht. Den König bekommt Radegunde nicht zu Gesicht. Sie legt auch keinen Wert darauf. Was sollte sie ihm sagen? Ihm eine Standpauke halten? Das würde zu nichts führen.
Chilperich hat sein Ziel erreicht, sein Nord- und Südreich sind verbunden. Er zieht zurück in seine Residenz. Gleich nach Sigiberts Hochzeit hatte er um Brunhildes Schwester Galsvintha gefreit. Nun will er Hochzeit halten.
Poitiers liegt auf dem Wege der Braut zu Chilperich. Galsvintha will die berühmte Königinmutter kennenlernen, bittet um die Erlaubnis zu einem Besuch im Kloster. Radegunde teilt ihr mit, leider ließe das die Regel nicht zu. Heimlich bedauert sie die verpasste Gelegenheit, doch sie hat auch Brunhilde, Sigiberts Frau, nie getroffen, und sie will keine neue Missstimmung zwischen den Söhnen.
Vier Wochen nach der aufwendig gefeierten königlichen Eheschließung halten Boten vor der Pforte der Klausur und überbringen einen Brief König Chilperichs. Seine Tochter Basina sei schwer an den Augen erkrankt, teilt er mit. Er wünsche, sie ins Kloster unter die sorgenden Hände der heilkundigen Mutter zu geben. „Schreib ihm, die Tochter kann uns im Krankenhaus besuchen, wir versuchen zu helfen, dann soll sie heimkehren“, fordert die Äbtissin Radegunde auf. „Wir wollen nicht,

dass dieses Kloster zum Spektakel für hochgeborene Damen wird. Und wenn sie genug haben, verlassen sie die Klausur wieder." „Und wie ist es mit Chlothilde, Chariberts Tochter?", fragt Radegunde zurück. Die Äbtissin blickt von dem Brief hoch, der vor ihr liegt. „Chlothilde kam, als ihr Vater starb. Er hatte sie noch keinem Mann versprochen. Bei ihr liegt der Fall anders als bei Basina. Sie war ohne Schutz, ihre Verwandten schickten sie uns, und wir nahmen sie auf. Es wird sich zeigen, wie sie sich am Ende der Probezeit entscheiden wird." „Wollen wir Basina im Gästehaus unterbringen, während wir versuchen, ihr Leiden zu heilen? Dann wäre sie zumindest unter unserer Obhut." „Das können wir tun, aber nur für begrenzte Zeit." Die Äbtissin unterschreibt die Einladung an Basina und übergibt sie den Boten.

Basina kommt, ihr Augenleiden bessert sich unter Radegundes Pflege, sie findet eine Gleichgesinnte in ihrer Cousine Chlothilde. Agnes nimmt Basina nun doch auf in die vorgeschriebene Probezeit. Sie bestellt zwei ältere Schwestern zu geistlichen Müttern der beiden jungen Königinnen. Aber in der freien Zeit der Nonnen am Nachmittag sieht man oft Radegunde mit den beiden jungen Frauen durch den Klostergarten gehen, zu zweit oder zu dritt. Sie will diesen Enkelinnen Zeit und Liebe schenken. Sie haben dieselbe Erziehung genossen wie sie selbst. Sie brauchen ihre Zuwendung. Oft sitzen sie gemeinsam auf der Steinbank bei der kleinen Linde.

Basina berichtet, was sie wegtrieb von Chilperichs Hof. „Als mein Vater meine Mutter verstoßen hat, war ich noch klein. Er wollte mit seiner Konkubine Fredegunde leben. Ich ging mit meiner Mutter, aber als ich acht Jahre alt war, befahl er mich an seinen Hof zurück. Ich sollte dort eine feine Erziehung erhalten. Er wollte mich nach Spanien verheiraten, des Bündnisses wegen. Das Bündnis hat er dann selbst geschlossen, als er sich mit Galsvintha vermählte. Sie ist mit reichen Geschenken aus Spanien gekommen. Er hat sie mit hohen Ehren empfangen, und die Hochzeit war ein rau-

schendes Fest. Aber bald war Fredegunde zurück am Hof und in seinem Bett. Galsvintha ist gekränkt. Sie ist verzweifelt. Sie hat meinen Vater gebeten, ihre Geschenke zu behalten und sie wieder zurück zu ihren Verwandten zu lassen. Er ist natürlich nicht darauf eingegangen. Diese Blöße will er sich nicht geben. Aber Fredegunde beherrscht ihn wieder wie vordem, diese gewöhnliche Person, diese Schäferstochter! Es ist unerträglich am Hofe, ich bin froh, dass ich hier meine Ruhe habe." „Du hast ein Jahr Zeit herauszufinden, ob du dein ganzes Leben lang hierbleiben willst oder ob du nicht doch lieber einen König heiratest. Du könntest Kinder großziehen, du hättest Macht, du könntest viel Gutes bewirken und wärest reich. Hier sind alle gleich arm. Überlege es dir gut!", mahnt Radegunde. Aber Basina lässt sich von ihrem Gedankengang nicht ablenken. „Wenn ich mir all die Könige in unserer Verwandtschaft anschaue, dann nehmen sie doch Frauen und schicken sie weg, wie es ihnen beliebt. Vielleicht ist Sigibert eine Ausnahme. Ich habe keine Lust, einen König zu heiraten, der mich nur wegen der Mitgift nimmt. Und jede seiner Konkubinen darf mitleidig auf mich herabschauen."
Nach der Gebetszeit gehen Radegunde und die Äbtissin im Gespräch durch den Klosterhof. „Agnes", beginnt die Ältere, „mir scheint, dass Basina nicht in die königlichen Machtspiele zurückwill. Aber Chilperich hat schon immer seine eigenen Pläne durchgesetzt. Wenn es in sein Kalkül passt, wird er Basina zurückholen." Agnes schüttelt den Kopf. „Macht Ihr Euch nicht zu viele Gedanken? Wenn sie das Gelübde abgelegt hat, schützt sie ihr geistlicher Stand, es gilt die Regel des Caesarius." Radegundes Blick drückt Bedenken aus. „Die Regel allein wird ihn nicht abhalten, und du als Äbtissin auch nicht. Wir brauchen einen Beschluss der Bischofskonferenz, dass eine Jungfrau, die nach der Regel das Gelübde abgelegt hat, bis zum Ende ihres Lebens an dieses Gelübde gebunden ist. Nur das wäre ein Gegengewicht zum Willen des Königs. Die Bischöfe sind in Tours zusammengekommen. Ich werde ihnen schreiben."

Fortunatus reist selbst nach Tours, um das Pergament vorzulegen. Wochen später begehrt ein berittener Bote Einlass ins Kloster, der die Antwort der Kirchenmänner bringt. Radegunde liest:
„An die sehr heilige Frau Radegunde, die Tochter der Kirche in Christo, die Bischöfe Eufronius, Praetextus, Germanus, Felix, Domitianus, Victurinus und Domnolus."
„Sieh an", denkt sie, „alle Bistümer des Nordens, von Paris bis zur Bretagne, scheinen vertreten." Dann kommt sie zu der entscheidenden Passage:
„ ... so bestimmen wir ... ausdrücklich, wenn ... eine Jungfrau aus den unserer bischöflichen Obhut nach Gottes Bestimmung anvertrauten Orten sich Eurem Kloster in der Stadt Poitiers beigesellen wird, so soll ihr nach den Bestimmungen des Herrn Caesarius, Bischofs von Arles, seligen Andenkens, niemals zustehen, dasselbe wieder zu verlassen, nachdem sie, wie die Regel es vorschreibt, aus freiem Antrieb eingetreten ist."
Radegunde fällt eine Last von der Seele. Die Regel ist von den Bischöfen bestätigt worden. Nun kann sie ihre königlichen Enkelinnen ohne Sorge in die Gemeinschaft des Klosters hineinwachsen lassen.
Die beiden jungen Damen fügen sich ein in das Gleichmaß der Tage. Chlothilde ist eine Meisterin der Stickkunst, aus Seidenfäden in leuchtenden Farben schafft sie eindrucksvolle Bildwerke für Altarbehänge und Bischofsgewänder. In Basinas zierlicher Schrift entsteht eine Kopie der Lebensbeschreibung St. Martins. Nach einem Jahr legen die beiden Cousinen das Gelübde ab.
Wenig später zeigt sich, wie wichtig die Stellungnahme der Bischöfe war. Chilperich schickt einen Herzog, um Basina zurückzuholen. Radegunde und die Äbtissin begrüßen ihn im offiziellen Empfangszimmer. Der Mann übergibt Radegunde ein Pergament mit Chilperichs Siegel: „Unser Herr und König hat angeordnet, seine Tochter wieder zurückzubringen. Sie soll nach Spanien verheiratet werden." Radegundes Antwort ist kurz und eindeutig: „Edler Herr", erklärt sie, „das ist keine familiäre Angelegenheit, sondern eine Frage des Kirchen-

rechts. Dafür ist die Äbtissin zuständig. Ich kann nur so viel sagen: Die Regel schreibt vor, dass eine Nonne, die freiwillig eingetreten ist, das Kloster lebend nicht verlassen soll. Zudem haben uns das die Bischöfe des letzten Konzils mit einer Urkunde bestätigt." Agnes bestätigt die Worte der Älteren und weist dem Herzog das Schriftstück der Bischöfe vor. Der Herzog ist wenig beeindruckt. Da erklärt ihm Radegunde: „Nur eine Bischofssynode könnte wiederum darüber befinden, ob für Basina eine Ausnahme von der Regel gemacht werden kann. Wir bitten Euch, überbringt unserem Herrn König diese Botschaft und unsere mütterlichen Grüße." Der Herzog ist wenig erfreut. Die Äbtissin fertigt die Antwort in Pergament aus und unterschreibt sie gemeinsam mit Radegunde, die das Schriftstück siegelt. So ausgestattet, tritt der hochgestellte Bote die Rückreise zu seinem König an. Sie begleiten ihn zur Pforte. Dann wendet sich Radegunde zur Äbtissin: „Diesen Affront wird uns Chilperich nicht vergessen."
Bald erreichen erst alarmierende Gerüchte das Kloster, dann kommt Bischof Pascentius persönlich und bringt Gewissheit: Galsvintha ist erdrosselt in ihrem Bett aufgefunden worden. Der Täter ist unbekannt. Aber König Chilperich hat nur eine kurze Trauer gehalten und nun Fredegunde offiziell zur Frau genommen. Radegunde hat den Bischof in ihrer Zelle gemeinsam mit der Äbtissin empfangen. Sie liest in den Augen von Pascentius, was sie selbst weiß. Ab jetzt steht die alte, archaische Pflicht der Blutrache zwischen Brunhilde und Chilperich. Ihr ist, als zöge man ihr den Boden unter den Füßen weg. Ihr Herz rast, ihre Hände flattern. Besorgt schaut Agnes sie an. Sie weiß, was in der Mutter vorgeht. Radegunde zwingt sich zur Ruhe. „Pascentius, wir danken Euch für die Botschaft, auch wenn sie uns sehr in Sorge versetzt. Ach, was gäbe ich darum, jetzt selbst zu den Söhnen reisen zu können und sie zum Frieden zu rufen." „Königin", bewusst wählt der Bischof diese Anrede, „vielleicht ist ein Schriftstück, das Ihr an die Könige richtet und das Ihr sorgsam aufgesetzt habt, noch wirksamer als Euer persönlicher Rat." „Ich weiß nicht recht", ant-

wortet sie, „aber ich habe ja keine Wahl.“ Dann schaut sie den Bischof an. Er wirkt müde und abgespannt, sein Gesicht ist grau. „Sagt, Pascentius“, fragt sie ihn teilnehmend, „es geht Euch doch gut?“ „Ihr habt ein aufmerksames Auge“, lächelt der Bischof. „Aber macht Euch keine Sorgen. Das Herz gerät manchmal ein wenig aus dem Tritt. Der Arzt sagt, ich sollte mich schonen. Das tue ich, so gut es geht. Und ich habe guten Rotwein.“ „Macht mir keinen Kummer!“, mahnt sie ihn lächelnd. Als der Bischof gegangen ist, schaut die Äbtissin sie an. Sie sieht, wie es in der Älteren arbeitet, wie zornig sie ist. Doch sie lächelt: „Du hast recht. Und der Bischof hat recht. Ich werde Briefe schreiben.“

Sie lässt Fortunatus rufen. Der hat die Gerüchte gehört und den Befehl schon erwartet, so ist er rasch zur Stelle. Dieses Mal arbeiten sie lange an den Schriftstücken. Radegunde beschwört die Söhne: Ihr Geschlecht sei von Gott ausersehen, das Reich zu schützen und zu fördern. Sie erinnert sie daran, wie sie gemeinsam aufgewachsen sind, an ihre mütterliche Liebe, an das einige Reich, das ihnen ihr Vater hinterlassen hat. Und sie bittet die Herrscher, *„einen dauerhaften Frieden zu schaffen, damit das Vaterland nicht untergehe“*. Bewusst vermeidet sie es, die Feindschaft der Königinnen zu erwähnen. Sie will nicht Öl ins Feuer gießen. Fortunatus wird in ihrem Auftrag zu den Königen reisen.

Radegundes inständiges Bitten wird von den Königen nicht erhört. Sigibert hat sich mit Bruder Guntram gegen Chilperich verbündet. Sie beauftragen den Feldherrn Mummolus, die geraubten Gebiete zurückzuerobern. Mummolus hat schon einige siegreiche Schlachten geschlagen. Er zieht gegen Tours. Dort besiegt er Chilperichs Sohn und lässt die Bürger der Stadt Treue zu Sigibert schwören. Er zieht nach Poitiers. Chilperichs Stadthauptmann und einige Bürger, die die neuen Handelsbeziehungen in Chilperichs Reichsgebiet schätzen gelernt haben, stellen eine Truppe auf. Der Bischof warnt vor einem Volksaufstand, sollten sie versuchen, sich in der Stadt zu verschanzen. Wenn sie kämpfen wollten, sollten sie einen Ausfall unternehmen, rät er, und so geschieht es. Gegen das übermächtige Heer des Mummolus kann der kleine Trupp nichts ausrichten. Die Gefolgsleute Chilperichs werden geschlagen, Mummolus zieht in Poitiers ein und nimmt die Stadt wieder für Sigibert in Besitz.

BOTEN NACH KONSTANTINOPEL

Mutter Radegunde ist es, als bräche ihr das Herz. Die beiden jüngsten Söhne Chlothars, die in ihrer Obhut aufwuchsen, bekämpfen sich nun erbittert. Sigibert, der Bedachtsame, dem sie ihre Liebe schenkte, als ihm die Mutter gestorben war, und Chilperich, sein Altersgenosse, der rasche, eigenwillige Knabe. Die Klosterfrau sitzt in ihrer Zelle. Sie hat die Äbtissin bitten lassen herüberzukommen. Gestern ist Mummolus in Poitiers einmarschiert, die Truppe hält alle wichtigen Plätze und die Stadtmauer besetzt. Auch über dem Kloster patroullieren Bewaffnete.
Fortunatus hat während der Militäraktion wieder sein Quartier im Gästehaus bezogen. Sie lässt ihn rufen. Sie braucht vertraute Menschen, um einen Gedanken weiterzuspinnen, der schon länger in ihr gereift ist. „Seid gegrüßt, Fortunatus", beginnt sie, als er eintritt. „Ich danke Euch, dass Ihr unsere Gastfreundschaft nicht verschmäht habt." „Wo hätte ich diese stürmischen Tage ruhiger verbringen können als in diesen geheiligten Mauern?" Radegunde lächelt flüchtig, dann setzt sie ihren Gedanken fort. „Seit dem gestrigen Tag ist der rechtmäßige Herrscher wieder Herr dieser Stadt. Aber die Könige tragen die Blutfehde der Königinnen aus, ein Ende ist nicht in Sicht. Bisher ist die Stadt glimpflich davongekommen. Zwar hat sie zweimal den Besitzer gewechselt, aber sie wurde nicht erobert. Doch die nächste Attacke kann auch hier zu Raub, Feuersbrunst und vielen Toten führen." „Leider kann ich Euch

nicht widersprechen", wirft Fortunatus ein. Radegunde erhebt sich von ihrem Stuhl und beginnt umherzugehen, während sie weiterspricht. „Schon seit einiger Zeit trage ich mich mit einem Gedanken, und ich meine, jetzt ist die Zeit, ihn in die Tat umzusetzen. Täglich bete ich zu Gott für die Könige. Aber meine Kraft ist schwach. Wenn wir die Reliquie eines mächtigen Heiligen bei uns hätten, wenn wir einen mächtigen Fürsprecher bei Gott hätten, könnte unser Gebet leichter an sein Ohr dringen." Die Äbtissin nickt: „Eine wirkmächtige Reliquie könnte helfen, Gottes Gnade und Errettung zu erlangen. An welchen Heiligen habt Ihr denn gedacht?" „Ach", erwidert Radegunde, „mein Anliegen ist sehr groß. Es geht um den Frieden und die Einheit im Frankenreich. Wir werden den stärksten Fürsprecher überhaupt anrufen müssen, Christus selbst." „Eine Reliquie des Gottessohnes?", fragt der junge Mann überrascht zurück. „Einen Splitter vom Heiligen Kreuz", antwortet Radegunde mit Nachdruck. Die Äbtissin ist sichtlich erschrocken. „Vom Heiligsten der Christenheit?" Radegunde blickt zu ihr hinüber und nickt. „Vom größten Heiligtum der Christenheit."

Einen Moment ist es sehr still im Raum. Dann fragt die Äbtissin: „Habt Ihr von diesem Gedanken schon dem Bischof berichtet?" „Nein, noch nicht. Ich hoffe, Ihr findet ihn nicht vermessen." Die Äbtissin denkt nach. „Der Gedanke ist sehr groß. Aber auch die Not, in der sich das Reich befindet, ist sehr groß. Nein, vermessen scheint mir das nicht zu sein. Aber wir müssen sofort Bischof Pascentius in die Sache einweihen. Nur wenn er sie befürwortet, können wir sie in Angriff nehmen." Fortunatus denkt schon konkreter über die nächsten Schritte nach: „An wen müssten wir uns wegen dieser Reliquie denn wenden?" „Vor Jahren habe ich einmal mit dem Bischof von Angers über die Kreuzreliquien gesprochen. Die heilige Helena hat Teile des Heiligen Kreuzes gefunden, als sie in Jerusalem auf dem Hügel Golgota Ausgrabungen durchführen ließ. Sie ließ drei Teile davon anfertigen: Einen nahm sie mit nach Rom, einen sandte sie zu Kaiser Konstantin, ih-

rem Sohn, nach Konstantinopel, und der dritte Teil verblieb in der Obhut des Patriarchen von Jerusalem." „Wer wird Eure Bitte erhören?", fragt der junge Mann. „Den kürzesten Weg haben wir doch zum Heiligen Vater in Rom", meint die Äbtissin. Fortunatus scheint skeptisch. „Das ist richtig, aber ich fürchte, in Rom interessiert sich niemand für die Bitte einer gallischen Nonne." „Liebe Agnes, ich fürchte, Fortunatus hat recht", pflichtet Radegunde ihm bei. „Die Beziehungen des Fränkischen Reiches zu Rom sind eher kühl. Der alte Streit steht dahinter: Die hiesigen Bischöfe werden nicht vom Papst eingesetzt, sondern vom König bestätigt. Darum will ich mein Gesuch an den Kaiser richten. Dazu brauchen wir Empfehlungsschreiben des Bischofs und des Königs. Allerdings darf auf keinen Fall der Eindruck entstehen, dass der König ein Bittgesuch an den Kaiser richtet. Die Könige der Franken sind stolz darauf, gegenüber dem Kaiser Unabhängigkeit zu wahren." Hier hat die Königin gesprochen, die in politischen Dimensionen denkt. So haben ihre Zuhörer hier im Kloster sie lange nicht erlebt.
Fortunatus wird klar, wie einzigartig ihr Vorhaben ist: „Dann könnt Ihr nur Eure eigene königliche Herkunft ins Spiel bringen und Euren Wunsch vortragen als die Königin, die sich bewusst entschieden hat, Christus nachzufolgen und der Welt zu entsagen." „So ist es, nur ich selbst kann die Bitte an den Kaiser richten", stellt Radegunde fest. „Eine solch bedeutende Schenkung des Kaisers würde dieses Kloster in einen besonders hohen Rang erheben und zu seinem dauerhaften Bestand beitragen. Ich will das Kloster stärken, solange ich lebe." „Ihr äußert da einen sehr großen Gedanken", bemerkt Fortunatus mit Respekt. „Habt Ihr denn Fürsprecher am kaiserlichen Hof?", fragt Agnes. Radegunde hat das längst bedacht: „Theoderich war seinerzeit Geisel und später Heerführer des Kaisers. Und seine Nichte Amalaberga, meine Tante, ist mit ihren Kindern dorthin geflohen. Mein Cousin Amalafrid wäre ein guter Fürsprecher. Aber leider habe ich von meinen Verwandten seit Jahren keine Nachricht. Ich weiß nicht ein-

mal, ob sie noch leben. Wie sehr sehne ich mich nach einem Lebenszeichen von Amalafrid." Überrascht schaut Fortunatus sie an. Will sie eine Delegation zum Kaiser schicken, um ihren Cousin zu suchen? Immerhin ist er jetzt das Oberhaupt des Thüringer Königshauses, wenn er noch lebt. Er kann diesen Gedanken nicht zu Ende verfolgen, denn Radegunde fasst schon zusammen: „Wir müssten also Briefe an den Kaiser schreiben. Freund Fortunatus, könntet Ihr das liebenswürdigerweise tun?" Der junge Römer nickt beflissen. Radegunde zählt die nächsten Schritte auf: „Wir müssen uns um Empfehlungsschreiben und Geleitbriefe des Bischofs und des Königs bemühen. Wir brauchen einen Brief an Amalafrid. Ich will Reovalis bitten, mein Bote zu sein. Er war schon für uns beim Patriarchen von Jerusalem und ist mit Reliquien zurückgekehrt. Und wir brauchen reiche Geschenke. Wir werden dem Kaiser erlesene Kostbarkeiten senden. Aber dieser Punkt lässt sich wohl am leichtesten erfüllen." Agnes nickt zufrieden. „Ich werde sofort einen Boten zum Bischof schicken."
Zwei Tage später erscheint Pascentius. Sie sitzen in Radegundes Gemach unter den Säulenarkaden. „Habt Dank, dass Ihr unsere Einladung angenommen habt", beginnt die Äbtissin das Gespräch. „Mutter Radegunde hat ein Vorhaben gefasst, das wir Euch gern zur Beurteilung vorlegen möchten." Der Bischof lächelt höflich zurück: „Es scheint Euch wichtig zu sein, ich bin sehr gespannt." „Wenn Ihr gestattet, hochwürdiger Pascentius", Radegunde nimmt sich bewusst zurück, „würde ich in aller Bescheidenheit einen Gedanken vortragen, damit Ihr Euer Urteil dazu abgeben und uns raten könnt." Der Bischof lächelt etwas interessierter, Radegunde berichtet ihm von ihrer Sorge und ihrem Beten um die Einheit des Reiches. „Gern würde ich in diesem Kloster, das König Chlothar begründet hat, als er das Reich geeint hatte, eine starke Reliquie niederlegen, um unser Bitten mit größerem Nachdruck vorbringen zu können." Das Lächeln des Bischofs ist noch freundlicher geworden. „Radegunde, aus Euch spricht noch immer die Königin. Kommt schon heraus mit Eurem Anliegen." „Ehr-

würdiger Bischof, wir hoffen, Ihr werdet nicht zu sehr überrascht sein. Kurz gesagt, wir wollen Boten zum Kaiser schicken und um einen Splitter vom Heiligen Kreuz bitten." Nun ist es heraus. Das Lächeln verschwindet aus dem Gesicht des Bischofs, er schaut die Sprecherin nachdenklich an. „Wahrlich, mit Kleinigkeiten wollt Ihr Euch wohl nicht abgeben. Eine Reliquie vom Kreuz Christi wäre die bedeutendste im ganzen Frankenreich. Gesteht es, Ihr wollt in diesen Mauern eine Art von Nationalheiligtum begründen." „Wo denkt Ihr hin, ehrwürdiger Vater! Die Bischofskirche St. Peter, das alte Baptisterium St. Johannes und unsere Klosterkirche ergäben einen wunderbaren Dreiklang." Der Bischof hat inzwischen seinen Gedanken zu Ende geführt und bemerkt sachlich: „Ich befürworte Euer Gesuch. Wenn Ihr bischöfliche Empfehlungsschreiben braucht, fertigen wir sie gern aus."
Ein Anfang ist gemacht. Radegunde geht ans Werk. Der Bischof weiß von ihrem Plan. Sie wird alles dafür tun, nun nicht schimpflich zu scheitern. Mit Fortunatus denkt sie weiter. „Wenn ich mich als Königin und Nonne an den Kaiser wenden will, wäre es gut, die Kaiserin einzubeziehen. Von alters her wenden sich die Frauen besonders der Förderung der Kirche zu." „Dieser Gedanke ist ausgezeichnet", erwidert Fortunatus, „man könnte an die Auffindung des Kreuzes durch die heilige Helena anknüpfen." Und schon entwirft Radegunde einen Text, in dem sie König Sigibert ihr Vorhaben schildert und ihn bittet, ihr ein Empfehlungsschreiben an Kaiser Justinus und Kaiserin Sophia und einen Geleitbrief für ihre Boten auszufertigen. „Bitte, macht daraus einen hübschen Brief mit den üblichen Formeln und haltet Euch bereit, ihn persönlich zu überbringen", weist sie Fortunatus an. „Gebt mir zwei Tage Zeit, ich will die nötige Sorgfalt walten lassen", bittet er. Radegunde nickt. „Am Hofe Sigiberts in Metz lebt einer der geschicktesten Goldschmiede des Landes. Ich möchte von ihm Gefäße in seinem nordischen Stil anfertigen lassen." „Hier in Poitiers haben wir auch sehr gute Handwerker." „Ich habe es nicht vergessen. Bei Cassiodorus will ich Geschenke in den

zierlichen poitevinischen Mustern bestellen. Ich hoffe, die beiden Meister liefern mir dann sehr verschiedene und originelle Arbeiten."

Fortunatus bricht auf. Von Sigibert wird er freundlich empfangen. „Seid willkommen, Fortunatus. Mit Euch kommen die Erinnerungen an die heiteren und unbeschwerten Tage unserer Hochzeit. Was bringt Ihr von Unserer Mutter?" Fortunatus erläutert sein Anliegen und will den Brief überreichen. Der König wehrt ab. „Bitte, lest ihn mir vor, Ihr habt ihn doch sicher selbst formuliert?" Fortunatus entspricht der Bitte. Im Gesicht des Königs macht sich ein ungläubiges Lächeln breit. „Mein Vater hatte wohl recht. Er pflegte stets zu sagen, dass man bei ihr nie vor Überraschungen sicher sei. Das scheint sich auch im Kloster nicht zu ändern. Und was sagt Pascentius dazu?" „Er empfiehlt das Projekt. Hier ist sein Brief." „Lasst sehen." Diesen Brief überfliegt der Herrscher selbst. „Wenn der zuständige Bischof die Sache befürwortet, warum sollte ich dagegen sprechen? Eine solch heilige Reliquie im Kloster der Königinmutter in Poitiers niederzulegen, wäre ein starkes Zeichen für die Einheit des Reiches. Natürlich werde ich gern das Vorhaben der Nonne Radegunde freundlich unterstützen." Sigibert gibt seinem Schreiber Anweisungen, dann teilt er mit: „In zwei Tagen wird das Schriftstück fertig und gesiegelt sein, ebenso der Geleitbrief für die Boten. Betrachtet Euch so lange als Unser Gast." „Ich werde inzwischen noch Aufträge an Roderich, den Goldschmied bestellen. Die hochwürdige Radegunde will einige erlesene Kunstwerke an das Kaiserpaar senden." „Sehr recht. Ich werde prüfen, was aus Unserem Schatz dafür geeignet erscheint. Wenn Roderich mit Eurer Bestellung fertig ist, werde ich alles mit berittenen Boten an die Mutter senden."

Auf seinem langen Ritt quer durch das Reich, von Poitiers nach Metz, hat Fortunatus an einem Huldigungsgedicht für das Kaiserpaar gearbeitet. Auch einige Verse, in denen er Königin Brunhilde besingt und daran erinnert, wie sie vor Jahr und Tag aus fernem Land kam, um die Zierde der Franken zu werden,

sind in diesen Tagen entstanden. Er bittet Brunhilde, seinen Besuch zu gestatten, und trägt das ihr gewidmete Gedicht vor. Die Königin ist entzückt und reicht ihm eine wertvolle Spange als Lohn. Er verneigt sich tief: „Edle Königin, Ihr würdet mich zu einem glücklichen Menschen machen, wenn Ihr die Spange behalten und dafür einen kläglichen Versuch für ein Gedicht anhören wollt, der noch ganz in den Anfängen steckt." „Oh, du überraschst uns mit einer Premiere", lächelt Brunhilde, „nur zu!" „Es ist ein Gedicht für das Kaiserpaar. Ihr habt sicher schon von den Plänen der hochwürdigen Radegunde gehört. Gern wüsste ich, ob eine weit gereiste Herrscherin wie Ihr an diesen Versen Gefallen findet." Schmunzelnd beginnt sie zu lauschen. Dann lässt sie sich mitnehmen von dem eleganten Versmaß, es zwingt sie in seinen Rhythmus, und sie folgt den Verästelungen seiner Gedanken. „Ein wahres Kunstwerk habt Ihr da geschaffen, Fortunatus. Die Herkunft des hohen Paares habt Ihr ebenso gepriesen wie ihre größten Taten für das Reich, ihre Frömmigkeit ebenso erwähnt, wie Ihr Anleihe nehmt bei den klassischen Griechen, die in Konstantinopel so beliebt sind. Ja, ein wahres Kunstwerk", setzt sie noch einmal hinzu. „Nehmt die Spange, Ihr habt Uns einen sehr unterhaltsamen Nachmittag bereitet."
Zufrieden macht sich der Dichter auf den Heimweg. Kopfzerbrechen bereitet ihm noch das Schreiben an Amalafrid, der vielleicht schon nicht mehr unter den Lebenden weilt. Was sagte Brunhilde? Das Verweben von Biografischem und klassischer Tragödie habe ihr so gefallen? Kann er das nicht auch nutzen, um den Verschollenen zu finden? Er wird das Interesse des kaiserlichen Paares auf die Familie der Thüringerkönige lenken. Er wird ein Gedicht schreiben über die Herkunft Radegundes, über die Schlacht, der sie entrann, und die Sehnsucht nach dem geliebten Cousin, dessen Schicksal im Ungewissen schwebt. Eine solche Tragödie wird besonders die Kaiserin anrühren. „De Excidio Thoringiae" – „Vom Untergang Thüringens" – so wird der Titel des Gedichtes lauten. Er lässt ihn noch einmal über die Zunge gleiten. Ja, so ist es gut.

So ist es gut? Nichts ist gut an dieser Geschichte! Plötzlich begreift er mit allen Sinnen, was Radegunde antreibt. Sie will nicht noch ein Reich untergehen sehen, nicht noch ein solches Blutbad, nicht noch einmal so viel Leid.

Zurück in Poitiers, bittet er Radegunde, ihm von Thüringen zu erzählen. Sie sitzen unter dem Gewölbe in ihrer Zelle. Leise und stockend beginnt sie ihre Geschichte von der Geborgenheit bei Mutter und Vater, von den Hügelgräbern, von Amalaberga und Herminafrid, Amalafrid und Amalabertha, von Irmtrud, der Kinderfrau, von der Erstürmung der Burg, dem Schlachtfeld, dem Zelt der Könige, von Bertarich, an den sie sich klammerte während der Deportation. Vor den Augen und Ohren von Fortunatus verwandelt sich die Stifterin dieses Klosters noch einmal in das verlassene Kind.

Woher nahm sie die Kraft, denkt er, für den Weg vom Königshof in die Gefangenschaft, von dort auf den Thron des Frankenreiches, den sie verließ, um hier, in der Abgeschiedenheit, Gott zu preisen und Menschen zu helfen?

Er schreibt die Tragödie, die das Kaiserpaar erweichen und letztlich Amalafrid erreichen soll, langsam tastet er nach Worten und Bildern:

... Lange gesicherte Stätten des Glücks, hochragende Giebel
Liegen, vom Sieger verbrannt, kläglich in Trümmern und Schutt.
Und das Gehöft des Palastes, das einst von Leben erfüllt war,
Ist von Gebäuden nicht mehr, nein, nur von Asche bedeckt,
Und die Firsten der Dächer, die sonst rotgolden geschimmert,
Sind zu Boden gestürzt, sind nur noch Asche und Staub.
Männer von fürstlichem Range, beraubt vom Feinde der Freiheit,
Stürzten in schimpfliches Los nieder vom Gipfel des Ruhms.
Der so glänzende Schwarm der dienenden Altersgenossen
Starrte, dem Leben entrückt, hässlich von Staube und Schmutz.
Die von Dienern umgebene Schar der gebietenden Herren
Blieb nun des letzten Geleits, blieb selbst des Grabes beraubt.

Die durch goldigen Schimmer des Haars übertroffen das Gold selbst,
Frauen, so weiß wie Milch, lagen zu Boden gestreckt.
Wie war das Gefilde bedeckt von den Körpern der Toten,
Ach, ein einziges Grab barg nun ein ganzes Geschlecht! ...

Er trägt Radegunde die Verse vor. Sie lauscht. Sie ist angerührt. „Ihr habt das sehr zu Herzen gehend geschildert." „Findet Ihr den Übergang gelungen, wo ich von Amalafrid und Euren Verwandten am Kaiserhof zu sprechen beginne? Hier:

Sehnend erspäh' ich, ob nicht mir kommt erfreuliche Botschaft,
Aber vom Vetter ersah nirgend' ich Schatten und Spur."

„Diese Zeilen sind Euch gut geglückt. Von dem ungewissen Schicksal der vermissten Verwandten kommt Ihr auf unseren möglichen Fürsprecher. Das ist ein schöner Kunstgriff." Fortunatus verspricht, die Reinschrift des Gedichtes anzufertigen. Gemeinsam formulieren sie das Gesuch um eine Reliquie vom Heiligen Kreuz. Zudem bittet Radegunde das Kaiserpaar in aller Demut, ein Evangelienbuch zu senden, denn sie weiß: Das Wort Gottes ist der wahre Schatz der Kirche.

Reovalis, der die Gesandtschaft führen soll, erscheint vor Radegunde. „Wie Ihr befohlen habt", so sagt er lächelnd, mit einer eleganten Verbeugung. Sie kommen überein. Im zeitigen Frühjahr, noch in der Fastenzeit vor dem Osterfest, will er aufbrechen. „Wir brauchen sanfte Winde für die lange Seereise", erklärt ihr der Mann. Seine Augen beginnen zu leuchten. Eine Seereise nach Konstantinopel, was für ein Abenteuer! „Wir müssen zeitig abreisen, damit wir vor den Herbststürmen wieder zurück sein können." Radegunde erklärt ihm den Stand ihrer Vorbereitungen, die Empfehlungsschreiben, die Geschenke. „Bischof Pascentius hat mehreren Geistlichen befohlen, Euch zu begleiten. Sie waren tapfere Krieger in Sigiberts Heer, ehe sie in den geistlichen Stand traten. Ihr werdet also eine fromme, aber schlagkräftige Pilgerschar sein." Zehn Tage vor Ostern bricht Reovalis mit den Geistlichen auf. Bischof Pascentius hält eine Messe in der Klosterkirche und betet für die Reisenden. Am Stadttor spricht er den Männern den Reisesegen zu. Sie

schwingen sich auf die Rösser und entschwinden. Ein paar Kinder laufen noch ein Stück winkend hinterher.
Für die Zurückgebliebenen in Poitiers beginnt die Vorbereitung auf den Empfang der Reliquie. In die Steinplatte des Hauptaltars wird eine Vertiefung eingearbeitet, die den Schrein aufnehmen soll. Fortunatus verfasst mehrere Hymnen auf das Heilige Kreuz, und er hat den Text zweier Gedichte zu Ehren des Kreuzes so angeordnet, dass die Worte auf dem Pergament eine Kreuzform ergeben. Unter Chlothildes Anleitung übertragen die Stickerinnen diese Kreuz-Gedichte auf Fahnen, die der Prozession vorangetragen werden sollen. Und sie arbeiten an neuen, prächtigeren Altarbehängen. Radegunde weiß, dass ein musikbegabter Priester in Paris schon einige neue Hymnen in Töne gesetzt hat. Ihn beauftragt sie, die Gedichte ihres Freundes zu vertonen.

MAROVEUS

Mitten in diese freudige Arbeitsstimmung bringt Fortunatus an einem Sonntagnachmittag aus der Stadt eine Trauerbotschaft: Pascentius ist gestorben. Nach der Messe setzte er sich in der Sakristei plötzlich auf einen Stuhl. Der Messdiener konnte ihn noch auffangen, ehe er zu Boden glitt. Sein schwaches Herz hatte aufgehört zu schlagen. Radegunde ist betrübt. Er war ihr ein strenger, aber auch väterlicher Bischof gewesen. Ohne seine Hilfe wäre die Abordnung an den Kaiser nie möglich geworden. Die Totenmesse wird in der Bischofskirche gehalten. Nur wenige Monate später wird sein Nachfolger Maroveus als Bischof in Poitiers eingeführt. Bischof Eufronius von Tours leitet die Zeremonie.
Am Nachmittag sitzen die Bischöfe Maroveus und Eufronius, der Herzog, der Priester von St. Peter und einige vornehme Bürger beim Mahl. „Es erfüllt mich mit großer Freude und

Dankbarkeit", spricht Maroveus den Priester an, „gerade in Poitiers das Bischofsamt ausüben zu dürfen, dem Wirkungsort des heiligen Hilarius, der der Lehrer von St. Martin war. Und wie ich gehört habe, hat ja auch eine der Frauen von König Chlothar sich hier in ein Frauenkloster zurückgezogen, wo sie gottesfürchtig als einfache Nonne lebt. Das ist ein seltenes Beispiel von Demut!" „In der Tat führt sie ein gottesfürchtiges Leben", erwidert der Priester, „sie ordnet sich der Äbtissin unter, sie hat allen Besitz und alle Einkünfte dem Kloster übereignet, sie ist die Erste, die früh aufsteht, erledigt die Küchenarbeit, säubert die Klosetts, schafft Unrat weg. Man sagt, dass sie auf einem rauen Büßergewand schläft, das in der Asche liegt. Alle verehren sie als Mutter. Sie ist belesen in der Bibel und den Kirchenvätern, sie lehrt die Schwestern und sie predigt. Übrigens ist bekannt, dass sie zusammen mit der Äbtissin jeden Buchstaben der Regel streng und ernst auslegt. Auch bringt man den Schwestern viele Kranke, die unter den Händen der heiligen Frauen oft wundersame Heilung erfahren." „Wollt Ihr eine Heiligenvita verfassen?", fragt Maroveus amüsiert, während er sich der Nachspeise zuwendet. „Das wird nicht nötig sein. Ihr Schreiber Fortunatus hat schon zwei Viten verfasst über den heiligen Albinus und über Hilarius. Womöglich schreibt er auch noch die Geschichte der Radegunde auf. Übrigens vergaß ich zu erwähnen", ergänzt der Priester, „dass sie Boten zum Kaiser nach Konstantinopel gesandt hat, um eine Reliquie vom Heiligen Kreuz für ihr Kloster zu erbitten. Wir erwarten die Männer in wenigen Wochen zurück." Maroveus blickt auf. „Ist zu erwarten, dass der Kaiser ihrer Bitte nachkommt?" Bischof Eufronius hat das Gespräch interessiert verfolgt. „Verzeiht, dass ich mich einmische", wirft er ein, „Euer Vorgänger Pascentius hat dieses Vorhaben mit Empfehlungsschreiben an König und Kaiser und einer kleinen Abordnung von Geistlichen unterstützt." „Sieh an, das ist ja eine wirkliche Überraschung. Es scheint, als ob ich dem Kloster Sancta Maria einmal einen väterlichen Besuch abstatten sollte."

Agnes erwartet Bischof Maroveus an der Pforte. Er hat sich angekündigt, um mit den Schwestern eine Messe zu feiern. Sie begleitet ihn in die Kirche, wo die Nonnen versammelt sind. Nach dem Gottesdienst lässt er sich von der Äbtissin in einem kleinen Rundgang das Kloster zeigen. Maroveus sieht: Diese Äbtissin hat augenscheinlich nicht das für diese Position erforderliche Mindestalter von dreißig Jahren. Er bemerkt die regelwidrige einzelne Zelle der Nonne Radegunde. Er weiß, die Regel des Caesarius verbietet schmückendes Bildwerk. Was er hier sieht, ist zwar nicht so farbig wie in anderen Kirchen, aber die Säulen des Gotteshauses sind in edelstem Marmor ausgeführt, und die Gewände der Fenster und Türen tragen ausnehmend zierliche Steinmetzarbeiten, sogar an den Wohngebäuden. Ein wahrhaft königlich ausgestattetes Kloster! Er erkundigt sich nach diesem und jenem, dann sagt er wie beiläufig: „Gern würde ich Schwester Radegunde kennenlernen. Würdet Ihr sie bitte rufen lassen?" „Die Mutter erwartet Euch bereits, lasst uns hinübergehen", antwortet Agnes. Sie betreten den Vorraum von Radegundes Zelle, dann den zweiten Raum. „Säulenarkaden in der Zelle einer einfachen Nonne!", denkt Maroveus. „Die Ausstattung wäre passend für den Kapitelsaal." Radegunde bietet ihm einen schön geschnitzten Stuhl an, er nimmt Platz. „Liebe Schwester Radegunde", beginnt der Bischof das Gespräch. „Es freut mich, dich kennenzulernen. Man hat mir schon viel von dir berichtet." Er hat sie nicht aufgefordert, sich zu setzen. Die Äbtissin steht, Radegunde steht. Er spricht sie an wie Untergebene, wie Dienstboten. „Hochwürdiger Maroveus, habt Dank für die Feier des Gottesdienstes. Nicht oft haben wir Gelegenheit, eine Bischofsmesse feiern zu dürfen. Es ist uns eine ganz besondere Freude", Radegunde hat ihr lieblichstes Lächeln ins Gesicht gezaubert. Wann hat sie jemand zuletzt so herabsetzend behandelt? Chlothar, nach ihrer Flucht aus Athies? Sie wird sich von diesem Bischof nicht herausfordern lassen. Auch der Bischof trägt ein Lächeln im Gesicht, ein mildes, väterliches Lächeln. „Mit großer Freude habe ich

vernommen, dass du die königliche Würde abgelegt hast und hier in diesem Kloster als einfache Nonne unter dem Gebot der Äbtissin lebst. Das ist ein wahrhaftiges Beispiel demütiger Nachfolge Christi, wenn er sagt: *Wer groß sein will unter euch, der sei euer Diener.*" „Lieber Vater in Christus", antwortet Radegunde, „ich weiß, dass all mein Tun unvollkommen ist, aber ich mühe mich, mit Fasten und Beten Christus zu dienen, und besonders gilt mein Dienst den Schwestern und den Kranken, die man zu uns bringt."
Eine junge Nonne tritt herein. Radegunde wendet sich ihr zu: „Schwester Clara, bring doch jetzt bitte das Tablett." „Sofort, Königin", erwidert Clara und kommt mit einigen Käseküchlein, Becher und Getränk zurück. Mit ein paar Handgriffen ordnet sie alles hübsch vor dem Bischof auf dem Tisch: „Guten Appetit. Diese Küchlein hat Mutter Radegunde selbst gebacken." Der Bischof hat erschreckt die Augenbrauen gehoben. Kaum ist die Schwester durch die Tür entschwunden, da fragt er mit belegter Stimme: „So, die Königin hält sich hier also einen kleinen weiblichen Hofstaat und serviert Leckereien?" Er räuspert sich. Entschuldigend hebt Radegunde die Arme: „Ich bitte um Vergebung, hochwürdiger Bischof. Den Titel kann ich nicht ablegen, er ist mir angeboren." Maroveus lässt seinen Blick über die Arkaden schweifen. „Und was bedeutet diese regelwidrige Zelle?" „Für das Wohl der Schwestern muss ich zuweilen mit meinem Schreiber und einer weiteren Schwester hier arbeiten, zuweilen habe ich Eure Vorgänger Pientius und Pascentius hier empfangen so wie heute Euch. Oft behandle ich hier auch Schwerkranke, die Tag und Nacht meine Pflege brauchen." Er soll endlich mit der Kleinkrämerei aufhören. Er misst sie mit den Augen. Da steht sie in scheinbarer Sanftheit. Aber das ist nicht die demütige Sanftmut der Nonne, sondern die geübte Nachsicht der Herrscherin. „Und wie ist es mit der Reliquie vom Heiligen Kreuz? Willst du dich zu St. Helena erheben, der Mutter des Kaisers?" „Ehrwürdiger Vater, als ich Boten nach Konstantinopel sandte, um eine Reliquie vom Heiligen Kreuz zu erbitten, tat ich das, um unserem Be-

ten durch die Nähe Christi größere Kraft zu verleihen." „Ist es nicht Hochmut, die größte Sünde, aus der alles Übel quillt, wenn eine einfache Nonne wie eine Königin handelt und die Königin sich als Nonne verkleidet, die sich vermisst, das größte Heiligtum der Christenheit in ihren Besitz zu bringen?" Sein Ton ist scharf geworden. Er beobachtet sie genau. Sie hat die Augen nicht niedergeschlagen, sie ist weder in Tränen noch in Empörung ausgebrochen. Sie sieht ihn bekümmert an. Dieser Mann Gottes zieht alles in Zweifel: ihr Beten, ihr Fasten, ihre Nachtwachen, ihr Ringen um Frieden, vor allem aber: ihre Suche nach Gott. „Ehrwürdiger Maroveus, niemand kann Gott in seiner allumfassenden Macht und ewigen Herrlichkeit erahnen oder gar ergreifen, keine Königin und kein Bischof."

Sie sieht seine ungeduldige Handbewegung. Der Bischof hat noch ein weiteres Problem. Eine Reliquie dieses Ranges wird Pilger anziehen. So fragt er: „Und wie wollt Ihr es mit der Klausur halten, wenn Pilger am Schrein der Reliquie beten wollen?" „Die Klausur wird nicht gebrochen werden, hochwürdiger Maroveus, es werden keine Pilger kommen." „Ihr wollt die heiligste Reliquie des Frankenlandes in dieses Kloster einschließen?" „Ja, so ist es. Die Regel erlaubt uns nicht, Pilger zu empfangen. Und wir müssen uns so strikt an die Regel halten, um die Klausur auch gegenüber den Königen aufrechtzuerhalten. Ein großes Anliegen bei der Einrichtung dieses Klosters war es mir, eine Stätte für Menschen zu schaffen, die Asyl suchen, selbst vor den Königen. In meiner Jugend habe ich ein solches Asyl nicht finden können." Nun ist Maroveus ernsthaft entgeistert. „Hast du bedacht, was eure Widersetzlichkeit gegenüber den Königen für die Stadt und den Bischof bedeuten kann?" „Ein Kloster, in dem Königinnen leben und das von der heiligsten Reliquie des Abendlandes geschützt wird, werden sie nicht antasten." „Bist du dir da ganz sicher?" Nein, sicher ist sich Radegunde keineswegs. Darum hat sie ja Chlothars Söhnen all die Urkunden abverlangt. Sie muss das Gespräch jetzt beenden, ehe es zu einem offenen Streit mit dem Bischof kommt. „Gott wird uns schützen", sagt sie. Dann wirft sie Agnes einen Blick zu. „Mit Eurer gütigen Erlaubnis, ehrwürdiger Vater, und mit der der Äbtissin würde ich mich gern entfernen. Diese Woche habe ich den Kirchendienst und muss nun die Schwestern zum Gebet rufen." Agnes gibt ihr ein Handzeichen. Radegunde entfernt sich, nur mühsam wahrt sie die gebotene Ehrerbietung. Der Bischof ist blass geworden. Er erhebt sich von seinem Platz. „Äbtissin, habt Dank für diese höchst aufschlussreichen Einblicke in Euer Klosterleben." Unter höflichem Gespräch begleitet sie ihn zur Pforte. Maroveus im Unfrieden gehen zu lassen, ist nicht gut für das Kloster, das spürt sie deutlich.

Selbst im fest gefügten Stundengebet findet Radegunde an diesem Tag keine Ruhe. Ihre Gedanken kreisen. Sie muss dafür sorgen, dass auch nach ihrem Tod niemand das Kloster antasten kann. Sie beschließt, sofort einen Brief an die Bischofskonferenz zu verfassen. Und so sitzt ihr am nächsten Tag im Beisein zweier lesender und spinnender Schwestern Fortunatus in der Zelle gegenüber. Sie arbeiten an dem Schriftstück. „Ist der Beginn gut so?", fragt er und liest vor: *„An die heiligen und ihres apostolischen Sitzes überaus würdigen Herren Väter in Christo, die Bischöfe insgesamt,* Radegunde, die Klosterfrau …" Radegunde unterbricht ihn: „Der Anfang ist gut, aber bitte schreib: ‚*Radegunde, die Sünderin*'! Und dann will ich zuerst schreiben, was mich antrieb, das Kloster zu stiften, etwa so:

Da ich mit allem Eifer und ganzer Seele auch auf das Wohl andrer meine Gedanken gerichtet habe, so habe ich, damit meine guten Absichten auch für andere unter Gottes Beistand Nutzen brächten, ein Nonnenkloster in der Stadt Poitiers eingerichtet, das der durchlauchtigste Herr König Chlothar begründet und reich beschenkt hat; und nach seiner Begründung habe ich diesem Kloster durch eine Schenkung alle die Güter, welche mir der König in seiner Freigebigkeit geschenkt hat, verliehen.

Sie beschwört die Bischöfe, das Vermögen des Klosters zu sichern, selbst gegen Könige und Bischöfe, und böswillige Richtersprüche zu verhindern, sie erlegt den Königen auf, das Kloster unter ihre Obhut zu stellen und das Recht der Äbtissin

zu schützen, und sie verfügt, in der Grabkirche, die sie begonnen hat zu bauen, beigesetzt zu werden. Schließlich bittet sie, dass dieses von ihr eigenhändig gezeichnete Schriftstück in den Archiven der Kirche aufbewahrt werden solle, damit man es bei etwaigen Streitigkeiten zu Rate ziehen könne. Diese letztwillige Verfügung wird lang und Fortunatus bittet, den Entwurf noch einmal verfeinern zu dürfen.
Der Herzog hält durch Boten Kontakt zur Bischofssynode, sie übernehmen die Übermittlung von Radegundes Schreiben. Nach mehreren Wochen bringen sie ihr die Mitteilung, ihre Verfügung wegen der künftigen Sicherung des Klosters sei beraten und in mehreren Abschriften den bischöflichen Archiven zugestellt worden.

ARTACHIS

Kaum zehn Tage nach dem Besuch des Bischofs meldet sich gegen Abend ein Reiter an der Klosterpforte. Er trägt das Gewand eines Geistlichen, und der diensthabenden Schwester erklärt er, er sei eben mit Reovalis aus Konstantinopel zurückgekommen. Reovalis wolle morgen der Äbtissin und der hochwürdigen Radegunde seine Aufwartung machen und von seiner Reise berichten. Die Pförtnerin will den Boten ins Sprechzimmer bitten. „Ich danke Euch vielmals", erwidert der, „ich habe nur Auftrag, den morgigen Besuch anzukündigen. Gestattet mir, mich zunächst zurückzuziehen und vom Staub der Reise zu befreien."
Die Äbtissin lässt Radegunde rufen. Gemeinsam beschließen sie, am morgigen Tag einen Dankgottesdienst zu feiern und dann die Reisenden im Refektorium zu empfangen, wo alle Schwestern dem Bericht von Reovalis folgen können.
Einer der weit gereisten Priester liest am nächsten Tag die Messe. Vor den versammelten Schwestern gibt Reovalis dann

einen farbenprächtigen Bericht, wie sie zu Pferd nach Italien gelangt seien und von dort zu Wasser nach Kontantinopel. Im Großen und Ganzen seien sie auf demselben Weg wieder zurückgekommen. Einmal seien sie von Räubern überfallen worden, die sie aber mit ihren guten Schwertern übel zugerichtet hätten. Einmal sei das Schiff in einen Sturm geraten und mit gerefften Segeln nur so über das schäumende Wasser geflogen. „Seid Ihr denn beim Kaiser gewesen?", fragt eine ganz junge Schwester aufgeregt dazwischen, sie ist erst seit einigen Wochen im Kloster. Sie erntet einen strafenden Blick der Äbtissin. „Ja, natürlich. Die Stadt des Kaisers ist unfassbar groß und reich. Man sagt, fünfmal hunderttausend Menschen leben dort. Das Gedränge in den Gassen ist unbeschreiblich, man hört Stimmen in den Sprachen aller Herren Länder. Am wunderbarsten aber ist die Hagia Sophia. Noch ehe man als Reisender die Stadt erblicken kann, sieht man schon die Kuppeln dieses Gotteshauses in der Sonne schimmern. In ihrem gewaltigen Inneren fühlt man, wie klein der Mensch und wie groß Gott ist. Ich habe auf meinen vielen Reisen nie etwas Ähnliches gesehen. Aber nun zu dem, was Euch alle am meisten interessiert. Ja, wir wurden für würdig befunden, unser Anliegen dem Kaiser selbst vorzutragen. Das Herrscherpaar saß auf zwei Thronen, vor deren Stufen wir standen. Gnädig erlaubten sie, dass wir die Huldigungsgedichte vortragen dürften, danach auch das Gedicht über den Untergang des Thüringerreiches. Dieses scheint besonders die Kaiserin bewegt zu haben. Zuletzt trugen wir das Gesuch vor, eine Reliquie vom Heiligen Kreuz in Eurem Kloster niederlegen zu dürfen. Natürlich hatten wir alle unsere Briefe vorher schon der Kanzlei des Kaisers vorgelegt. Und so erließ Kaiser Justinus sogleich das Folgende: Wir sollten, frohgemut und mit seinen Briefen versehen, nach Hause zurückkehren und Euch, hochedle Radegunde, die väterlichen Grüße des Herrschers übermitteln. Er werde die heilige Reliquie gebührend in Gold und edle Steine fassen lassen und alsbald mit eigenen Boten zu Euch her-

senden. So waren seine Worte. Und dieses sind seine Briefe." Und damit zeigt er der staunenden Schwesternschar mehrere Pergamente mit schweren kaiserlichen Siegeln. Vor den jubelnden Schwestern legt er sie in Radegundes Arme. Die Äbtissin tritt vor und richtet eine kleine Rede an die Männer. „Wir haben Euch viel zu danken, edler Reovalis, und Euch, Ihr tapferen Mitstreiter. Noch mehr zu danken haben wir aber Gott, der Euch glücklich wieder zurückgeführt hat und das Herz des Kaisers zur Güte stimmte. Wir wollen einen Lobhymnus anstimmen." Helle, fröhliche Frauenstimmen füllen den Saal.
Im Gästehaus lassen sich die Äbtissin und Radegunde Näheres vom Besuch der Gesandten beim Kaiser berichten, auch Fortunatus haben sie zu diesem Gespräch geladen. Schließlich hat er mit seinen Dichtungen wesentlich zum Erfolg der Mission beigetragen. Radegunde öffnet und liest die kaiserlichen Briefe. Sie streicht über das edle Pergament, betrachtet fast ungläubig die Siegel, erkennt, wie geübt und schwungvoll der Schreiber die Seiten gestaltet hat. Sie hatte gehofft, dass der Kaiser sie erhören würde, jetzt sieht sie mit eigenen Augen, dass ihr Wunsch Erfolg hatte. Sie ahnt, wie groß die Mühen ihrer Gesandten waren. Im Wesentlichen enthalten die Briefe das, was die Männer bereits gesagt haben. Dass Radegunde sie tatsächlich in Händen hält, das ist das eigentliche Wunder. Einen Brief jedoch legt sie beiseite. Sie will ihn später am Abend lesen. Reovalis hat ihn ihr besonders ans Herz gelegt. „Dies ist ein Brief an Euch persönlich, von einem Eurer Verwandten." „Habt Ihr Amalafrid getroffen?" In Radegundes Gesicht liegt freudige Spannung. Der Gesandte blickt sie teilnehmend an. „Königin, leider muss ich Euch mitteilen, dass er schon vor einigen Jahren als Feldherr im Gefecht gefallen ist. Seine Schwester Amalabertha wurde durch Vermittlung des damaligen Kaisers mit dem Langobardenkönig verheiratet. Aber Euer Cousin hat einen Sohn, Artachis mit Namen. Von ihm ist dieser Brief." „Reovalis, nehmt meinen besonderen Dank. Diese Nachricht ist für mich selbst fast so wichtig wie die Reliquie für das Kloster."

Die Mutter ist im Innersten betroffen, das sieht Agnes an ihren Augen, ihren flatternden Händen, die das Pergament beiseitelegen. Nur mit der ganzen Routine ihrer höfischen Erziehung gelingt es ihr, die weit gereisten Boten freundlich und interessiert nach ihren Erlebnissen und Eindrücken zu fragen. Agnes übernimmt die Gesprächsführung. „Wann, meint Ihr, könnte die Abordnung des Kaisers bei uns eintreffen?", fragt sie. Reovalis beginnt zu rechnen: „Ich denke, wenn das Gefäß für die Reliquie fertiggestellt ist, wird man warten bis ins Frühjahr, ehe die Gesandtschaft aufbricht. Sie könnte dann im Frühsommer hier sein." „Also ungefähr in einem halben Jahr?" „Ja, so würde ich denken." Die Gespräche laufen hin und her, die heimgekehrten Männer haben die Erlebnisse der Reise noch frisch vor Augen und stecken voll spannender und komischer Geschichten.
Als die Männer das Kloster verlassen haben, erlebt die Äbtissin die Frau, die ihr wie eine Mutter ist, so außer sich, wie sie sie selten gesehen hat. „Ach, ich hatte mir eine frohe Nachricht von meinem Cousin erhofft." „Aber Amalafrid hat einen Sohn. Das Geschlecht der Thüringerkönige ist nicht ausgestorben, es gibt einen männlichen Nachkommen!", setzt Agnes dagegen. Radegunde fährt mit veränderter Stimme fort: „Seit vorhin fühle ich mich in eine ganz andere Welt zurückversetzt, nach Thüringen, in die Welt meiner Kindheit. Immer sehe ich Amalafrid vor mir, diesen schlaksigen Knaben mit seiner lässigen Geste, den Ältesten unter uns Kindern. Fast vierzig Jahre ist das her. Und nun ist er tot." Agnes sieht: Die Nachrichten haben die Mutter aufgewühlt. „Weißt du, so vieles, was ich auf dem Grund meines Herzens verschlossen hatte, seit ich im Frankenland bin, es ist mir plötzlich gegenwärtig. Ich sehe alles hell und klar." Und sie beginnt zu erzählen von ihrem Vater Bertachar, von der Wärme in den Armen ihrer Mutter, von den Spielgefährten am Thüringer Königshof.
Dann eilt Radegunde in ihre Zelle, entzündet ein Licht, tritt an ihr Lesepult und öffnet den Brief. Er beginnt mit einer kunstvollen Anrede. Dann folgt übergangslos ein trockener

Bericht über den Tod des Vaters: ein Überblick über die militärischen Ziele und Operationen bei der Schlacht, in der er tödlich getroffen wurde, die Hilfstruppen, die durch Aufständische aufgehalten waren und zu spät kamen. Wiederum mit einer höflichen Grußformel endet der Brief. Fassungslos sinkt Radegunde auf einen Schemel. Eine frohe Botschaft voller Erinnerungen an die gemeinsame Kindheit hatte sie von Amalafrid erhofft, und nun das: unpersönlich, kühl, strategisch. Weiß Artachis nicht, was sie in der Schlacht bei Scithingi erlitten hat? Dass sie hinter den Beschreibungen der Truppenbewegungen und Angriffe die im Blut liegenden Krieger, die röchelnden Pferde, das unbeschreibliche Grauen sieht? Doch worüber wundert sie sich? Artachis ist der Sohn eines kaiserlichen Offiziers und selbst Offizier. Und er ist jetzt das Oberhaupt ihrer Familie. Dieser Krieger!

Radegunde schläft wenig in dieser Nacht. Sie kniet unter den Arkaden ihrer Zelle. Morgen, morgen wird sie sich gesammelt haben nach diesem Ausbruch der Gefühle. Morgen wird sie Artachis einen Brief schreiben. Ihr Bote wird ihn finden. Sie braucht einige Zeit, ihre Gedanken zu ordnen.

Sie lässt Fortunatus rufen. *Warum sendest du mir solch einen Kriegsbericht*?, diktiert sie. Sie muss dem Jungen die Familiengeschichte erklären. *„Zuvor fiel der Vater, ihm folgte später der Onkel"*, schreibt Fortunatus mit dem Griffel in Wachs. „Übrig war mir als Haupt ein Bruder, durch erbarmungsloses Schicksal verlor ich auch ihn. Ausgelöscht alle! Und nun liegt auch Amalafrid tot." Sie stellt klar, wie nah Amalafrid ihr verwandt war und bittet Artachis, ihr recht oft Briefe zu schicken. Sie schließt mit Glück- und Segenswünschen und bittet Fortunatus um die Reinschrift.

Fortunatus ist verstört. Das heutige Diktat klang wie der Schrei des verwaisten Kindes, das vor fast vierzig Jahren Verwandte, Freunde und Heimat verlor. Wie viel Kraft muss es sie gekostet haben, so denkt er, mit diesen Erinnerungen weiterzuleben und ein anderes Leben zu beginnen. *„Übrig war mir als Haupt ein Bruder."* Diesen Bruder, ihr königliches Familienoberhaupt, ließ Chlothar ermorden. An jenem Tag hat sie ihr Leben selbst in die Hand genommen, stark und ohne Kompromisse.

Nun erst versteht Fortunatus, was sie meint, wenn sie ihren Schwestern predigt, sie habe sich den Bedürftigen zugewandt wie der heilige Martin. Wie Martin hat sie die Welt der Krieger verlassen und Christus als ihren Herrn erwählt. Ihm, dem höchsten König, will sie gefallen.

Was soll er tun mit dem Brief der Königin, aus dem man den Schrei des Kindes hört? Er verwendet seinen alten Kunstgriff und nimmt Anleihe bei den griechischen Sagen. „*Nach des Vaterlands Fall und dem Einsturz der Giebel der Ahnen*", so beginnt er. Den fertigen Entwurf trägt er Radegunde vor. Er hat ihren Worten Fassung und Form gegeben. Abgeschwächt hat er nichts. Radegunde ist zufrieden. „Schreib ihn auf Pergament!"

Nach Monaten kommt der zuverlässige Bote zurück. Er hat Artachis getroffen und er bringt ihr einen höflichen, artigen Brief zurück. Radegunde erfährt, dass er Frau und Kind hat. „Das Geschlecht der Thüringer wird weiterleben!", so jubelt Radegunde. Der weit gereiste Bote kann noch mehr berichten: „Der edle Artachis holte bei mir genaue Erkundigungen ein, wie es sich zugetragen hätte, dass Ihr ins Kloster ginget. Ob der König Euch verstoßen hätte wegen Eurer Kinderlosigkeit. Ich berichtete ihm, wie ihr in den geistlichen Stand getreten seid, nachdem der König Euren Bruder hatte erschlagen lassen. Da wurde er sehr nachdenklich und nachher sprach er von Euch mit großer Hochachtung. Später erzählte er mir, was er von seinem Vater über Euch erfahren hat und wie Euer ungewisses Schicksal stets wie ein Schatten über dessen Seele lag." Radegunde belohnt den Boten reichlich. „Ich hatte meine Wurzel verloren", so denkt sie. „Mit dem heutigen Tage bin ich nicht mehr nur König Chlothars Witwe, sondern wieder Teil der Familie der Thüringer, verschwägert mit den hohen Amalern und verwandt mit den Langobardenkönigen."

DIE RELIQUIE

Der Erfolg von Reovalis hat sich wie ein Lauffeuer in der Stadt und den umliegenden Landschaften herumgesprochen. Eine Woche nach der Rückkehr der Gesandten steht Agnes in der Tür zu Radegundes Zelle. „Mutter, denkt nur", ruft sie etwas atemlos vom Laufen, „heute habe ich schon wieder zwei Boten und einen Brief empfangen. Junge Mädchen bitten um Aufnahme in unser Kloster. Insgesamt sind diese Woche zehn solcher Anträge bei mir eingegangen. Es ist wie ein Segen, den die Reliquie jetzt schon über unser Kloster breitet, obwohl sie noch gar nicht hier ist. Sicher werden noch mehr junge Frauen kommen, wenn der Bischof die Niederlegung zelebriert hat." Radegunde ist überrascht. Sie hatte gehofft, dass die Reliquie das Kloster stärken würde, aber sie hatte eher an größere Tiefe und Ernsthaftigkeit im Glauben gedacht, auch an höheres Ansehen bei den Königen und Bischöfen. Mit einem solch plötzlichen Zulauf hat sie nicht gerechnet. „Die Wege des Herrn sind wunderbar!", erwidert sie fröhlich der Äbtissin. Dann wird sie ernst. Und sie wird sofort ganz praktisch: „Lass uns überlegen. Wir sind jetzt siebzig Schwestern. Wenn wir zusammenrücken, können wir insgesamt hundert Frauen hier unterbringen. Wir wollen beobachten, ob die Zahl der Anfragen weiter so groß bleibt. Wenn ja, könnte es sein, dass wir anbauen müssen." Dann setzt sie hinzu: „Das ist ein Segen des Himmels. Wir wollen dankbar sein und selbst das Nötige tun."

Gleich nach der Rückkehr von Reovalis und seinen Begleitern hatte Radegunde Fortunatus zu Maroveus geschickt mit der Botschaft, die Äbtissin und sie selbst würden sich glücklich schätzen, den hochwürdigen Herrn Bischof empfangen zu dürfen, um über die bevorstehende Niederlegung der Reliquie zu beraten. Früher als gedacht, war Fortunatus ins Kloster zurückgekehrt. „Bischof Maroveus hat mir mitgeteilt, er habe schon öfter eine Reliquie niedergelegt. Wenn es so weit sei, sollten wir ihn informieren, er würde dann die entsprechenden Maßnahmen einleiten." Radegunde schüttelte besorgt den Kopf. Fortunatus fuhr fort: „Mehr Aufmerksamkeit hat der Herzog meinem Anliegen geschenkt. Er meinte, eine kaiserliche Delegation in der Stadt, das sei ein historischer Moment, den es zu würdigen gelte. Er will die Abordnung mit großen militärischen Ehren empfangen und einen Festumzug durch die Stadt vorbereiten. Er wird in Kürze bei Euch vorsprechen." „Die Antwort des Bischofs macht mir Sorgen", stellte Radegunde fest.

Das ist nun einige Tage her. Da tritt Radegunde mit einem Lächeln ins Sprechzimmer von Agnes. „Liebe Äbtissin, was denkt Ihr darüber, gleichzeitig mit der Niederlegung der Reliquie das Patrozinium des Klosters zu ändern? Wäre es nicht angemessen, das Kloster dem Heiligen Kreuz zu weihen?" Agnes nickt, sie hatte schon denselben Gedanken. Nach intensiver Beratung spricht sich die Vollversammlung der Schwestern einstimmig für die Weihe zum Heilig-Kreuz-Kloster aus. Radegunde schlägt der Äbtissin vor: „Liebe Mutter, ich halte es für angebracht, in dieser wichtigen Angelegenheit des Klosters den Bischof in seinem Dienstsitz aufzusuchen." Agnes liegt daran, das Missverständnis mit Maroveus auszuräumen. Sie schickt eine Dienerin zu ihm. Doch Maroveus lässt mitteilen, er sei im Augenblick zu beschäftigt. Er werde sich melden.

Vom Bischof kommt keine Mitteilung ins Kloster, aber die Boten des Kaisers erreichen Poitiers. Einen Reiter haben sie als Vorhut geschickt. Agnes und Radegunde bringen ihn im Gästehaus unter. Dann entsenden sie Fortunatus zum Herzog und zu Maroveus. Das Verhältnis zwischen Radegunde und dem hochwürdigen Herrn hat sich nicht gebessert, aber ihre Hoffnung ist, dass er sich von der Freude anstecken lässt, wenn das Volk von Poitiers die Reliquie in der Stadt begrüßen will.

Der Reiter mit den kaiserlichen Farben hat bei der Stadtwache Bewegung ausgelöst. Boten zu Pferd haben den Herzog und den Bischof informiert. So wird Fortunatus am Herzogspalast schon erwartet und zum Herrn geführt. „Ich werde morgen die Torwachen doppelt besetzen und Meldereiter bereitstellen, dazu die Ehrenformation, die die Abgesandten geleiten soll", mit dieser knappen Mitteilung empfängt er den Vertreter des Klosters. „Wir möchten Euch bitten, die Gesandten in Eurem Palast unterzubringen, bis die feierliche Zeremonie stattfinden kann." „Es wird mir eine hohe Ehre sein." Damit ist der Schreiber entlassen. Am Bischofspalast empfängt ihn der Diakon mit einer bedauernden Geste. Er teilt mit, Bischof Maroveus sei vor einer Stunde zu Pferd gestiegen, um sich auf sein Landgut zu begeben. Er gedenke, dort für einige Tage zu bleiben. Der sonst so wortgewandte Fortunatus ist sprachlos. Mit einem matten Heben der Hand dankt er dem Hüter des verwaisten Palastes und eilt zurück ins Kloster.

So haben die Klosterfrauen Radegunde noch nicht erlebt. „Ein Hirte in Gottes Herde will er sein?", fragt sie. „Dieser Schafhirte!" „Hat sie ‚Schafhirte' gesagt? Weiß sie, dass das das schlimmste Schimpfwort ist?", fragt Basina ihre Cousine Chlothilde. Die winkt lakonisch ab: „‚Wollkämmer' wäre schlimmer gewesen." Radegunde lässt Fortunatus zwei Briefe schreiben. Der erste ist an König Sigibert gerichtet. Sie bittet den König zu verfügen, dass ein anderer Bischof die Niederlegung der Reliquie vom Heiligen Kreuz vornehmen solle. Sie werde vorläufig die Verwahrung des Heiligtums in dem Männerkloster in Tours veranlassen. Vorsorglich verweist sie auf die entsprechenden Passagen in der Regel des Caesarius, die auch die Möglichkeit einräumen, ihr Kloster dem König direkt oder einem anderen Bischof zu unterstellen. Sie hatte nicht geglaubt, dass sie darum bitten müsste, diese Regelungen anzuwenden. Der zweite Brief geht an den Abt des von ihr gestifteten Klosters in Tours. Ihm und seinen Brüdern will sie die Reliquie vorläufig anvertrauen, bis der König entschieden hat.

Der Herzog setzt sofort königliche Meldereiter in Bewegung. Die Reiterstafette kann Metz, die Residenz König Sigiberts, in weniger als drei Tagen erreichen. Dann wendet er sich dem

Empfang der kaiserlichen Abgesandten zu. Die Ehrenformation geleitet die hohen Gäste vom Stadttor zum Palast. Er empfängt sie mit großem Aufgebot und erklärt mit Bedauern, Bischof Maroveus befinde sich seiner schwachen Gesundheit wegen auf seinem Landgut und sei leider auch nicht in der Lage, in wenigen Tagen hier zu sein. Er lädt sie ein, ihm und seinem Hause die Ehre zu erweisen, seine Gäste zu sein. Er stellt ihnen eine Eskorte, die sie nach Tours begleiten soll. „Gemäß unserem Befehl sollen wir selbst die Reliquie in die Hände der ehrwürdigen Königin Radegunde legen", erklärt der Führer der kaiserlichen Truppe. „Wir werden so lange in Tours ausharren, bis wir das Heiligtum an seinen endgültigen Platz bringen können." In Tours wachen die kaiserlichen Abgesandten über das Kleinod bei Tag und Nacht. Drei Tage verweilen sie in der Stadt des heiligen Martin, dann kommen Boten von König Sigibert mit einem Brief für Bischof Eufronius. Er enthält die Weisung, die Reliquie in das Kloster Sancta Maria zu Poitiers zu überführen und dort mit allen Ehren niederzulegen.

Zwei Wegstunden vor Poitiers bieten die Bürger der Stadt dem Bischof und der kaiserlichen Delegation einen festlichen Empfang. Vor allem die Jugend ist herausgekommen bis nach Sidon. Sie schwenken Tücher und singen Festgesänge. Auch Reovalis und die Männer, die mit ihm nach Konstantinopel gezogen waren, sind dabei, um den Erfolg ihrer Reise an den Kaiserhof zu feiern. Dann formiert sich der Zug. An die Spitze setzen sich die Träger der Kreuzfahnen, in die die Nonnen in wochenlanger Arbeit die frommen Gedichte gestickt haben.

Am Nachmittag erreichen sie das nördliche Tor der Stadt. Ehrenwerte Bürger haben sich Plätze mit bester Aussicht auf dem Stadttor gesichert. Die Truppe des Herzogs hat alle Hände voll zu tun, die Volksmassen so weit in die Gassen zurückzudrängen, dass der Zug bis zum Herzogspalast vordringen kann. Dort lassen die Geistlichen und die kaiserlichen Boten ihre Pferde zurück, und die eigentliche Prozession setzt sich in Bewegung. Die Priesterschaft von Poitiers und die Chorknaben von St. Peter reihen sich ein und stimmen Lobpsalmen an. Mit freudigen Rufen und Applaus begrüßt das Volk die Ankunft der Reliquie in der Stadt. Die Schwestern von Sancta Maria empfangen sie an der Pforte. Gemeinsam mit den Geistlichen ziehen die Schwestern durch das Hauptportal der Kirche, während der Herzog und andere Würdenträger die Empore besteigen, um dort am Gottesdienst teilzunehmen. Der Chor der Schwestern stimmt den ersten Hymnus an, und andächtige Ruhe kehrt ein. Die Kirche strahlt im Schein vieler kostbarer Kerzen. Bischof Eufronius wendet sich zuerst an die mutigen Männer, die weite Reisen auf sich genommen haben, um die Reliquie aus den Händen des Kaisers zu erbitten, und an die kaiserlichen Gesandten, die sie in diese Kirche brachten. „Wie Petrus habt Ihr auf Christus vertraut, als der Sturm Euer Schiff durch die Wellenberge trieb", so ruft er die überstandenen Gefahren ins Gedächtnis. Der Führer der kaiserlichen Abordnung hält eine kleine Rede: „Der Kaiser selbst legt diese heilige Reliquie in Eure Hände. Nur wenigen ist diese Ehre zuteilgeworden." Mit diesen Worten überreicht er das kostbare Reliquiar an Radegunde. Mit allen Sinnen nimmt sie wahr, welch unbegreiflichen Schatz sie in den Händen hält: das Heilige Kreuz, das Holz an dem Christus starb für die Sünde der Welt. Mit einer Geste der Ehrerbietung reicht sie das Gefäß der Äbtissin, und diese wiederum übergibt es dem Bischof. Eufronius erhebt die Reliquie mit beiden Händen und zeigt sie der versammelten Gemeinde. Ehrfurchtsvol knien die Menschen nieder. Darauf zelebriert der Bischof unter Beteiligung der zahlreichen Priesterschaft die Messe, in der er das Kleinod in den Altar der Klosterkirche einsenkt. Weihrauchduft steigt zum Himmel, die Schwestern des Klosters und die Chorknaben von St. Peter übertreffen einander im Gesang der neuen Kreuzhymnen, die Fortunatus für diesen Tag geschaffen hat. Auch das reich mit edlen Steinen verzierte Evangelienbuch, das das kaiserliche Paar gestiftet hat, wird auf dem Altar niedergelegt. Schließlich weiht der Bischof die Kirche dem Heiligen Kreuz. In den Schlusssegen des Gottesdienstes

schließt er einen besonderen Reisesegen ein für die Männer, die nun nach Konstantinopel zurückkehren werden. Damit ist der Gottesdienst zu Ende. Die Äbtissin dankt, sichtlich ergriffen, dem Bischof für den Vollzug der Weihehandlung. Danach tritt Radegunde vor, um persönlich den Abgesandten des Kaisers Dank zu sagen. Reiche Geschenke und ein langes, kunstvolles Dankgedicht ihres Freundes Fortunatus für das Kaiserpaar gibt sie den Boten mit auf den Weg.
Unter den geladenen Gästen ist auch Colonius. Radegunde lässt ihn rufen. „Lieber Meister“, so spricht sie ihn an, „bitte besucht uns morgen. Wir sollten dringend einen Umbau des Klosters besprechen. Fast jeden Tag bitten jetzt junge Mädchen, in unsere Gemeinschaft aufgenommen zu werden. Wir haben die Familien schon vertröstet und mitgeteilt, dass wir zunächst ein neues Wohngebäude errichten müssen.“ „Ich stehe Euch stets gern zur Verfügung, hochwürdige Radegunde“, lächelt Colonius zurück.

NACH ARLES

Ein Bauplatz ist im Kloster abgezäunt worden, um die Nonnen in ihrer Kontemplation nicht zu sehr zu stören. Dort soll das neue, größere Refektorium entstehen, in dem alle Schwestern bei den Mahlzeiten gemeinsam Platz finden. Das alte Refektorium zu Wohn- und Arbeitsräumen umzubauen, wird dann mit wenig Aufwand zu erledigen sein. Dass die Kirche mit einer Empore ausgestattet wurde, erweist sich als glücklicher Umstand, denn künftig kann diese bei den Gebetszeiten von den Nonnen mit genutzt werden. Das erspart vorläufig eine Erweiterung. So hat es Colonius der Äbtissin erklärt.
Radegunde weiß die Bauarbeiten bei Colonius in guten Händen. Sie geht über die Wege im Kloster, die ihre Füße ganz von selbst finden, hört die Hämmer der Handwerker und denkt

nach über die wachsende Gemeinschaft der Schwestern. Das zu Ende gehende Jahr war gefüllt mit den Vorbereitungen zum Empfang der Kreuzreliquie. Nun muss sich die Schwesternschaft auf die jungen Frauen einstellen. Gibt es genügend erfahrene Nonnen, die die jungen begleiten können? Das muss sie morgen mit Agnes durchdenken. Stets haben sie in der kurzen Zeit seit der Gründung des Klosters solche völlig neuen Dinge in Bewegung gesetzt. Erzeugt das zu viel Unruhe im Kloster, leidet das immerwährende Gebet darunter? Sie nimmt sich vor, darüber mit der Versammlung der Schwestern zu sprechen.
Zudem bekümmert sie das getrübte Verhältnis zum Bischof. Seine Vorwürfe haben Spuren hinterlassen. Wird sie von Hochmut und Ruhmsucht getrieben? Kann sie das ehrlichen Herzens ausschließen? Sie, die geborene Königin, die ein Königreich aufgegeben hat, um in diesen Mauern zu leben, trifft sie der Vorwurf, sie hielte sich hier einen Hofstaat?
Nach der Zeremonie mit Bischof Eufronius, Reovalis und den kaiserlichen Boten fühlte sie sich wieder einmal so unbeschwert, als könnte sie zum Himmel schweben. Da kam ihr die Aufgabe, einen Neubau zu veranlassen, gerade recht. Aber das reichte nicht aus. Sie brauchte etwas Physisches, um die Erdenschwere zu spüren. Sie hat den Halsring und die Armreifen aus Eisen angelegt, die sie sonst nur in der Passionszeit trägt, um die Lasten nachzuempfinden, die Christus für die Menschheit trug, dazu hat sie den Gürtel mit den Gewichten umgebunden. Sie will diese Schwere spüren, um nicht den Boden unter den Füßen zu verlieren. Sie hat zudem für sich selbst eine zusätzliche Fastenzeit begonnen: nur eine Mahlzeit am Tag, kein Fett, keine Eier, kein Käse, Fleisch sowieso nicht. Und dazu kaum Wasser. So lebt sie nun die sechste Woche. Wird Gott dieses Opfer annehmen? Oder ist auch das eine eitle Übertreibung in dem Bestreben, ihm zu gefallen? Mit wem kann sie über diese Fragen reden? Nicht mit den Schwestern, die in ihr die Königin sehen. Mit den Vorgängern des Bischofs hat sie solche Gespräche geführt.

Sie geht zur Äbtissin. Diese Tochter ist ihr nah, sie hat den klaren Blick von Großmutter Adelind und dazu die praktisch zupackende Art ihres Vaters Claudius. „Ach, Mutter“, seufzt Agnes, „wieder diese fruchtlosen Selbstzweifel?“ Sie denkt kurz nach, dann erhebt sie sich. „Wir müssen nach Arles. Ihr braucht das Gespräch mit Frauen, deren Kloster schon lange besteht, die Erfahrungen gesammelt und von den Älteren zu den Jüngeren weitergegeben haben. Wir müssen zudem klären, welche Möglichkeiten wir haben, unsere Unterstellung unter die kirchlichen Obrigkeiten zu regeln, und es gibt auch sonst noch eine Menge Dinge, bei denen wir auch nach gründlichem Studium der Regel unsicher sind. Kurz gesagt: Wir müssen ein Kloster besuchen, das schon lange besteht und nach der Regel lebt. Wir haben versucht, das Rad noch einmal zu erfinden, dabei ist es schon fertig.“ „Sie hat den Nagel auf den Kopf getroffen wie so oft“, denkt die Ältere. „Du hast recht, mein Kind“, sagt sie, „lass uns das Nötige in die Wege leiten.“ Gemeinsam verfassen sie ein Gesuch an König Sigibert, dem das Kloster jetzt untersteht, die Reise zu genehmigen, und eines an König Guntram, in dessen Herrschaftsbereich Arles liegt. Sie bitten Äbtissin Liliola, sie für einige Zeit als Gäste aufzunehmen, damit sie die Gebräuche des Klosters kennenlernen könnten.

Indessen nimmt der Klosteralltag seinen Lauf. Radegunde will beweisen, dass sie nicht die Königin mit dem weiblichen Hofstaat ist, sie muss ganz handgreiflich arbeiten. Sie sucht sich die verpöntesten Arbeiten aus: Sie schleppt Wasser vom Brunnen und Holz vom Stapel herbei, sie schrubbt die entlegensten Winkel des Klosters, dann schöpft sie Jauche, ohne sich über den Gestank zu beschweren. Nachts sitzt sie bei Fiebernden am Krankenbett. *„Wer sich selbst erhöht, der wird erniedrigt werden; und wer sich selbst erniedrigt, der wird erhöht werden“*, ruft sie sich den Ausspruch des Herrn ins Gedächtnis und bittet, er möge das Gebet erhören, das sie mit tätigen Händen und täglich mehrmals in der Kapelle zu seinen Füßen legt.

Das nächste Frühjahr zieht ein mit blühenden Bäumen und Vogelgesang. Sie haben nun alle Vorkehrungen getroffen, ihre Reise zu den Schwestern in Arles anzutreten. Die Könige haben zugestimmt, Äbtissin Liliola freut sich auf ihr Kommen. Der Herzog gibt ihnen zwei Berittene mit, Bischof Eufronius einen Geistlichen. Nach Ostern brechen sie auf: Agnes, Radegunde und Fortunatus. Radegunde tritt durch die Pforte und steht vor ihrem Pferd, einem schönen Braunen, den Fortunatus in ihrem Auftrag erhandelt hat. Wie lange ist sie nicht mehr geritten? Zehn Jahre? Sie setzt den Fuß in den Steigbügel und sitzt im nächsten Augenblick sicher im Sattel. Sie spürt die Bewegungen des Tieres unter sich. Ein Wagen für das Gepäck wird mitgeführt, und Radegunde weiß: Fortunatus hat das Gefährt besorgt, damit sie standesgemäß als Königin darin reisen kann. Doch um keinen Preis hätte sie diese Reise im Wagen unternehmen wollen. Die ersten Schritte im Sattel fühlen sich etwas seltsam an. Sie biegen ein in die Gassen der Stadt, erstaunte Blicke bleiben an ihnen haften. Mancher Zuruf geht an Fortunatus oder die beiden Krieger und wird von diesen zurückgegeben. Da ist das Stadttor, die Wache ist informiert und grüßt, dann sind sie im Freien, auf der alten Heerstraße. Sie halten sich nach Osten, hinüber zur Vienne, der folgen sie flussauf. Wie genießt Radegunde den Blick in das frische Grün der Bäume, die Rufe der Vögel, die von den Blätterkronen der Wälder zurückgeworfen werden! „Das klingt wie in einer Kirche", denkt sie. Das Reiten fällt ihr dann doch schwer. Nach den ersten zwei Tagen spürt sie alle möglichen Muskeln und Gelenke. Aber sie beißt die Zähne zusammen. Sie hatte reiten wollen, nun wird sie keine Schwäche zeigen. Und siehe da, dann geht es besser. Nach drei Tagen sind sie in Limoges. Fortunatus hat ihr Kommen der Geistlichkeit in den größeren Städten angekündigt. So erwartet Abt Aredius die Gäste, bietet ihnen Speis und Trank und Quartier. Fortunatus dankt ihm in Versen. Vier weitere Tage schlängelt sich die Straße um Berghänge bis nach Clermont. Dort werden sie von Avitus herzlich empfangen. Er ist erst kürzlich

zum Bischof dieser Stadt eingesegnet worden, König Sigibert selbst erschien zur Zeremonie. Avitus ist ein Mann mit leiser Stimme und aufmerksamen Augen. Er sieht dieses Kleeblatt dreier Menschen: zwei Nonnen und ein junger Mann, die eine vertraute Freundschaft verbindet. Er sieht, diese Freundschaft ist lauter, aber er warnt: „Um der Verantwortung für Eure klösterliche Gemeinschaft willen, achtet auf das Bild, das Ihr nach außen abgebt. Seid nicht zu vertraut." Sie hören den Rat des Bischofs. Der Abschied ist herzlich. Als sie aus der Stadt hinausreiten, leuchtet die Sonne über dem weiten Tal, das rechts und links von Bergketten gesäumt wird. Drei Tage geht es durch Hügelland, dann erreichen sie die Rhone. Nun müssen sie bis zu ihrem Ziel nur noch dem Fluss folgen. In Avignon schlägt Fortunatus vor: Lasst uns einen kleinen Umweg machen und die Brücke über den Gardon benutzen. Das kostet uns einen halben Tag, aber ich verspreche euch, es lohnt sich." Der Aquädukt ist in der Tat ein gewaltiges Bauwerk mit drei Arkadenreihen von Brückenbögen, die aus wuchtigen Steinblöcken aufgesetzt sind. Er führt auf der obersten Ebene Wasser, die beiden unteren werden als Straßenbrücken genutzt. Aus schwindelnder Höhe schauen sie hinab in das felsige Flussbett.
Nie zuvor ist Radegunde so weit im Süden gewesen. Die Sonne sticht, sie sehnt sich nach einer Pause, einem schattigen Fleck. Am nächsten Tag erreichen sie das Ziel ihrer Reise. Arles, die alte Römermetropole, hat nicht zu Chlothars Reich gehört, solange sie Königin war. Mit schweren, massiven Mauern sieht sie mitten in dem Gewirr der Gassen die gewaltige Arena aufragen. Bald erreichen sie die Pforte des Klosters von St. Johannes.
Einer ihrer kriegerischen Begleiter hat sie angekündigt, und so empfangen Äbtissin Liliola und ihre Schwestern die müden Reisenden mit offenen Armen. Sie haben warmes Wasser zum Baden gerichtet, sie setzen ihnen ein sättigendes Mahl vor, und sie laden sie ein zur Komplet.
Für die nächsten Tage tauchen Radegunde und Agnes ein in das Leben eines Klosters, in dem alles geregelt ist. Fast zweihundert Schwestern leben hier, viele von ihnen schon sehr

lange. Und auch deren Lehrerinnen hatten schon lange im Kloster gelebt. Es gibt keine Baustelle, keine Kranken, keinen aufreibenden Streit mit dem Bischof. Sie nehmen teil an den Gebetszeiten, halten früh die vorgeschriebene Lektüre, drehen zu anderen Tageszeiten der Regel gemäß die Spindel. Sie sehen, hier gibt es Garten- und Küchenarbeiten, die im regelmäßigen Turnus von allen zu erledigen sind, das Scriptorium arbeitet, aber all das läuft gleichsam geräuschlos. „Meinst du, dass unsere einfachen Schwestern in Poitiers auch so ein stilles, gleichmäßiges Leben führen?", fragt Radegunde Agnes. „Ja, ich denke schon", erwidert die, „nur beim Dienst mit den Schwerkranken herrscht zuweilen große Anspannung. Und natürlich bringen auch die vielen jungen Mädchen ein bisschen Unruhe und neue Gedanken mit, aber gerade das finde ich gut." Radegunde wird nachdenklich. Diese Zeiten des Gleichmaßes hatte sie selbst immer schwer ertragen. Sie hatte dann besondere Erschwernisse für sich selbst erdacht, gefastet oder schwere Ringe getragen. Oder sie hatte ganze Nächte unter dem Sternenhimmel gestanden und Gott Lobpsalmen gesungen. Meist aber hatte sie sich wieder Neuerungen ausgedacht: die Gesandtschaft zum Kaiser, den Neubau des Refektoriums, wenigstens die Besorgung neuer Lektüre oder die Anschaffung einiger seltener Heilpflanzen für den Klostergarten. Oder sie hatte mit Bischöfen oder mit ihren Söhnen Schriftwechsel wegen wichtiger Fragen gepflegt. In die Küche lässt man sie hier nicht, also lässt sie sich einteilen für die Hostienbäckerei. Sie ist erstaunt, mit welcher Ruhe und Genauigkeit hier gearbeitet wird, gezwungenermaßen lässt sie sich darauf ein. „Aber", denkt sie, „um nicht ungeduldig zu werden, will ich nun doch wieder die schweren Armringe tragen." Sie hat sie im Gepäck. Und sie nimmt nur noch täglich eine Mahlzeit zu sich. Eines Tages sinkt sie in der Bäckerei beim Duft der frischen Oblaten auf einen Schemel. Ihr ist elend.

Liliola hat Radegunde beobachtet. Sie bemerkt ihre Unrast. Sie bittet sie zu sich. „Willkommen, liebe Schwester", beginnt sie. Radegunde hat sich auf dem angebotenen Lehnstuhl niedergelassen und blickt über den massiven Holztisch auf diese Frau, die wie sie selbst seit vielen Jahren Verantwortung trägt für eine klösterliche Gemeinschaft. Sie schaut in ein offenes, aufmerksames Gesicht, das sich ihr fragend zuwendet. Und in diesem Moment begreift Radegunde: Ihr Leben kannte bisher nur die klare Hierarchie: über ihr der König, unter ihr die Untergebenen. Auch die Frauen, die sie Schwestern nennt, sind Untergebene. Dieser Frau da drüben, Liliola, kann sie keine Anweisungen geben. Sie muss sich ihr aber auch nicht beugen. Sie ist eine Schwester! In diesem einen Augenblick schlösse sie sie am liebsten in die Arme. Dann ergänzt ihr Kopf: eine Schwester in Christus. Und doch bleibt die Vertrautheit zwischen ihnen. Ganz langsam beginnt ihr Gespräch: Zuerst erzählen sie einander von den Sorgen, die sie haben um das große Ganze des Klosters. Dann sprechen sie über die jungen Schwestern. „Zu uns kommen jetzt viel mehr Novizinnen als am Anfang", sagt Radegunde, und dann berichtet sie von ihrer Abordnung an den Kaiser, von der Reliquie, von ihrem Kummer um den Missklang mit Maroveus. Liliola hat zugehört. In ihrem Ton schwingen Wärme und ehrliche Anerkennung, als sie sagt: „Natürlich kennt jeder im Land deine Geschichte. Ich glaube, du hast von klein auf sehr viel ertragen müssen. Du bist erniedrigt worden wie nur wenige Menschen. Du bist so hoch aufgestiegen, wie es einer Frau nur möglich ist, du hattest große, glanzvolle Zeiten, du hast die Verehrung des Volkes und die Liebe eines Königs genossen. Mit dem Tod deines Bruders hat man dich tief getroffen. Du hast dich für Christus entschieden, und du bist eine unermüdliche Arbeiterin im Weinberg des Herrn. Radegunde, dein Leben ist überaus reich an allem, was ein Menschenleben ausmacht. Der Herr hat dich wunderbare Wege geführt. Du bist ein ganz besonderes, auserwähltes Werkzeug Gottes, das glaube ich fest." Radegunde macht eine abwehrende Handbewegung und will etwas sagen, aber Liliola schüttelt nur leise lächelnd den Kopf: „Ich meine es so, wie ich es sage."

Eine Weile ist es still im Raum, dann setzt Liliola ihren Gedanken fort: „Ich bin mir sicher, es wird nicht schwer sein, für euer Kloster einen guten äußeren Rahmen zu setzen, in dem es gedeihen kann. Dazu werden wir in diesen Tagen gemeinsam die Regel studieren und unseren Bischof Sabaudus bitten, dass er uns berät. Aber auch für dich selbst brauchst du neue Klarheit." „Ja, nickt Radegunde, „eines Tages werden so viele Gebäude auf dem Klostergelände stehen, dass man keine neuen mehr errichten kann. Und ich muss mir eingestehen, dass ich kein junges Mädchen mehr bin und meine Kräfte nachlassen." Liliola lächelt. „Was du leistest, macht dir so schnell niemand nach. Diese lange Reise zu Pferd hätten viele Jüngere nicht durchgehalten. Aber du hast recht. Die längere Wegstrecke unseres Lebens liegt hinter uns, das gilt für dich wie für mich. Ich meine aber auch noch etwas anderes. Mir scheint, du versuchst, durch besondere, fromme Leistungen Gottes Segen zu erzwingen. Und du zweifelst, ob du ihm genügen kannst. Aber ist nicht der Partikel des Heiligen Kreuzes in Euren Mauern ein beredtes Zeichen? Christus hat am Kreuz schon alles getan. Er hat die Gnade Gottes für uns erworben. Wir sind Gottes geliebte Kinder. Schenkt er uns in seiner Liebe nicht eine unerhörte Freiheit?" „Vor allem fordert er wohl Gehorsam als guter Herrscher. Was soll sonst aus dem Reich werden?" Radegunde spricht aus innerster Überzeugung. Liliola hält an ihrem Gedanken fest: „Gott schuf den Menschen nicht als seinen Knecht, sondern als sein Ebenbild. In Christus, unserem Bruder, hat er uns die Kindschaft geschenkt. Wenn wir Gott mit kindlicher Liebe begegnen, werden wir dann nicht seinem Ebenbild immer ähnlicher? Ist Gehorsam nicht die Frucht der Liebe?" Radegunde schaut die Äbtissin lange an. Dann sagt sie nachdenklich: „Eine solche Liebe kannte ich nur, als ich noch ganz klein war. Als Vater und Mutter noch lebten. Dann habe ich gesehen, dass meine Familie eine Familie von Königen und Kriegern ist. Meine Väter und Chlothar, mein Mann, und seine Söhne haben getötet. Sie haben Kriege geführt. Und sie haben gemordet, um des Reiches willen, um der

Macht willen. Wer soll all dieses Grauen vor Gott tragen, wer soll all das Böse je aufwiegen?"
Liliola sieht, wie die Gestalt vor ihren Augen förmlich zusammensinkt unter der Last auf ihren Schultern. „Liebe Schwester Radegunde, Christus hat für uns das Kreuz getragen, alle Schuld und alles Grauen hat er auf sich genommen. Er ist für uns durch die Flammen der Hölle und durch den Tod gegangen. Sein Ostersieg sagt uns: Hölle und Tod können uns nicht mehr schrecken. Er hat für uns das Leben errungen. Die Liebe vernichtet das Böse und macht frei von aller Angst." Die Flammen der Hölle. Radegunde sieht vor ihrem inneren Auge das lodernde Scithingi. Dieses alles vernichtende Feuer, das Bersten, Krachen und Fauchen, der beißende Qualm sind in ihrem Herzen eins geworden mit dem Inferno beim Weltgericht. „Als Kind sah ich Scithingi brennen, unsere Burg", mehr sagt sie nicht, aber Liliola ist es, als sähe sie das Flackern des Brandes in den Augen der anderen. „Radegunde", die Stimme Liliolas klingt warm, „der Herr hat dich herausgeführt aus der Hölle der Schlacht und des Feuers. Als du durch dieses Grauen gegangen bist, hat Gott dein Herz zu Milde und Barmherzigkeit gewendet. Er hat dir zupackende Hände gegeben, das Leid zu lindern, und ein großes Herz, um das Richtige zu tun. Der Apostel mahnt uns: ‚*Lass dich nicht vom Bösen überwinden, sondern überwinde das Böse mit Gutem*.' Du hast nach diesem Wort gehandelt. Du hast Orte geschaffen, wo Schwache und Kranke Hilfe finden, du hast die Menschen mit eigenen Händen gepflegt. Du hast einen Ort der Zuflucht und des Gebets für Frauen geschaffen. Gott hat deine Hingabe und deine Opfer angenommen, er hat dein Werk gesegnet, das liegt offen zutage." „Alles, was ich tue, lege ich als Opfer vor Gott und bitte, er möge mein Gebet erhören, meine Liebsten im Gericht schonen und das Reich schützen." „Gott erhört unsere Gebete, auch wenn uns die Art der Erhörung verborgen bleibt."
„Sage mir, Liliola, ist es Frevel, wenn mir so leicht wird, dass mir ist, als könnte meine Seele sich zu Gott erheben? Ist es

Frevel, wenn ich das Kloster mit Gütern und Reliquien ausstatte, damit es Bestand hat? Ist es Frevel, wenn ich Säulen in meiner Zelle habe und mich die Schwestern Königin nennen?" „Da also liegt der Grund für den Streit mit dem Bischof", denkt die Äbtissin, und nach einer Pause sagt sie: „Da hast du ganz verschiedene Dinge angesprochen. Zum Ersten: Schau auf die Vögel unter dem Himmel – wenn sie Nahrung suchen oder Nester bauen, dann arbeiten sie. Gibt Gott ihren kleinen Herzen Grund zur Freude, dann jubilieren sie ihm. Mach es wie die Vögel, tu, was zu tun ist, und jubele Gott Dank. Zum Zweiten: Alles menschliche Tun ist eitel und vergeblich, wenn nicht Gottes Segen darauf ruht. Du kannst viel für das Kloster schaffen, aber die edelste Reliquie wird nichts nützen, wenn Eure Gemeinschaft nicht in der Liebe und in Gottes Segen ruht. Zum Dritten: Die Einhaltung der Regel ist die Grundlage unseres klösterlichen Lebens. Andererseits bist du eine Königin. Du hast die königliche Macht freiwillig abgelegt und ein geistliches Leben begonnen. Da kann es angemessen sein, wenn du Säulen in der Zelle hast, wenn das deiner Seele hilft, sich zu Gott zu erheben und nicht eingesperrt zu sein. Es kann angemessen sein, wenn die Schwestern dich Königin nennen, weil sie dich als die Gründerin verehren. Aber es darf nicht dazu führen, dass du dich über die klösterliche Ordnung erhebst."

In den folgenden Tagen beugen sich die Frauen mit Bischof Sabaudus über die Regel des Caesarius. Er holt zu einem kleinen Vortrag aus: „Eure Regel ist sehr viel strikter als andere, zum Beispiel als die des heiligen Benedikt. Eure Nachtwachen sind länger, die Klausur strenger. Personen, denen ihr nicht zutraut, dass sie sich dauerhaft in das Klosterleben einfügen, dürft ihr nicht aufnehmen. Caesarius hat also gerade für Frauen sehr hohe Maßstäbe angelegt. Dazu gehört auch, dass die Nonnen sich gegen zu große Vertrautheit zwischen der Äbtissin und dem Ortsbischof zur Wehr setzen sollen. Die Regel sieht ausdrücklich vor, dass ihr euch unter den direkten Schutz des Königs stellen könnt." Er wendet sich an Radegun-

de: „Du hast genau nach der Regel gehandelt, als du den König gebeten hast, einen anderen Bischof zu bestimmen, der eure Belange wahrnimmt. Er könnte euch auch ganz unter die Aufsicht eines anderen Bischofs stellen." „Ich danke Euch für Euer Urteil", erwidert die Angesprochene.
Einige Wochen sind sie bei den Schwestern in Arles gewesen. Sie haben Fragen gestellt und viel in den regelmäßigen Tätigkeiten des Tages gelernt. Nun verabschieden sich Agnes, Radegunde und ihre Begleiter. Mehrere Schriften des Hilarius hatte Radegunde als Gastgeschenk mitgebracht. Nun überreicht ihr Liliola drei Bände mit Abschriften von Werken der Kirchenväter, die in der Bibliothek von Poitiers noch fehlen. Radegunde ist beglückt. „Habt Dank für eure Gastfreundschaft, ihr habt uns große Zuversicht gegeben. Dank auch für die wertvollen Bücher."
Der Rückweg führt die Reisenden durch die Ebenen entlang des Mittelländischen Meeres. Streckenweise reiten sie auf festem, feuchtem Sand entlang der Küste. Mit ihrer ganzen Seele nimmt Radegunde die Weite dieses Horizonts in sich auf. „Warum gibt es hier weder Flut noch Ebbe?", fragt sie Fortunatus. Er hat früher an diesem Meer gelebt, er sollte es wissen. „Es ist das Mitteländische Meer. Es ist zwar sehr groß, aber ganz von Land umgeben, nur schmale Meerengen führen in andere Meere", antwortet der bereitwillig. „Nur der Ozean, der die Länder der Erde außen umgibt, hat Flut und Ebbe, sie folgen dem Stand des Mondes." „Ist Gottes Schöpfung nicht wunderbar?", fragt Radegunde. „Wie groß ist Gott, und wie viele Geheimnisse bleiben dem menschlichen Geist noch zu enträtseln! Wie mächtig und weit ist dieses Meer in seiner Gewalt." Sie versetzt ihr Pferd in Galopp. Als sie am Abend auf ein Kloster zureiten, in dem sie übernachten werden, wendet sie sich an Agnes: „Mit wie viel Vorfreude habe ich diese Reise angetreten. Und wie habe ich den Gesang der Vögel, den Wind in den Baumkronen und den Salzgeruch des Meeres genossen. Ich fühlte mich so wie früher, als ich noch mit König Chlothar reiste. Doch eines hat sich geändert: Damals war ich

immer auf der Hut vor den Launen des Königs, den Ränken der Höflinge, den Angriffen der königlichen Brüder. Ich fürchtete stets um das Leben meines Bruders und um mein eigenes. Wenn ich heute diese Weite sehe, schwingt sich mein Herz auf und jubelt Gott. Ich will ihm danken für all die Wunder, ich danke ihm für die Schwestern, die er mir geschenkt hat, und für die Kranken, die meine Hilfe brauchen. Ich bin begierig zu sehen, ob das neue Haus im Kloster fertig ist. Ich freue mich auf die jungen Mädchen, die zu uns kommen und mir wie Töchter sein werden. Lass uns den Weg nach Norden nehmen, Agnes, mein Kind. Auf nach Poitiers!"

Vier Tage reiten sie noch bis nach Tolosa, zehn weitere bis nach Poitiers, wo sie von der Schwesternschaft unter Führung der Priorin herzlich empfangen werden. An die üblichen Psalmen der Komplet schließt die Äbtissin an diesem Abend ein Dankgebet für die Bewahrung auf der Reise und die glückliche Rückkehr an.

Radegunde nutzt die Gelegenheit zu einer kleinen Ansprache: *„Ihr Lieben, ich habe euch zu Töchtern erwählt, ihr seid meine Augen, ihr seid mein Leben, ihr seid meine Ruhe und mein ganzes Glück, ihr seid die neue Pflanzung. Handelt mit mir jetzt, in dieser Welt, damit wir uns in der künftigen freuen können. Lasst uns dem Herrn mit ganzem Herzen und in tiefem Glauben dienen; in Furcht, in der Einfachheit des Herzens, nach der wir streben, damit wir voll Zuversicht zu ihm sagen können: ‚Gib, Herr, was du versprochen hast, denn wir haben getan, was du geboten hast.'"*

TOD EINER KÖNIGIN

Die Sonne brennt vom stahlblauen Sommerhimmel über Poitiers. Es ist später Vormittag, die Stadt auf dem Hügel quillt wieder einmal über von Menschen. In dichten Reihen stehen sie entlang der Straße, durch die die Prozession ihren Weg nehmen wird. „Wann kommt endlich der König?", fragt weinerlich ein kleines Mädchen seine Mutter. „Der König kommt gar nicht, sondern die Königin." „Aber mir tun schon die Füße weh, und mir ist warm." „Ein bisschen wirst du wohl noch aushalten können." „Warum?" „Einmal hat mir die Königin einen Blumenkranz abgekauft, als ich so alt war wie du. Ich erinnere mich noch genau. Und Tante Clara hat sie geholfen, als sie ein schlimmes Bein hatte. Danach konnte sie wieder gut laufen." „Kann sie zaubern?" „Nein, sie ist eine heilige Frau. Und jetzt sei still, hier wird nicht herumspektakelt." Tatsächlich hört man aus der Menge keine Jubelrufe, die Stimmen sind gedämpft. Am Herzogspalast und an den Stadttoren sind Fahnen aufgezogen worden, sie tragen Trauerflor. Ein kräftiger Handwerker aus der zweiten Reihe fragt seinen Nebenmann: „Ich habe gehört, dass der Bischof gar nicht in der Stadt ist? Welcher Priester hält denn die Totenmesse?" Der Händler neben ihm freut sich, dass er mehr weiß: „Hast du nicht mitbekommen, dass extra der Bischof aus Tours hergekommen ist? Unser Bischof Maroveus ist vor drei Tagen weggeritten, um die Pfarreien im Bistum zu inspizieren." „Konnte er das nicht verschieben? Die Trauerfeier für die Königin ist doch bestimmt wichtiger!" „Na ja, ich denke mir, Dienst ist eben Dienst." Eine vornehm aussehende Dame gibt Erinnerungen preis: „Meine Schwiegermutter war immer so schwermütig und niedergeschlagen, und alle Glieder taten ihr weh. Drei Tage war sie bei den heiligen Frauen. Mit Gebeten hat die Königin die schwarzen Gedanken aus ihr herausgetrieben, sie hat den bösen Geist wie einen Wurm zertreten. Die Schwiegermutter war danach wie neugeboren, ein völlig anderer Mensch!"

Während draußen die Menge wartet, hält Bischof Gregor von Tours in der Klosterkirche die Totenmesse für Radegunde. Die Chorknaben von St. Peter und die Schwesternchöre singen die Psalmen im Wechsel. Der Bischof schildert in seiner kurzen Rede den Lebensweg der Verstorbenen. „Ein Leben lang hat sie Christus gesucht und wollte ihm eine würdige Dienerin sein. Dass dieses Kloster besteht, dass viele Frauen hier ein geistliches Leben führen können, dass starke Reliquien helfen, die Gebete der Schwestern vor Gott zu tragen, all das können wir als Zeichen sehen, dass Gott ihre Opfer, ihr asketisches Leben, ihre Gebete angenommen hat. *Denn wer da bittet, der empfängt; und wer da sucht, der findet; und wer da anklopft, dem wird aufgetan.* Amen." Die Kreuzhymnen des Fortunatus beschließen den Gottesdienst, zweihundert helle Stimmen der Schwestern und des Knabenchores füllen den Raum der Kirche und schwingen sich auf, um Christus zu loben, den Gekreuzigten, den Erlöser.
„Mama, schau mal, was da kommt!", ruft draußen das Kind. Von der Klosterpforte her nähert sich der Trauerzug. Als der hölzerne Sarg an dem Mädchen vorbeigetragen wird, sieht die Kleine, wie ihre Mutter eine Träne aus dem Augenwinkel wischt. Sie reihen sich ein. Nur langsam kommen sie voran in der engen Gasse. Da ist das Stadttor. Draußen, vor der Stadt, tuschelt die Mutter der Tochter zu: „Lauf und pflück mir einen Strauß Malven." Das lässt sich die Kleine nicht zweimal sagen. Nach einigen Minuten hat sie die Mutter in der Menschenmenge wiedergefunden. „Gib mir die Blumen einzeln", bittet die Mutter und beginnt einen Kranz zu winden.
Die Spitze des Zuges hat inzwischen die Grabkirche Sancta Maria vor den Mauern erreicht. Aller Augen richten sich auf die Stadtmauer. Dort oben stehen die Schwestern vom Heiligen Kreuz, zweihundert mögen es sein. Hell leuchten ihre Gewänder über die Brüstung. Die Chorknaben bleiben vor der Kapelle stehen. Der Bischof spricht Segensworte und Gebete. Als Radegundes Sarg in die Kapelle hineingetragen wird, hört man von den Schwestern auf der Mauer lautes Klagen. Man

kann ihre Gesichter von hier unten gut erkennen, einige von ihnen weinen hemmungslos.
Die offizielle Trauerzeremonie ist zu Ende, der Holzsarg Radegundes in einen extra breiten, steinernen Sarkophag gesenkt worden. Die Geistlichen verlassen die Kapelle, nach und nach nehmen die Bürger von Poitiers Abschied von der Königin und Nonne, die fast dreißig Jahre lang in ihren Mauern gelebt hat. „Baudonivia, schau doch nur", zeigt plötzlich die Äbtissin von der Mauer auf eine kleine Menschengruppe da unten. „Sieh doch die Mutter mit ihrer Tochter, eben legt sie einen Kranz von Malven auf die Stufen der Kapelle. Einen solchen Kranz hat vor vielen Jahren die Königin einem kleinen Mädchen abgekauft und auf die Stufen von St. Hilarius gelegt. Ich glaube fast, das ist diese Frau." Sie lässt ihren Blick über den Vorplatz der Kapelle schweifen. „Die Geistlichen gehen jetzt zum Stadttor zurück. Schick doch bitte die Pförtnerin an unser Tor. Der Bischof und Fortunatus wollen noch einmal zu uns hereinkommen."
In der Stadt lösen sich zwei Gestalten aus der Gruppe der Geistlichen, die zu St. Peter und zum Bischofspalast zurückstreben: Bischof Gregor und ein Priester, beide unverkennbar römischer Herkunft, die Lebhaftigkeit ihrer Bewegungen wird durch den Anlass und die Amtstracht gedämpft. Sie nehmen die Richtung auf das Kloster zu.

IM KLOSTERGARTEN ZU POITIERS

Die diensthabende Schwester führt die Geistlichen zu Agnes. Die Äbtissin empfängt die beiden Männer im Klosterhof: „Wollt Ihr Euch nicht setzen? Diese Steinbank war Radegundes Liebingplatz." „Liebe Schwester", benutzt Fortunatus die alte, vertraute Anrede. Er blickt um sich. „Wie lange bin ich nicht hier gewesen, die kleine Linde ist ja ein richtiger Baum

geworden!" „Ja, jetzt kann man schon in ihrem Schatten sitzen, wie Radegunde sich das immer gewünscht hat", lächelt die Äbtissin. „Am Tag nach meiner Einsegnung hat sie sie selbst gepflanzt." Sie haben Platz genommen, eine Schwester kommt mit Krügen und Geschirr. „Dürfen wir Euch etwas anbieten?", fragt die Äbtissin. „Nur etwas Wasser, vielen Dank", antwortet der Bischof. Baudonivia gießt frisches, kühles Wasser aus einem Krug und reicht die gefüllten Becher hinüber.
„Ich bin erstaunt, wie großen Anteil die Leute von Poitiers am Tod von Radegunde nehmen, sie hat doch schon seit vielen Jahren in strenger Klausur gelebt." Der Bischof wendet seinen Blick von dem Baum zu Agnes. „Ja", antwortet sie, „seit unserer denkwürdigen Reise nach Arles hat sie das Kloster nie wieder verlassen. Was ist doch alles in dieser Zeit geschehen." Fortunatus schüttelt den Kopf: „Heute scheint es mir fast nicht vorstellbar, dass damals eine solche Reise noch so ohne Weiteres möglich war. Nachdem Poitiers von Chilperich erobert worden war und Sigiberts Feldherr die Stadt wieder zurückgewonnen hatte, glaubten wir ja, nun wäre die Stadt wieder beim rechtmäßigen Besitzer und der Konflikt zwischen den Königen bereinigt." „Du hast recht", erwidert der Bischof, „als ich in Tours die Nachfolge von Eufronius antrat, hoffte auch ich auf Frieden. Aber die Feindschaft der Königinnen war stärker. Die Großen des Reiches sollten zwischen den Königen schlichten, aber die Könige hielten sich nicht an den Spruch, und auch die Bischofssynode konnte nichts ausrichten." Fortunatus lächelt: „Ich bin dir übrigens bis heute dankbar, dass ich dann dein Landhaus nutzen durfte." „Keine Ursache", erwidert Gregor. Die Äbtissin blickt auf: „Hier im Kloster war die Situation doch etwas schwierig geworden. Chilperich ließ die Stadt noch einmal erobern, und da Radegunde sich geweigert hatte, ihm Basina für sein Heiratsprojekt herauszugeben, war Chilperich nicht unser Freund. Dazu drohte auch noch die Pest. Du musstest weg aus Poitiers, Fortunatus." „Und du hast die Abgeschiedenheit gut genutzt", schmunzelt Gregor. Fortunatus lächelt zurück. „Ich konnte nicht anders. Ohne die

Arbeit an den Versen der Vita von St. Martin hätte ich es wohl in der Einsamkeit nicht ausgehalten."
„Ach, das waren furchtbare Zeiten, als Chilperich seinen Sohn Theudebert geschickt hat, um Poitiers zum zweiten Mal zu erobern", erinnert sich Agnes. „Mutter Radegunde war in heller Aufregung und wir alle in großer Angst, denn wir hatten gehört, dass in einem anderen Kloster die Nonnen von den Kriegern geschändet worden waren. Nur ihren mutigen Briefen an Chilperich haben wir es zu verdanken, dass uns das erspart blieb. Lange lag dann der Brandgeruch über der Stadt, die Truppen haben schrecklich gehaust. Tagelang haben wir in jedem verfügbaren Raum und sogar auf dem Hof Verletzte behandelt, manche wochenlang, ehe wir sie gehen lassen konnten, etliche starben unter unseren Händen."
„Ein Tag ist mir noch in besonders schrecklicher Erinnerung", fährt die Äbtissin fort. „König Sigibert mobilisierte die Völker aus seinem Ostreich, wie Ihr Euch erinnert. Er hat unsere Landschaften zurückerobert, und wieder war hier großes Elend. Er trieb die Truppen Chilperichs nach Norden zurück, und Theudebert fiel in der Schlacht. Zwei Wochen später umzingelte Sigibert Tournai, wo Chilperich saß. Die Großen aus Chilperichs Landen wollten ihn als König anerkennen. In Vitry, der alten Traditionsstadt, in der schon Radegunde und Chlothar getraut wurden, fand die Schilderhebung statt." Sie macht eine Pause, der nächste Satz fällt ihr sichtlich schwer. „Und dann kam die Nachricht ins Kloster, dass Sigibert bei der Schilderhebung umgebracht worden war. Fredegunde hatte Mörder mit vergifteten Dolchen gedungen. Wir hatten gehofft, die Brüder würden sich nun endlich vergleichen. Und dann kam diese Hiobsbotschaft! Wir haben versucht, es der Mutter schonend beizubringen. Aber wir sagten ihr nur einen Satz, da wusste sie alles: Sigibert, den sie liebte wie ihr eigenes Kind, der König und Landesherr, der das Kloster freundlich förderte, war tot. Das Morden würde nun kein Ende haben. Tage- und nächtelang versank sie in unserer Kirche im Gebet. Ich hatte große Sorge, dass sie sich wieder solche Wunden zufügen

würde wie nach König Chlothars Tod. Und tatsächlich erlegte sie sich ein schweres Fasten auf. Wochenlang nahm sie fast nichts zu sich. Wir fürchteten um ihr Leben."

„Ja, das glaube ich wohl", stimmt Bischof Gregor zu, „Diese Nachricht muss sie fast genauso tief getroffen haben wie die vom Tod ihres Bruders. Es war einer der schwärzesten Tage des Frankenreiches. Und seit nun vor drei Jahren auch noch Chilperich ermordet worden ist, lebt von den Söhnen Chlothars nur noch Guntram. Fredegunde und Brunichilde kämpfen als Regentinnen für ihre noch unmündigen Söhne. Die Lage ist wahrhaft verworren, die Königsmacht ist ernstlich in Gefahr."

„Soll denn dieses ewige Morden nie aufhören?", fragt seufzend die Äbtissin. Der Bischof lächelt sorgenvoll: „Seit einigen Wochen versuchen wir, einen Bündnisvertrag auszuhandeln, der Frieden in das Verhältnis zwischen Guntram, Brunichilde und Fredegunde bringen soll. Die königlichen Verwandten haben mich zu einem ihrer Berater berufen. Ich hoffe sehr, dass der Vertrag in diesem Herbst unterzeichnet werden kann. Damit könnte der Fortbestand des Königshauses und des Reiches gesichert werden. Das ist meine große Hoffnung." Die Äbtissin nickt: „Fast bis zuletzt, als sie schon sehr schwach war, hat uns die Mutter jeden Tag aufgetragen, ganz besonders für Eure Verhandlungen zu beten, Tag und Nacht stehen nun Schwestern am Altar." „Immer hat sie zuerst an das Reich gedacht", bestätigt Bischof Gregor von Tours mit einem Lächeln.

„Ja", nickt die Äbtissin, „aber nicht zuerst das weltliche Reich, sondern das Reich Gottes. Seit ihr Bruder ermordet wurde und sie an einem Tag ihre beiden Könige verlor, den Bruder und den Gatten, war allein Christus ihr Oberhaupt, ihr König und Hort. Vor einem Jahr, am 3. August, empfing sie eine Antwort auf ihr unermüdliches Beten und Fasten. Sie hatte eine Vision, von der sie nur Baudonivia und mir berichtet hat. Sie schaute Christus in seiner Herrlichkeit, und er sprach zu ihr: *Du, Edelstein, sollst wissen, dass du der erste Stein in meinem Diadem bist.*"

EPILOG

Radegunde stirbt am 13. August 587. Schon Baudonivia nennt die Grabkirche des Heilig-Kreuz-Klosters zu Poitiers die *Basilika der Frau Radegunde*. Mehr als 150 Kirchen in Frankreich werden ihr geweiht. Die Unermüdlichkeit ihres Einsatzes für Kranke, ihre fromme Hingabe bis zur körperlichen Erschöpfung werden für Frauen, wie Elisabeth von Thüringen, zum Vorbild. Im Hundertjährigen Krieg wird Cherbourg als letzter Brückenkopf der Engländer auf dem französischen Festland am 13. August 1450, Radegundes Heiligentag, an die Franzosen übergeben. Nun wird die königliche Heilige als „Mutter des Vaterlandes" verehrt, oft gemeinsam mit Jeanne d' Arc. Ihre sterblichen Überreste liegen bis heute in der Kirche Sainte-Radegonde in Poitiers. Die Reliquie vom Heiligen Kreuz befindet sich noch immer in den Händen des Konvents von Sainte-Croix in Saint-Benoît nahe Poitiers, wohin die Schwestern 1965 die Abtei verlegten.
Äbtissin Agnes von Poitiers lebt bis 588.

589 ziehen Chrodechilde (Chlothilde) und Basina mit 40 Schwestern aus dem Kloster Heilig Kreuz zu Bischof Gregor nach Tours, um Beschwerde gegen die gewählte Äbtissin zu führen. Erst nach langwierigen Verhandlungen kann die Angelegenheit geschlichtet werden.
Der Vertrag von Andelot von 587 hält nur bis zu Guntrams Tod im Jahre 592. Von nun an kämpfen Fredegunde und Brunichilde für ihre noch unmündigen Söhne. Fast dreißig weitere Jahre verwüstet der merowingische Bruderkrieg das Land. Die erbitterte Feindschaft der Königinnen findet noch sechshundert Jahre später im Nibelungenlied einen Widerhall.
Bischof Germanus von Paris, der Unterhändler zwischen Chlothar und Radegunde, stirbt 576. Er wird in der Kirche St. Vincent in Paris beigesetzt, die damals noch vor den Mauern der Stadt lag. Sie wird später in St. Germain-des-Prés umbe-

nannt. Paris St. Germain heißt der sie umgebende Stadtteil heute.
Venantius Fortunatus tritt in den geistlichen Stand und wird um das Jahr 600 Bischof von Poitiers. Er verfasst eine „*Vita sanctae Radegundis*". Seine für die Niederlegung der Kreuzreliquie gedichteten Hymnen „*Pange lingua*" und „*Vexilla regis*" werden bis heute in der Liturgie der katholischen Kirche tradiert.
Baudonivia schreibt, wohl zwischen 609 und 614, im Auftrag von Äbtissin Dedima eine zweite Radegunde-Vita.
Bischof Gregor von Tours, der Radegundes Beisetzung geleitet hat, stirbt an einem 17. November, vermutlich 594. Seine „*Historiarum Libri Decem*" und weitere Aufzeichnungen von seiner Hand gehören zu den wichtigsten Quellen für das Gallien seiner Zeit.

NACHWORT

Über die gewaltige zeitliche Kluft von 1500 Jahren hat die ungewöhnliche Persönlichkeit Radegundes nichts von ihrer Leuchtkraft verloren. Von den Schicksalsschlägen, die sie trafen und die ihr Freund Fortunatus in metrische Dichtung gegossen hat, lesen wir noch heute mit Erschütterung. Die größte Zäsur ihres Lebens war die Schlacht an der Unstrut. Sie verlor ihre Familie, ihre Freunde, ihre Vertrauten und die Heimat und fiel in die Hände eines Königs, der um des Machterhalts willen selbst nahe Verwandte eigenhändig ermordete. Die Kraft, mit der dieses Kind seinen Weg geht, zur Königin der Franken wird, den König verlässt und eines der ersten Frauenklöster gründet, ist wunderbar im Wortsinn. Darum habe ich versucht, erzählerisch die Hintergründe ihres Handelns und ihrer Erlebnisse auszuleuchten. Natürlich handelt es sich bei den konkreten Geschichten um Fiktion. Sie haben sich nicht genau so zugetragen. Dennoch lag mir daran, so nah wie möglich an den Quellen zu bleiben. An dieser Stelle erscheint es angebracht, einige Bemerkungen zum Verhältnis zwischen der Erzählung und den historischen Ereignissen anzuschließen.

Auf den Spuren Radegundes können wir auf eine ausgezeichnete Quellenlage zurückgreifen. Überraschenderweise haben nicht weniger als drei Zeitgenossen, die die Königin und Nonne persönlich kannten, aus ihrem Leben berichtet. Fortunatus, der römische Dichter und Freund Radegundes, und Baudonivia, eine Nonne aus dem Kloster Heilig Kreuz in Poitiers, widmeten ihr Viten / 1/ / 2/ (siehe Literaturverzeichnis auf Seite 303). Bischof Gregor von Tours berichtet in einigen Abschnitten seiner Geschichts- und Wunderbücher über ihr Leben und übermittelt Briefe im Wortlaut, die sie an die Bischöfe schrieb bzw. die Bischöfe an Radegunde. / 3/ Zudem liegen uns viele Gedichte von Fortunatus, darunter auch Briefe Radegundes in der von ihm gefassten Gedichtform, in deut-

scher Übertragung vor / 4/. Diese Fülle an Informationen aus erster Hand ist ungewöhnlich für eine Frau – auch für eine Königin – des sechsten Jahrhunderts. Allerdings verfolgen Fortunatus und Baudonivia das Ziel, Radegunde als Heilige darzustellen, und auch das Geschichtswerk Gregors will nicht objektive Geschichtsschreibung im modernen Sinne sein, sondern erzählt die Ereignisse unter dem Aspekt göttlichen Wirkens in der Geschichte, und zuweilen scheinen subjektive Bewertungen durch den Text hindurch.
Beim Thüringer Teil der Biografie Radegundes können wir zudem auf archäologische Befunde zurückgreifen. Sie legen nahe, dass bei Weimar, Erfurt und Mühlhausen Zentren des Thüringer Königreiches lagen. 1975 wurde bei Erfurt-Gispersleben ein ehemals überhügeltes Grab gefunden, in dem eine Frau, auf einem zweirädrigen Wagen sitzend, beigesetzt worden war. Obwohl das Grab schon früh ausgeraubt wurde, konnten reiche Beigaben, wie ein Löffel und eine Schale aus Silber, sichergestellt werden. Die Tote trug ein Gewand aus Goldbrokat mit goldener Bortenstickerei /17/. In einiger Entfernung nördlich davon, aber auch auf dem Kleinen Roten Berg, fand man 2001 das – ebenfalls ausgeraubte – Hügelgrab eines hochgestellten Mannes, dessen sterbliche Überreste Spuren von unverheilten Verletzungen tragen /11/. Bei den beiden Bestatteten könnte es sich, nach der Kostbarkeit der Beigaben und der Datierung in die erste Hälfte des 6. Jahrhundert und zudem vor 531, um Radegundes Eltern handeln.
Radegunde wird im Thüringerreich, das von den Brüdern Herminafrid, Bertachar und Baderich gemeinsam regiert wird, um 520 geboren. Aus den fränkischen Quellen erfahren wir nur, dass sie und (mindestens) ein Bruder im Jahr 531, beim Einfall der Franken in Thüringen, bereits Waisen waren. In welcher Reihenfolge die königlichen Brüder Baderich und Bertachar, Radegundes Vater, starben, lässt sich nicht abschließend klären. Scheinbar erlitten aber beide einen gewaltsamen Tod, einer von ihnen vielleicht bei einem früheren Einfall der Franken. Bertachars Kinder befanden sich dann am Hof Hermina-

frids. Dessen Frau Amalaberga war die Nichte Theoderichs des Großen und hatte in ihrer Kindheit in Ravenna gelebt. Wahrscheinlich war Amalaberga also arianische Christin. Auch wenn das Volk der Thüringer wohl noch die alten Stammesreligionen pflegte, können wir annehmen, dass zu Radegundes Ausbildungsprogramm in Thüringen Lesen, Schreiben, Latein und christliche Glaubensinhalte gehörten. Auch die archäologischen Funde weisen vorchristliche und christliche Gebräuche und Ornamente nebeneinander auf. Möglicherweise hat Radegunde auch schon hier die Kultur römischer Bäder kennengelernt. In ihrem späteren Wirken beginnt sie jedenfalls die Speisung von Hungrigen und die Heilung Kranker mit einem Bad. Fortunatus überliefert, Frauen habe sie in Zuber gesteckt und eigenhändig von oben bis unten abgeschrubbt. Männern wusch sie immerhin *die Köpfe* / 1/. Hier könnte auch die Wurzel für die Feststellung von D. Kleinmann liegen, dass an vielen Verehrungsstätten das Radegunde-Patrozinium mit einem alten Quellenkult einhergeht /10/.

Die Thüringer galten als hervorragende Pferdezüchter. Mit hoher Wahrscheinlichkeit ritt Radegunde schon als Kind. Nach dem Trauma, auf einem Beutewagen fortgeschleppt worden zu sein, lasse ich sie auch später stets reiten, obwohl Fortunatus das Reisen im Wagen als das Privileg der Königin erwähnt. In meiner Erzählung reitet sie auch nach Arles. Eine Nonne so reisen zu lassen, wagte ich erst, nachdem ich gelesen hatte, dass Gertrud von Helfta ihre Predigtreisen zu Pferd unternahm.

Bestimmend für Radegundes Leben wird ein Grundsatz des Erbrechtes jener Zeit: Die Söhne eines Königs erben, sowohl bei den Thüringern als auch bei den Franken, das Reich gemeinsam, jeder erhält einen Teil, das Ganze soll als Reich aber ungeteilt bleiben. Das führt zwangsläufig zum blutig ausgetragenen Machtkampf unter Brüdern. Attentate, Mord und Verrat sind an der Tagesordnung, bis schließlich einer als Herrscher über das ganze Reich überlebt. Wenn Radegunde ihren Gatten Chlothar verlässt und in den geistlichen Stand tritt, durchbricht sie dieses Schema, das wie ein Verhängnis über ihrer Herkunft liegt. Sie verzichtet auf die Blutrache für ihren Bruder, Thronfolger und aktuelles Oberhaupt ihrer Thüringer Familie, und gründet ein Kloster für Frauen, einen Ort des Friedens, einen Rückzugsort.

Bei Fortunatus erfahren wir, dass Radegunde nach der Schlacht, die das Thüringerreich vernichtete, *wie das Volk Israel auszog* / 1/. Das legt nahe, dass Teile der thüringischen Bevölkerung ins Frankenreich deportiert wurden.

Aus der Tatsache, dass Herminafrids Familie scheinbar unversehrt die Schlacht an der Unstrut überlebte, beantwortet sich möglicherweise die Frage nach dem Verbleib des Thüringer Königshortes wie von selbst. Nach Herminafrids Tod floh Amalaberga mit ihren Kindern nach Italien zu ihren Verwandten und später an den kaiserlichen Hof von Konstantinopel. Sie verheiratete ihre Tochter durch kaiserliche Vermittlung standesgemäß an einen Langobardenkönig. All dies ging mit hohem finanziellen Aufwand einher, und es erscheint folgerichtig, dass sie diesen auch aus dem Thüringer Königshort bestritt, über den sie und ihr Sohn Amalafrid verfügten.

Radegunde wird in ein fränkisches Königsgut in Athies, in der Nähe der Somme, gebracht. Wo genau innerhalb der Ortslage sich dieses Gut befand, konnte bislang nicht ermittelt werden. Auf dem höchsten Punkt des Ortes steht die Kirche, von deren Fassade uns eine Radegunde-Skulptur mit Krone, langen Zöpfen, einem Kruzifix und dem Modell des von ihr gestifteten Hauses zur Krankenpflege anblickt. In unmittelbarer Nachbarschaft liegt ein sehr alter Hof, der scheinbar aber nicht in Betracht kommt. Da in der Flur von Athies die Keller einer römischen Villa freigelegt wurden, erschien es mir zulässig, die Hauptfiguren unserer Geschichte hier in einer solchen Villa anzusiedeln. Über die neun wichtigen Jungendjahre in Athies berichten die Biografen nicht viel, außer dass Radegunde dort erzogen worden sei. Erst aus ihrem späteren Wirken und aus der Persönlichkeit, die uns in den Gedichten des Fortunatus entgegentritt, lässt sich ablesen, welche prägenden Einflüsse sie hier erfahren haben muss. Sie war persönliche Gefangene König Chlothars, und vermutlich war zunächst daran gedacht, sie gegen Lösegeld an ihren Onkel Herminafrid, der die Schlacht überlebt hatte, zurückzugeben. Durch dessen Tod änderte sich die Situation, Radegunde verblieb fern vom Königshof auf dem kleinen Gut an der Westgrenze von Chlothars Stammlanden. Sicher wurde sie dort standesgemäß erzogen, vor allem zum katholischen Glauben. Über ihre Taufe oder eine Salbung bei der Konversion erfahren wir nichts.

Die Figuren meiner Erzählung aus der Zeit in Athies sind durchweg fiktive Gestalten. Die Geschichten und besonders die Anekdoten folgen aber weitgehend der Vita des Fortunatus und – für die Ebene der Könige – Gregor von Tours. Oder sie beleuchten, welche Entwicklung Radegunde in dieser Zeit nahm. Erstmals lebt sie für lange Zeit mit Bäuerinnen und Handwerkern in einem kleinen Ort zusammen. Sie fühlt sich in ihre Lage hinein. Stets wird sie künftig auch als Hilfeleistende die Würde des Einzelnen achten: Gespeist wird nach einem Bad und in ordentlichen Kleidern an schön gedeckten Tafeln mit Sitzgelegenheiten und mit Tischsitten / 1/. Als sicher können wir auch annehmen, dass sie in Athies die ihr nachgerühmte Kochkunst erlernt sowie das Wissen um Heilkräuter. Fertigkeiten, die zur Führung eines Gutes oder zur Versorgung einer Gemeinschaft von Frauen gehören – Kenntnisse der Landwirtschaft, des Gartenbaus und des Rechnungswesens – hat sie, zumindest teilweise, wohl ebenfalls hier erworben.

Anstoß für ihr karitatives Wirken schon in jungen Jahren gibt möglicherweise eine Naturkatastrophe. Die Jahre 536 und 541 weisen gegenüber dem damaligen langjährigen Mittel um 1,5 bis 2,7 °C niedrigere Sommertemperaturen auf, Zeitgenossen berichten von Staubschleiern, die die Strahlkraft der Sonne monatelang verringerten. Als Ursache wurden unter anderem Meteoriteneinschläge diskutiert. Heute nimmt die Wissenschaft an, dass 536 große vulkanische Eruptionen in

Nordamerika und 541 im heutigen El Salvador stattfanden. In Europa ist diese Periode als „Kleine Eiszeit" bekannt, es gibt Schnee im Sommer und katastrophale Missernten. 542 tritt in Europa erstmals die Beulenpest auf, die in regelmäßigen Schüben alle 15 bis 25 Jahre wiederkehren wird. Meine Beschreibung des Ausbreitungsweges der Seuche folgt Gregors Bericht für die 570er Jahre.

Eine historische Gestalt, die Athies zuzuordnen ist, wird ebenfalls prägend sein für Radegundes Leben: der heilige Martin. Nur einen straffen Tagesritt von Athies entfernt liegt Amiens auf dem Westufer der Somme und damit bereits im Reichsgebiet von Chlothars Bruder Childebert. Dennoch lasse ich den Priester, der Radegunde unterrichtet, von dort kommen, um die räumliche und geistige Nähe der Orte darzustellen. Amiens ist die Stadt, in der Martin von Tours, uns als Sankt Martin geläufig, als römischer Offizier Dienst tat. Vor dem Tor dieser Stadt teilte er, rund zweihundert Jahre, ehe Radegunde in diese Gegend kam, seinen Mantel mit einem Bettler. Eine Bischofskonferenz betont später in einem Brief, der heilige Martin habe Radegunde nach Poitiers geführt. Sicher kannte diese die Legenden um den Heiligen seit ihrer Jugend in Athies.

In der Gegend von Athies gibt es alte Erzählungen von Radegundes Flucht über die Somme. Die Küstenlinie des Somme-Schwemmlandes zum Ärmelkanal lag damals noch wesentlich weiter südlich als heute. Bei den heutigen Ortschaften Port-le-Grand und Grand-Laviers nördlich von Abbeville lag ein Hafen, den im 6. und 9. Jahrhundert die nordischen Seekönige zur Landung benutzten.

Es ist nicht überraschend, dass die Heiligenviten die Ehe von Radegunde und Chlothar marginalisieren, zumal sie kinderlos blieb. Fortunatus stilisiert sie zu einer Art Martyrium. Nach allem, was wir von Chlothar wissen, war er ein Kenner weiblicher Reize und scheute sich vor seiner Werbung um Radegunde scheinbar nicht, zeitweise offen mit zwei Ehefrauen zu leben. Radegunde war bei der Hochzeit mittel- und machtlos. Die Idee, Chlothar habe einen Thüringer Thronerben seines Blutes mit ihr zeugen wollen, scheint bestenfalls im Machtkampf mit seinem Bruder Theuderich (bzw. später dessen Sohn Theudebert), der den östlichen Teil des Frankenreiches beherrschte und für die Grenzkonflikte mit den Thüringern zuständig war, eine gewisse Logik zu entfalten. Wenn Chlothar Radegunde zur Ehefrau und Königin nimmt, so muss sie eine liebreizende und gebildete Frau gewesen sein. Obwohl sie ihm kein Kind gebiert, was in jener Zeit als Gottesstrafe gedeutet werden kann, verstößt er sie nicht. Im Gegenteil: Als sie ihn verlassen hat, versucht er zweimal, sie zurückzugewinnen. Alles spricht dafür, dass sie seine Vorstellungen von einer königlichen Ehe, abgesehen von der Kinderlosigkeit, zur vollsten Zufriedenheit erfüllt hat.

Schon im frühen Kindesalter hat Radegunde in ihrer Familie erfahren, dass Königinnen zum Zwecke von Bündnissen verheiratet werden, eine Ehe aus politischen Gründen ist ihr nichts Fremdes. Wohl auch darum wird sie schließlich Königin der Franken. Nun ist sie eine vermögende Frau, verfügt über eigene Landgüter, aus deren Ertrag sie nicht nur ihren Hofstaat und ihre eigene Leibwache bestreiten kann. Wie Fortunatus mitteilt, gibt sie ein Zehntel aller Einkünfte weg, ehe sie sie eingenommen hat. Dann beschenkt sie Kirchen mit Gold und edlen Stoffen und versorgt regelmäßig Bedürftige mit Speisen und Kleidern, pflegt eigenhändig Kranke.

Das Ende von Radegundes Ehe mit Chlothar lässt sich nicht leicht festlegen. Die Forschung datiert die Klostergründung in Poitiers in den Zeitraum zwischen 552 und 557. Zuvor war die Königin wohl schon ein oder zwei Jahre in Saix gewesen. In meiner Erzählung bricht Chlothar nach dem Tod seines Großneffen Theudobald (555) zum Krieg gegen die Sachsen und Thüringer auf, zuvor lässt er Radegundes Bruder, den Thüringer Thronfolger, ermorden. Dieser Zusammenhang erscheint logisch, kann aber nicht belegt werden. Jedenfalls scheint die Ehe von Chlothar und Radegunde mehr als 10 Jahre bestanden zu haben. Wenn man Chlothars Umritt im Ostreich, die Eheschließung mit Theudobalds Witwe Walderada und den Kriegszug gegen seinen Sohn Chramn zeitlich veranschlagt, so kann der Versuch des Bischofs Germanus von Paris, zwischen Radegunde und Chlothar zu vermitteln, frühestens 558 stattgefunden haben, vielleicht auch erst im Zusammenhang mit Chlothars Wallfahrt nach Tours, die Gregor von Tours kurz nach dem 50. Thronjubiläum des Herrschers ansetzt, also 561, und damit unmittelbar vor dessen Tod. In meiner Erzählung pilgert Chlothar in Vorbereitung des Jubiläums nach Tours.

Als Radegunde ins Kloster eintritt, bleibt sie für ihr Umfeld ganz selbstverständlich „die Königin". Die angeborene Würde einer Thüringer Königin kann sie nicht ablegen. Sie bedeutet im Verständnis dieser Zeit, aus einem von Gott erwählten Geschlecht zu stammen. Dieses Bewusstsein der Erwähltheit, zusammen mit ihrer Weihe zur Diakona, birgt möglicherweise den Kern des Konfliktstoffs zwischen Radegunde und dem dritten Bischof, der in Poitiers zu ihrer Zeit das Amt innehat, Maroveus. Bei Baudonivia heißt es, aus Neid seien diese Konflikte entstanden. In der Tat gehörte es zu den Aufgaben der Ortsbischöfe, über die Mittel der Stadtkirchen zu verfügen /13/. Das Kloster Sancta Maria (später Heilig Kreuz) war reich. Radegunde hatte ihm alle ihre königlichen Güter übereignet, und der Brief, in dem sie die Bischöfe des Reiches wie in einem Testament auffordert, das Kloster und seine Güter auch gegen Übergriffe von Bischöfen zu schützen, könnte eine Reaktion auf einen solchen Konflikt sein. Als Stifterin stand Radegunde über, als Nonne unter der Äbtissin, auch das eine Konstellation, die das Verhältnis zum Ortsbischof erschwerte. Die Regel des Caesarius von Arles sah ausdrücklich vor, dass das Kloster auch dem König direkt unterstellt werden konnte, die Nonnen waren aufgefordert, einer zu großen Vertrautheit zwischen Ortsbischof und Äbtissin zu widerstehen. Zudem erlangte Radegunde eine Reliquie höchsten Ranges, einen Partikel vom heiligen Kreuz, und hielt sie in ihrem Kloster unter Verschluss. Ob in Heilig Kreuz sonntägliche Messen das klösterliche Leben prägten, ist nicht bekannt. Weder bei Fortunatus noch bei Baudonivia werden Priester erwähnt, die Messen im Kloster leiteten. Als sicher gilt, dass Ortsbischof Maroveus von 569 bis zu Radegundes Tod das Kloster nicht mehr betreten hat. „Allein die Gründerin – oder irgendein durchreisender Priester – übernahm die Aufgaben, die in Arles von Caesarius und Caesaria erfüllt worden waren" /16/. Baudonivia erwähnt, Radegunde habe Bischöfe und Geistliche um Rat befragt und deren Antworten den Nonnen als Unterweisung oder Predigt weitervermittelt. Ob vielleicht sie als Königin und Diakona oder die von Bischof Germanus von Paris geweihte Äbtissin den Dienst am Altar versahen, darüber gibt es keine Gewissheit.

Radegunde als Königin und Klosterstifterin ist eine selbstständig handelnde, politisch denkende und agierende Frau. Doch sind ihr Ideen von Chancengleichheit und Emanzipation völlig fremd. Ihre Rolle als Königin ist die Quelle ihres Handelns. Um sich dieser Erwählung würdig zu erweisen und sie nicht durch Hochmut zu verspielen, tut Radegunde die niedrigsten Dienste im Kloster und erlegt sich immer wieder zusätzliche Fastenzeiten auf, in denen sie fast nichts zu sich nimmt / 1/. Zuweilen bangt die klösterliche Gemeinschaft um ihre Gesundheit und ihr Leben. In einem Gedicht wünscht ihr Fortunatus, der Herr möge ihr gewähren, worum sie ihn anflehte, und sie möge doch bitte etwas Wein zu sich nehmen, er sei doch so gesund / 4/. Zudem widmet sich Radegunde weiterhin der Fürsorge für die Kranken, oft bis zur körperlichen Erschöpfung. In seiner Vita berichtet Fortunatus von einer Vielzahl von Heilungen, die sie bewirkt. Im Volk wird sie schon zu Lebzeiten als Heilige verehrt. Ihr Leben gilt vor allem bei Frauen des Hochadels als Vorbild, so auch für Elisabeth von Thüringen / 9/.

Bei der Betrachtung des Grundrisses des Oratoriums Sainte-Marie, der ersten Kirche des Klosters, nach den Ausgrabungen von 1911 bis 1912 stellte sich mir die Frage, warum in einem

kleinen Gebäude von 12,40 mal 6,60 Metern Grundfläche die westlichen zwei Drittel des Raumes mit fünfzehn Rundsäulen förmlich zugestellt wurden /Favreau in 5/. Vermutlich trugen diese eine Empore. Der Vergleich zur Stiftskirche Gernrode drängt sich auf. Denkbar wäre, dass es sich hier, in dem vom König gestifteten Frauenkloster, bereits um eine Empore handelt, die dem Herrscher bei Gottesdienstbesuchen vorbehalten sein sollte. Die Pforte im Westen des Gebäudes könnte dann zum direkten Aufgang geführt haben.
Zuletzt sei die stilistische Bemerkung gestattet, dass die von mir verwendeten Anredeformen „mein Herr und König" und „Ihr" nicht historisch sind. Sie stellen eine gewisse Vereinfachung dar. Im Frankenreich – und sicher auch in Thüringen – galt, wie man bei Gregor und Fortunatus lesen kann, das allgemeine „du". Umso komplizierter waren aber die Formeln und Ergebenheitsbezeugungen, mit denen man gekrönten Häuptern und hochgestellten Personen seine Verehrung und Dankbarkeit versicherte.

DIE HANDELNDEN PERSONEN

Fett: historische Person
Normal: historische Person, Name fiktiv
Kursiv: fiktive Gestalt

In Thüringen

Amalaberga, Herminafrids Gemahlin, Mutter von Amalafrid und Amalabertha

Amalabertha, Tochter von König Herminafrid und Königin Amalaberga. Histor. Name unbekannt.

Amalafrid, Sohn von König Herminafrid und Königin Amalaberga

Baderich, König der Thüringer, Bertachars Bruder

Bertachar, König der Thüringer, Vater von Radegunde und Bertarich

Bertarich, Sohn von König Bertachar und Königin Eusvintha. Histor. Name unbekannt

Chlothar, König der Franken, Theuderichs Bruder

Daglinde, Hofmeisterin Amalabergas

Eusvintha, Bertachars Gemahlin, Mutter von Radegunde und Bertarich. Name und westgotische Herkunft fiktiv

Herminafrid, König der Thüringer, Bertachars Bruder

Iring, sagenhafter Waffenmeister Herminafrids

Irmtrud, Kinderfrau von Radegunde und Bertarich

Radegunde, Tochter von König Bertachar und Königin Eusvintha

Theuderich, König der Franken, Chlothars Bruder

In Athies

Adelgund, Tochter von Rüdiger und Adelind

Adelind, Rüdigers Gattin

Antonius, Geistlicher, Lehrer von Radegunde und Bertarich

Arnechilde, Chlothars Tochter

Claudius, ein Knecht, später Inspektor von Radegundes Gütern und Vater von Agnes

Gerlind, Tochter von Rüdiger und Adelind, Mutter von Agnes
Gregorius, Geistlicher, Rechtsgelehrter, Lehrer Radegundes
Ingund, Königin der Franken, Chlothars Gemahlin
Rüdiger, Verwalter des Königsgutes in Athies

Am Hofe Chlothars

Agnes, Tochter von Claudius, Radegundes Ziehtochter, spätere Äbtissin von Poitiers
Arnegunde, frühere Gemahlin Chlothars, Mutter von Chilperich
Baudin, Hofmeister Chlothars, später Bischof von Tours
Charibert, König der Franken, Chlothars Sohn
Childebert, König der Franken, Chlothars Bruder
Chilperich, König der Franken, Chlothars Sohn
Chlodoswinth, Chlothars Tochter, später Gattin des Langobardenkönigs Alboin
Chlothilde (Chrodechilde), Königinmutter, Mutter von Chlothar, Theudebert und Childebert
Guntram, König der Franken, Chlothars Sohn
Medardus, Bischof von Noyon
Sigibert, König der Franken, Chlothars Sohn
Theudebert, König der Franken, Theuderichs Sohn
Theudobald, König der Franken, Theudeberts Sohn
Walderada, Theudobalds Gattin, später kurzzeitig Gattin Chlothars

In Saix und Poitiers

Austrapius, Herzog in Poitiers
Basina, Tochter König Chilperichs, Nonne zu Poitiers
Baudonivia, Nonne zu Poitiers, spätere Biografin Radegundes. Die Verwandtschaft mit Baudin ist fiktiv.
Brunhilde (Brunichilde), Gemahlin König Sigiberts, Galsvinthas Schwester
Chlothilde (Chrodechilde), Tochter König Chariberts, Nonne zu Poitiers
Chram (Chramn), abtrünnniger Sohn Chlothars

Colonius, Baumeister des Klosters
Eufronius, Bischof von Tours
Fredegunde, Konkubine, später Gemahlin von König Chilperich
Galsvintha (Gailswintha, Geleswintha), Gemahlin König Chilperichs, Brunhildes Schwester
Georgius, ein Bauernbursche
Germanus, Bischof von Paris
Gertrud, eine Schwester in Saix
Gregor, Bischof von Tours
Leontius, ein Kaufmann
Liliola, Äbtissin des Frauenklosters zu Arles
Maroveus, Bischof von Poitiers, Nachfolger von Pascentius
Pascentius, Bischof von Poitiers, Nachfolger von Pientius
Pientius, Bischof von Poitiers
Reovalis, Gesandter Radegundes nach Konstantinopel, zuvor Hauptmann in ihrer Leibgarde
Theudebert II, Sohn und Feldherr Chilperichs
Venantius Fortunatus, Dichter, Freund und Biograf Radegundes, später Bischof von Poitiers

Zitate

Die kursiv gesetzten Zitate sind folgenden Quellen entnommen: /1/: S. 166; /3/: S. 222, 243, 260; / 4/: S. 265, 266. In eigener Übertragung der Autorin aus dem Lateinischen sind zititert: /2/: S. 11, 47, 207, 211, 245, 283, 289; Venanti Fortunati Vita Sanctae Radegundis, ed. Bruno Krusch, Berlin 1885: S. 105, 167. Die Auszüge aus dem sogenannten Klagelied der Radegunde auf S. 251f stammen aus einer im Internet verfügbaren historischen Übersetzung. Die weiteren kursiven Zitate sind Bibelstellen.

QUELLEN

/ 1/ Venantius Fortuantus, Vita sanctae Radegundis / Das Leben der heiligen Radegunde, Übersetzung, Anmerkungen und Nachwort von Gerlinde Huber-Rebenich, Stuttgart 2008.

/ 2/ Baudoniviae Vita Sanctae Radegundis, ed. Bruno Krusch, Hannover 1888, S. 358–364, 377–395.

/ 3/ Gregorii Episcopi Turonensis Historiarum libri decem / Zehn Bücher Geschichten, hrsg. v. Rudolph Buchner, 2 Bde., Darmstadt 1977.

/ 4/ Venantius Fortunatus, Gelegentlich Gedichte, eingeleitet, übersetzt und kommentiert von Wolfgang Fels, Heidelberg / Stuttgart 2006.

LITERATUR (AUSWAHL)

/ 5/ Eidam, Hardy, Noll, Gudrun (Hrsg.), Radegunde – Ein Frauenschicksal zwischen Mord und Askese, Begleitbuch zur gleichnamigen Sonderausstellung, Stadtmuseum Erfurt, 2006.

/ 6/ Fels, Wolfgang, Studien zu Venantius Fortunatus mit einer deutschen Übersetzung seiner metrischen Dichtungen, Inaugural-Dissertation, Heidelberg 2006.

/ 7/ Gäbe, Sabine, Radegundis, sancta, regina, ancilla, Zum Heiligkeitsideal der Radegundisviten von Fortunat und Baudonivia, Francia. Forschungen zur westeuropäischen Geschichte, Bd. 16/1 (1989).

/ 8/ Halfond, Gregory I., Bischops and the Politics of Patronage in Merovingian Gaul, Cornell University, Ithaca and London, 2019.

/ 9/ Hartmann, Martina, Die Königin im frühen Mittelalter, Stuttgart 2009.

/10/ Jehle, Gerhard: Die „Lombardische Heiligengeschichte" (Legenda Aurea) des Jacobus a Voragine. Aus dem Lateinischen übersetzt und mit Kommentaren versehen. Berlin 2012.

/11/ Kleinmann, Dorothée, Radegunde – Eine europäische Heilige, Verehrung und Verehrungsstätten im deutschsprachigen Raum, Graz, Wien, Köln, 1998.

/12/ Paust, Enrico, Der Adelsfriedhof des Thüringer Königreiches von Erfurt-Gispersleben, Kleiner Roter Berg, in: Erfurt und Umgebung, Archäologische Denkmale in Thüringen, Band 3, Herausgegeben von Ines Spazier und Thomas Grasselt, S. 208–210, Weimar, 2015.

/13/ Peyer, Hans Conrad, Das Reisekönigtum des Mittelalters, in: Aubin, Hermann (Hg.), Sozial- und Wirtschaftsgeschichte, 51. Band, Wiesbaden, 1964.

/14/ Pontal, Odette, Die Synoden im Merowingerreich, in: Brandmüller, Walter (Hg), Konziliengeschichte, Reihe A, Paderborn, München, Wien, Zürich, 1986.

/15/ Schneider, Martin,: Die Geschichte der Sklaverei – Von den Anfängen bis zur Gegenwart, Wiesbaden, 2015.

/16/ Société des Antiquaires de l'Ouest (Hrsg.): Histoire de Sainte Croix de Poitiers. Poitiers 1986, S. 50.

/17/ Spongberg, M, Curthoys A., Caine, B., Companion to Women's Historical Writing, London, 2005.

/18/ Timpel, Wolfgang, Das altthüringische Wagengrab von Erfurt, in: Feustel, Rudolf (Hg), Alt-Thüringen, Jahresschrift des Museums für Ur- und Frühgeschichte Thüringens, 17. Band, Weimar, 1980.

/19/ Vollmert, Christina, Die Radegundis-Vita in Poitiers: Poitiers, Bibliotheque Municipale, MS250, München, 2015.